# dtv

Marcel Reich-Ranickis Liebe gilt nicht nur vielen deutschen, sondern auch amerikanischen Autoren. Dieser Band versammelt Aufsätze und Kritiken zu dreizehn großen amerikanischen Schriftstellern. Unverfälscht temperamentvoll schreibt Marcel Reich-Ranicki über Hemingway und Vladimir Nabokov, der, in St. Petersburg geboren, 1940 in die USA emigrierte und sich somit schmerzlich abwenden mußte von seiner »reichen und unendlich gefügigen russischen Sprache«. Der Band beleuchtet Leben und Werk Arthur Millers, umfaßt Lobreden auf John Updike und ein leidenschaftliches Bekenntnis zu Philip Roth, widmet sich aber auch den großen Frauen der amerikanischen Literatur Mary McCarthy und Joyce Carol Oates. Ein Fundament zu der Jahrzehnte anhaltenden Debatte über die amerikanische Literatur.

*Marcel Reich-Ranicki*, Professor, Dr. h. c. mult., geboren 1920 in Włocławek an der Weichsel, ist in Berlin aufgewachsen. Er war von 1960 bis 1973 ständiger Literaturkritiker der Wochenzeitung »Die Zeit« und leitete von 1973 bis 1988 in der »Frankfurter Allgemeinen Zeitung« die Redaktion für Literatur und literarisches Leben. 1968/69 lehrte er an amerikanischen Universitäten, 1971 bis 1975 war er Gastprofessor für Neue Deutsche Literatur an den Universitäten Stockholm und Uppsala, seit 1974 Honorarprofessor in Tübingen, 1991/92 Heinrich Heine-Gastprofessur an der Universität Düsseldorf. Von 1988 bis 2001 leitete er das »Literarische Quartett«. Ehrendoktor zahlreicher Universitäten. Goethepreis des Jahres 2002.

Marcel Reich-Ranicki

# Über Amerikaner

Von Hemingway und Bellow
bis Updike und Philip Roth

Deutscher Taschenbuch Verlag

Dieser Band versammelt alle Texte von Marcel Reich-Ranicki über amerikanische Autoren. Die Kapitel sind chronologisch nach dem Geburtsjahr der Schriftsteller angeordnet, die Texte in den Kapiteln nach ihrem Erscheinen. Die Beiträge über Vladimir Nabokov wurden in der Aufsatzsammlung »Vladimir Nabokov« im Ammann Verlag, Zürich, im Jahre 1995 veröffentlicht. Davon wurden nur diejenigen aufgenommen, die sich auf die in den USA in englischer Sprache verfaßten Werke beziehen. Abgesehen von den Arbeiten über Nabokov erschienen die hier abgedruckten Aufsätze erstmals 2004 in gebundener Form bei der Deutschen Verlags-Anstalt, München.

Ungekürzte Ausgabe
Juli 2006
Deutscher Taschenbuch Verlag GmbH & Co. KG,
München
www.dtv.de
© 2004 Deutsche Verlags-Anstalt, München
Verlagsgruppe Random House
Umschlagkonzept: Balk & Brumshagen
Umschlagfotos: Isolde Ohlbaum und
gettyimages/Jan Cook (Flagge)
Druck und Bindung: Druckerei C. H. Beck, Nördlingen
Gedruckt auf säurefreiem, chlorfrei gebleichtem Papier
Printed in Germany
ISBN-13: 978-3-423-13476-7
ISBN-10: 3-423-13476-3

# Inhalt

ERNEST HEMINGWAY
Freude durch Kraft. . . . . . . . . . . . . . . . . . . . . . 9
Der Weltmeister . . . . . . . . . . . . . . . . . . . . . . .22

VLADIMIR NABOKOV
Wollust, Hörigkeit, Liebe . . . . . . . . . . . . . . . . . .41
Hamlet im falschen Zug. . . . . . . . . . . . . . . . . . 54
Durchsichtig und nicht simpel . . . . . . . . . . . . . .66

HENRY ROTH
Hintergründe eines späten Erfolgs. . . . . . . . . . . . .71

MARY MCCARTHY
Gleichung oder Gleichnis? . . . . . . . . . . . . . . . . .77

BERNARD MALAMUD
Die Sehnsucht nach den Grenzen . . . . . . . . . . . . .85
Erzählt wie in der guten alten Zeit. . . . . . . . . . . . .96

SAUL BELLOW
Alter Mann in der Schwebe. . . . . . . . . . . . . . . .100

Don Quichotte in den USA . . . . . . . . . . . . . . . 107
Schalk, Philosoph und Plauderer . . . . . . . . . . . . 115
Dolchstoß des Übersetzers . . . . . . . . . . . . . . 120
Wohin mit der Liebe? . . . . . . . . . . . . . . . . . 130

ARTHUR MILLER
Ein amerikanisches Welttheater . . . . . . . . . . . . 137

JOHN UPDIKE
Das Leben – eine Falle . . . . . . . . . . . . . . . . . 153
Liebe ist unbarmherzig . . . . . . . . . . . . . . . . . 160
Der Sexroman dieser Jahre . . . . . . . . . . . . . . . 169
Helden, die die Liebe lieben . . . . . . . . . . . . . . 180
Sag mir, wo die Blumen sind . . . . . . . . . . . . . . 191

JERZY KOSINSKI
Obszön, brutal, poetisch . . . . . . . . . . . . . . . . 199

PHILIP ROTH
Selbsthaß als Bestseller . . . . . . . . . . . . . . . . 205
Die Sehnsucht nach den Blauäugigen . . . . . . . . . 216
Seine Befreiung . . . . . . . . . . . . . . . . . . . . . 223
Die Orgien des Intellektuellen . . . . . . . . . . . . . 232
Der Traum vom Gegenleben . . . . . . . . . . . . . . 242
Ein leidender Genießer . . . . . . . . . . . . . . . . . 252
Sex als Vergeltung am Tod . . . . . . . . . . . . . . . 258

JOYCE CAROL OATES
Am Anfang ist jede Romanze einfach . . . . . . . . . 265
Dolle Damen, ganze Kerle . . . . . . . . . . . . . . . 273
Denn die Liebe höret nimmer auf . . . . . . . . . . . 280

RICHARD FORD
Verdammtes Glück, verfluchtes Leben . . . . . . . . . 290

JAYNE ANNE PHILLIPS
Auf den Überholspuren des Lebens . . . . . . . . . . . 300


Nachweise und Anmerkungen . . . . . . . . . . . . . . 308
Verzeichnis der behandelten Bücher . . . . . . . . . 314
Personenregister . . . . . . . . . . . . . . . . . . . . . . 318

# Ernest Hemingway

## Freude durch Kraft

*1971*

Zu Hemingways Lebzeiten hieß es, er habe einen während des Zweiten Weltkriegs spielenden Roman geschrieben, den er aus Steuergründen nicht veröffentlichen wolle. Die Motivierung war schon damals wenig glaubhaft. Dieses angeblich um 1950 entstandene Manuskript ist 1971 von der Witwe des Autors herausgegeben, auch in deutscher Sprache erschienen.

Erzählt wird von einem Maler Thomas Hudson, »in dem der Leser unschwer den Autor erkennt« (Klappentext). Er lebt in einem Luxushaus auf einer vor der Küste Floridas gelegenen Insel, wo er trinkt, angelt, malt und meditiert, Katzen betreut und Schlägereien beobachtet. Der Besuch seiner drei Söhne, mit denen er lange Gespräche führt und Haie und Schwertfische bekämpft, und später seiner schicken ersten Frau, mit der er natürlich ins Bett geht, bringen etwas Abwechslung in seinen Alltag, doch kaum in den Roman. Im letzten Drittel beteiligt sich Hudson am Zweiten Weltkrieg: Er jagt in den Gewässern von Kuba deutsche U-Boote, was zwar unnütz scheint, ihm jedoch offenbar Spaß macht.

Die Herausgeberin behauptet, zwar »einige Kürzungen angebracht«, indes nichts hinzugefügt zu haben: »Das

Buch ist das ausschließliche Werk Ernest Hemingways.« Schon möglich, nur daß es an die dürftigsten Hemingway-Imitationen erinnert und sich oft einer unfreiwilligen und überaus langweiligen Selbstparodie nähert. Es lohnt sich nicht, diesen Roman zu lesen. Aber es mag nicht überflüssig sein, heute, mehr als ein Jahrzehnt nach Hemingways Tod, zu fragen, worauf sein einzigartiger Erfolg in Deutschland und anderswo zurückzuführen ist.

Es gibt Schriftsteller, die man bewundern muß und die trotzdem der Nachsicht bedürftig sind. Sie erschüttern uns, sie leisten Meisterhaftes; dennoch kann man nicht umhin, sie insgeheim zu bemitleiden. Man verneigt sich vor ihnen, aber man kann sie nicht ganz ernst nehmen. Für Robert Walser, Joseph Roth und Alfred Döblin mag dies gelten, für Thomas Wolfe und Dylan Thomas. Zu ihnen, den großen Künstlern, die zugleich große Kinder waren, gehört auch Ernest Hemingway.

Andere Schriftsteller suchten in der Krankheit Schutz, verbargen sich in der Naivität, flohen in Schwermut und Einsamkeit, verschanzten sich hinter Schwärmerei und Mystizismus. Hemingway wollte vom Rückzug nichts wissen. Er kannte nur die Flucht nach vorn – in die hektische Aktivität, ins Abenteuer. Und das entscheidende Abenteuer seines Lebens hieß Krieg.

Er lernte ihn schon als Achtzehnjähriger an der norditalienischen Front kennen, und er suchte ihn später überall und immer wieder. In seinem Buch »Die grünen Hügel Afrikas« (1935) meditierte er über den günstigen Einfluß des Krieges auf die Schriftsteller; er bedauerte jene, die keinen miterlebt hatten (ihnen sei »etwas durch nichts zu Ersetzendes« entgangen), und zögerte nicht zu erklären, daß »ein Bürgerkrieg für einen Schriftsteller der beste, weil der absoluteste Krieg« sei.

Indes werden die Schrecken des Krieges in seinen Büchern nicht verharmlost. Aber wahr ist auch, daß er sich von ihm faszinieren ließ. Ohne den Krieg zu beschönigen, hat er ihn dennoch zu besingen vermocht – als grandiose Steigerung und Kulmination des Lebens, als seine heftigste Manifestation und deutlichste Widerspiegelung, als Gleichnis des Daseins. Eine solche Auffassung vom Krieg läßt die Fragen, worum eigentlich gekämpft wird, wer gegen wen kämpft und wer schließlich siegt, als nebensächlich erscheinen.

Der amerikanische Journalist Robert Jordan, der Held des Romans »Wem die Stunde schlägt« (1940), nimmt am Spanischen Bürgerkrieg zwar auf der Seite der Kommunisten teil, will jedoch von ihren Zielen und Idealen nichts wissen: »Und wie steht es mit der sogenannten neuen Gesellschaftsordnung und allen diesen Dingen? Darum sollen sich die anderen kümmern. *Er* hat nach dem Krieg anderes vor.« Warum ist er doch bei den Kommunisten? Die Antwort lautet: »Hier in Spanien sind die Kommunisten die disziplinierteste Leute, und sie führen den Krieg auf die klügste und gesündeste Weise... Was hat er also für eine politische Anschauung? Gar keine, sagte er zu sich. Aber das darfst du niemandem verraten, dachte er. Gib es niemals zu!« – Tatsächlich kämpft Jordan nur um des Kampfes willen. Er stirbt als Soldat und brav, als Mann.

Hemingway interessiert der Krieg vor allem als Schule männlicher Tugenden und als stärkste Bewährungsprobe des Individuums. Er ähnelt in seiner Sicht einer sportlichen Veranstaltung, deren entscheidender Vorzug darin liegt, daß sie den Teilnehmern die unmittelbare Konfrontation mit dem Tod ermöglicht und ihnen die Gelegenheit bietet, sich selber und anderen ihre Furchtlosigkeit zu beweisen. Gleichwohl war Hemingway im Recht, als er gegen die beliebte Formulierung protestierte, er habe sein Leben lang den Tod gesucht: »In der Nähe des Todes leben, um ungefähr herauszubekommen, was das ist, ist etwas anderes, als ihn suchen.« Er habe sich stets bemüht – schrieb er 1954 –, »dem Tod so schlau wie möglich aus dem Weg zu gehen«, doch habe er ihn, um sich nicht von ihm überraschen und zum Narren halten zu lassen, »studiert wie eine schöne Hure«.

Nein, er suchte nicht den Tod, wohl aber das Töten. Und er hat dies nie verheimlicht. In seinem Buch »Tod am Nachmittag« (1932) heißt es: »Der einzige Ort, wo man Leben und Tod sehen konnte, das heißt gewaltsamen Tod, war, da die Kriege vorbei waren, die Arena.« Der Stierkampf ist also für Hemingway nichts anderes als ein Kriegsersatz – ähnlich wie später die Großwildjagd. Im selben Buch hat Hemingway seine, gelinde ausgedrückt, kuriose Philosophie des Tötens erklärt: »Ein großer Töter muß gern töten... Er muß den Augenblick des Tötens als spirituelles Hochgefühl *(spiritual joy)* empfinden. Sauber zu töten und auf eine Art und Weise, die einem ein ästhetisches Vergnügen und ein Gefühl von Stolz gibt, war immer einer der stärksten Genüsse für einen Teil der menschlichen Rasse... Eine der größten Freuden dabei... ist das Gefühl der Rebellion gegen den Tod, das man erlebt, wenn man ihn verursacht.« Dem Menschen, der tötet, bereite es Vergnügen, »sich eins der gottähnlichen Attribute anzueignen«.

Gewiß, diese Äußerungen stammen aus einer Periode des schnell weltberühmt gewordenen Schriftstellers, in der er sich offensichtlich bemüht hat, seine Verachtung der bürgerlichen Gesellschaft und der überlieferten ethischen Normen dem Publikum auf möglichst schockierende Weise mitzuteilen. Ähnliche Gedanken finden sich jedoch auch in vielen seiner späteren Arbeiten, seine letzte bedeutende Erzählung (»Der alte Mann und das Meer«, 1952) nicht ausgeschlossen. Um so mehr muß es auffallen, daß diese barbarische Apologie des Tötens weder entschiedenen Widerspruch herausgefordert noch Hemingways Ansehen nennenswert beeinträchtigt hat. Das aber hängt mit der Hemingway-Legende zusammen.

Diese war nicht etwa ein Nebenprodukt seines Ruhmes, vielmehr hat sie ihn erst ermöglicht: Was im Laufe der Jahrzehnte über Hemingways Person und Privatleben bekannt wurde, trug zu seinem spektakulären Erfolg kaum weniger bei als die Qualität seiner Prosa. Den von ihm selber angestrebten und mitunter auch organisierten Mythos sollte man dennoch nicht als ein mehr oder weniger kommerzielles Phänomen mißverstehen. Er hatte die Welt zu überzeugen, daß der Schriftsteller Hemingway mit seinen Helden zwar nicht direkt, aber in einem tieferen Sinne identisch war, daß er von sich nicht weniger forderte als von ihnen, daß er die gleichen Gefahren auf sich nahm und daß der strenge Verhaltenskodex, nach dem er sie handeln ließ, auch für ihn selber galt.

Zeitweise scheint ihm seine perfekte Selbstinszenierung wichtiger gewesen zu sein als seine Prosa. Und der größte Sieg seines Lebens war nicht ein Bucherfolg, sondern der Triumph seines Images: Während man sich noch in den dreißiger Jahren seines Werks wegen auch für seine Person interessierte, gab es später Millionen, die sich nur seiner Person wegen auch für sein Werk interessierten.

Nun liegt es nahe, dies alles zu verspotten. Gewiß, ein Schriftsteller, der sich als Soldat, Pilot, Angler, Großwildjäger, Boxer oder Athlet fotografieren läßt, der mit seinen dramatischen Abenteuern und Jagderfolgen prahlt und der nicht müde wird, sich seiner Männlichkeit und seiner Trinkfestigkeit zu rühmen, ist eine komische, bestenfalls eine tragikomische Figur. Doch Hemingway meinte es ernst: Auf der Suche nach der Einheit von Wort und Tat schreckte er vor keinerlei Konsequenzen zurück, kein Risiko war ihm zu groß, um die Synthese von Leben und Literatur zu verwirklichen. Wie dieser Odysseus sein eigener Homer war, so wollte dieser Homer um jeden Preis sein eigener Odysseus sein. Mit anderen Worten: Er hat zunächst erzählt, was er erlebt hat, während er später zu erleben bemüht war, was er erzählen wollte.

So schränkte die von Hemingway geschaffene Legende seine Bewegungsfreiheit ein: Der sich in vielen Geschichten und Romanen selber porträtiert hatte, kopierte in späteren Jahren immer häufiger seine Helden. Der in seiner Jugend fast auf Anhieb den Stil gefunden hatte, der es ihm ermöglichte, seine Abenteuer zu erzählen, glaubte nachher, die Abenteuer suchen zu müssen, die es ihm erlauben würden, bei seinem Stil zu bleiben. Der Hemingway der vierziger und fünfziger Jahre war – das gilt sogar für die Erzählung »Der alte Mann und das Meer« – nur noch ein Hemingway-Epigone.

Zugleich bestimmte diese Selbstinszenierung auf eine von ihm keineswegs gewünschte Weise das Verhältnis der Öffentlichkeit zu seinen Anschauungen und Reflexionen. Die Männer, die seine epische Welt bevölkern, diese leidenden Draufgänger und subtilen Landsknechte, die rauhen Kerle mit weicher Seele, die Haudegen mit Prinzipien und die Trunkenbolde mit Komplexen, die hartgesottenen und doch resignierten Burschen und die wortkargen Globetrotter, die Sieger, die leer ausgehen, und die Geschlagenen, die sich als die wahren Sieger erweisen – sie alle mögen das Denken nicht. Zumal die Intellektuellen wenden sich heftig gegen den Intellekt. Sie empfinden ihn offenbar als einen Makel, den sie durch einen besonders derben Habitus wettzumachen versuchen.

Von dem jungen Nick Adams, der im Mittelpunkt vieler Stücke des Bandes »In unserer Zeit« (1925) steht, heißt es in der Geschichte »Großer doppelherziger Strom«: »Es war mühsam, bergan zu gehen. Seine Muskeln schmerzten, und der Tag war heiß, aber Nick fühlte sich glücklich. Er fühlte, er hatte alles hinter sich gelassen, das Denken-Müssen, das Schreiben-Müssen und noch manches andere Muß. Es lag alles hinter ihm.« Der junge Amerikaner Henry, der Ich-Erzähler des Romans »In einem anderen Land« (1929), sagt ohne Umschweife: »Ich war nicht zum Denken geboren. Ich war zum Essen geboren, mein Gott ja. Essen und Trinken und mit Catherine schlafen.«

Vom Geist wollen die Helden Hemingways nichts wissen. Aber sie lieben die Kraft. Von der Zivilisation wenden sie sich ab. Aber sie bewundern das Primitive. Für den Intellektuellen Jordan ist die Analphabetin Pilar sogar in literarischer Hinsicht vorbildlich: Er möchte so gut schreiben können, wie sie erzählt. Immer wieder wird die physische Potenz gepriesen, sie muß sich, wenn es keine andere Gelegenheit gibt, wenigstens in einer richtigen Schlägerei bewähren. Die oberste Losung lautet stets: Freude durch Kraft.

Hemingways Verherrlichung der rohen Kraft und seine Schwäche für Gewalttätigkeit in jeder Form zeigt sich sogar in seinen Naturbeschreibungen: »Da war nun ein mächtiger Sturm, da draußen vor der Höhle, und warum sollte er sich nicht über ihn freuen. Er richtet alles zugrunde, aber warum soll man sich nicht über ihn freuen?«

Antiintellektualismus und Zivilisationsmüdigkeit waren damals allgemeine Zeiterscheinungen, die meist auf einen hilflos-trotzigen Protest der Intellektuellen verwiesen. Dieser Protest gegen die Gesellschaftsordnung erhält bei Hemingway einen romantischen Akzent: Weil sie die Welt, wie sie ist, nicht akzeptieren können und wollen, werden seine melancholischen Helden Outsider. Einerseits genießen sie ihre Position außerhalb der bürgerlichen Ordnung, andererseits leiden sie an permanenten Minderwertigkeitskomplexen und dürsten stets nach der Bestätigung ihres offenbar stark lädierten Selbstgefühls. Ihre Überzeugung, daß es immer erst die Überwindung der Todesangst ist, die das Individuum mündig mache, mag damit zusammenhängen.

Aber werden sie wirklich mündig? In »Fiesta« (1926) und in den frühen Geschichten Hemingways hat die Abwendung seiner zentralen Figuren von der Gesellschaft oft den Beigeschmack eines pubertären Aufruhrs gegen die Welt der Erwachsenen. Das jedoch gilt, wenn auch modifiziert und bisweilen gemildert, für seine späteren Bücher ebenfalls. Jene einsamen Männer, die immer wieder Todesverachtung demonstrieren und Mut auch dann zelebrieren müssen, wenn er ganz sinnlos geworden ist, kennen keinerlei Entwicklung. Sie werden älter zwar, doch weder klüger noch reifer. Was sie reden, erinnert an die kurzen Hosen der alten Pfadfinder.

Die Folgen liegen auf der Hand: Da man Hemingway im Sinne seiner Selbstpräsentation mit seinen Helden identifizierte, beurteilte man seine Äußerungen so gutmütig wie nachsichtig. Auch seine ärgsten Dummheiten wurden als harmlose Extravaganzen akzeptiert und seine bösesten Provokationen als Schrullen eines liebenswerten Abenteurers goutiert. So war der Triumph seines Images ein Pyrrhussieg: Die Welt ließ sich zwar von dem Bild seiner Persönlichkeit hinreißen, nahm ihn aber nicht mehr ganz ernst. Man ahnte, daß dieser Schriftsteller seinem epischen Talent geistig nicht gewachsen war.

Dies hat freilich den Erfolg seiner Bücher eher gesteigert als geschmälert. Er lieferte dem Publikum, wonach es sich sehnte: sentimentale Geschichten von harten, doch scheiternden Männern. Nur wußte er diese Sentimentalität konsequent zu tarnen. Er machte die Innerlichkeit genießbar durch Trockenheit, die Larmoyanz durch Arroganz und die Empfindsamkeit durch Rauhbeinigkeit. Er verbarg menschliche und allzu menschliche Gefühle hinter unmenschlicher Grausamkeit.

Reduktion heißt das Geheimnis seines Stils: Er beschränkt sich auf sehr wenige Gedanken und Konflikte, sehr wenige Figuren und Konstellationen und – zumindest in seinen besten Arbeiten – auf sehr wenige Worte. Er ist der Meister des hochdramatischen Schweigens, der Erfinder des schreienden Understatements. Und er erzählt immer – auch das hat zu seinem Erfolg beigetragen – von elementaren und fundamentalen Gefühlen und Situationen: von Geburt und Tod, Liebe und Kampf, Treue und Verrat.

Hemingways Technik des Auslassens und Aussparens, sein scheinbar simpler und in Wirklichkeit raffinierter Lakonismus und die Prägnanz und Präzision seiner Ausdrucksweise wurden von den Feinschmeckern zu Recht bewundert. Aber seine Prosa blieb auch jenem Publikum verständlich, das eher Trivialliteratur gewohnt war. Den unbedarften Lesern machte er es leicht, den anspruchsvollen ersparte er ästhetische Gewissensbisse. So konnte Hemingway beides zugleich werden: der Flaubert der kleinen Leute und der Karl May der großen Snobs.

Doch nirgends, jedenfalls in keinem europäischen Land, traf er auf so spontane Gegenliebe wie in Deutschland, und zwar sowohl in den Jahren vor Hitler – die ersten Übersetzungen seiner Bücher waren in deutscher Sprache erschienen (1928 »Fiesta« und 1929 der Geschichtenband »Männer«) – als auch und vor allem nach 1945. Worauf ist das außergewöhnliche Echo zurückzuführen?

Zunächst einmal: Nach verlorenen Kriegen liest sich Hemingway gut. Denn er zeigt, daß sich das Individuum erst in der Niederlage bewähren kann, er feiert die Würde des Gescheiterten, er preist die moralische Überlegenheit des Besiegten, er verkündet: »Die Welt zerbricht jeden, und nachher sind viele an den zerbrochenen Stellen stark« (»In einem anderen Land«). Die urdeutsche Verbindung von Heldentum und Innerlichkeit hat keiner der großen ausländischen Schriftsteller dieses Jahrhunderts so schlackenlos und so überzeugend zu bieten wie Hemingway: Der fluchende Poet und feinfühlige

Raufbold sang die alte Weise von Liebe und Tod mit heiserer Stimme, die derb männlich tönte und doch der Zartheit nicht entbehrte.

Überdies konnten die deutschen Leser bei Hemingway wiederfinden, was sie seit ihrer Jugend kannten, zumal jene Ideale, die ihnen ihre Erzieher oft genug als die wichtigsten gepredigt hatten. Seine scheinbar fremde und bisweilen exotische Welt erwies sich doch als altvertraut. Auch hier wurden Disziplin und Selbstdisziplin verherrlicht, auch hier wurde der Ehrenkodex mit dem Ethos der Pflichterfüllung verbunden. Nicht vor dem Sterben fürchte er sich, erklärt Robert Jordan (»Wem die Stunde schlägt«) »wahrheitsgemäß«, »nur davor – daß ich meine Pflicht versäumen könnte«. Ja, er hält den eigenen Tod für ein gänzlich unerhebliches Ereignis, »dem man nur deshalb zu entgehen wünscht, weil es einen an der Pflichterfüllung verhindert«. Recht preußisch klingt, was der amerikanische Erzähler mit einer elegisch-schnoddrigen Diktion schmackhaft machte.

Zugleich kehrten bei Hemingway jene Schillerschen Moralvorstellungen wieder, die längst zu Büchmann-Zitaten zerronnen waren, doch hier mit verfremdeter Kulisse und in verfremdendem Tonfall eine neue Attraktivität gewannen. Das gilt ebenso für die Rebellion gegen das »tintenklecksende Säkulum« wie für das Loblied auf die Treue (»sie ist doch kein leerer Wahn«), auf die Einsamkeit der wahren Helden (»Der Starke ist am mächtigsten allein«) und ihre Selbstlosigkeit (»Der brave Mann denkt an sich selbst zuletzt«). Auch die Kriegsverherrlichung Hemingways beherzigt und exemplifiziert Schillersche Verse, die er vermutlich überhaupt nicht gekannt hat:

> Im Felde, da ist der Mann noch was wert,
> Da wird das Herz noch gewogen.
> Da tritt kein anderer für ihn ein,
> Auf sich selber steht er da ganz allein.
>
> Der dem Tod ins Angesicht schauen kann,
> Der Soldat allein ist der freie Mann.[1]

Und Tells Maxime »Wer gar zu viel bedenkt, wird wenig leisten« scheint es fast allen Helden Hemingways angetan zu haben. Auch der am häufigsten zitierte Satz aus der Erzählung »Der alte Mann und das Meer« (»Der Mensch darf nicht aufgeben. Man kann vernichtet werden, aber man darf nicht aufgeben«) findet sich schon bei Schiller: »Was man nicht aufgibt, hat man nie verloren« (»Maria Stuart«). Und haben nicht die meisten Protagonisten Hemingways etwas mit dem edlen, kühnen und enttäuschten Karl Moor gemein, der sich in die Wälder zurückzieht? Daß sie auch an Old Shatterhand erinnerten, machte sie, versteht sich, erst recht beliebt.

Allerdings waren Schillersche Postulate und sein Pathos noch nie so smart und so nonchalant serviert worden. Hemingways Abneigung gegen große Worte und seine Vorliebe für das Understatement und für den sparsamen und scheinbar kaltschnäuzigen Ausdruck waren in Deutschland in den Jahren der »Neuen Sachlichkeit« höchst willkommen und entsprachen nach 1945 erst recht einem allgemeinen und dringenden Zeitbedürfnis. Gerade für jene, die das »Dritte Reich« erlebt hatten, zumal für diejenigen, die in diesen Jahren aufgewachsen waren, ging von dem Werk Hemingways etwas Verführerisches aus.

Die in dem ersten Jahrzehnt nach dem Zweiten Weltkrieg wieder zugänglich gemachten Schriftsteller – Thomas Mann, Kafka und Musil, Proust, Joyce und Faulkner – wurden geschätzt und angestaunt, mußten indes den meisten Lesern, zumal jenen, die im »Dritten Reich« aufgewachsen wären, recht fremd vorkommen. Nicht so Hemingway. Er wurde denn auch wirklich geliebt. Bei allem Respekt vor anderen Autoren habe er damals – schrieb Siegfried Lenz 1966 – zu keinem »die gleiche, gewaltsame Hingezogenheit wie zu dem zartfühlenden, hart schlagenden Kondottiere aus Oak Park, Illinois« empfunden; seine Bewunderung sei »widerstandslos« gewesen. Zu den Passionen, die er mit Hemingway teilte, gehörte, gab Lenz freimütig zu, auch diese: »Ich erkannte wie er das Argument des Bizeps in gewissen Augenblicken an.«[2] Lenz sprach hier, meine ich, im Namen einer ganzen deutschen Generation.

Die von Politik nichts mehr wissen wollten und von nationaler Phraseologie genug hatten, begrüßten ein Werk, das vollkommen unpolitisch war und keinerlei nationale Tendenzen kannte. Die an die überkommenen Werte nicht mehr glauben konnten, bewunderten Helden, die eine eigene Ethik anstrebten und sich an einen eigenen Ehrenkodex hielten. Die den Zusammenbruch einer Welt miterlebt hatten, suchten Zuflucht bei einem Schriftsteller, der sich immer wieder auf archaisch-mythische Dimensionen zurückzog und das Primitive verklärte. Die ihre Ideale eingebüßt hatten, fanden bei ihm neue Ideale, die leicht akzeptierbar waren, weil sie den alten – von Bindings Preislied auf die Ritterlichkeit bis zu Wiecherts Traum vom einfachen Leben – sehr ähnelten, nur auf ungleich höherer literarischer

Ebene offeriert wurden. Die vom Intellekt enttäuscht waren, fühlten sich hingezogen zum Kult der physischen Kraft und der elementaren Gewalttätigkeit (»das Argument des Bizeps«). Die getötet hatten oder doch sehen mußten, wie getötet wurde, ließen sich faszinieren vom Mythos des Tötungsaktes.

Wenn tatsächlich – wie Thomas Mann einst behauptete – Brutalität und Selbstmitleid die beiden sich ergänzenden Seiten des deutschen Wesens sind, dann kommt die »gewaltsame Hingezogenheit« unzähliger deutscher Leser zu Hemingway einer geheimen Identifikation gleich – denn er war der Dichter der Brutalität und des Selbstmitleids. Jene, die sich nach Humanität und Moral sehnten, ohne sich innerlich und endgültig von der Barbarei lösen zu können, fanden in Ernest Hemingway ihren Autor. Denn er war ein humaner Barbar, ein barbarischer Moralist.


## Der Weltmeister

*1984*

Der Ruhm Ernest Hemingways hatte keine Grenzen. Seine Romane und Geschichten wurden in allen Ländern der zivilisierten Welt gedruckt und von Millionen geliebt. Doch war die Zahl seiner Bewunderer noch ungleich größer als die seiner Leser. Denn die Motive und Gestalten dieses Autors waren auch den Kinobesuchern in den entlegensten Winkeln des Erdballs bestens vertraut. Mehr noch: die Person Hemingways, mit der sich die Zeitungen und die Illustrierten überall und immer wieder befaßten, vermochte auch jene zu faszinieren, die seine Prosa kaum oder überhaupt nicht kannten.

Er war, wie kein anderer Schriftsteller des zwanzigsten Jahrhunderts, eine internationale Identifikationsfigur höchsten Ranges. Eine vergleichbare Wirkung läßt sich wohl nur Filmschauspielern nachsagen – Marlene Dietrich etwa oder Humphrey Bogart. Aber gibt es keinen Dichter, der, ähnlich wie Hemingway, zum Idol von nahezu mythischen Ausmaßen erhoben wurde? Um ihn zu finden, muß man weit in die Literaturgeschichte zurückgehen. Kein Sakrileg ist es, hier an den Poeten zu denken, der 1824 in Missolunghi starb, als er den Griechen im Kampf um ihre Freiheit zu Hilfe geeilt war – an Lord Byron also.

Wer von Hemingway spricht, kommt nicht umhin, an das Wort von der »verlorenen Generation« zu erinnern, das Gertrude Stein geprägt und er selber in Umlauf gebracht hat. Er war der erfolgreichste Schriftsteller dieser Generation. Doch unter allen Erfolgreichen hat sich keiner mehr nach den Abgründen des Daseins gesehnt, keiner war in höherem Maße gefährdet als er, Ernest Hemingway.

Das wurde blitzartig deutlich, als im Juli 1961 die Nachricht von seinem Tod die Menschheit aufschreckte. Der Spott, mit dem manche jahrzehntelang den Mann bedachten, der so beharrlich mit seiner Männlichkeit und Trinkfestigkeit, mit seinen Kriegsabenteuern und Jagderfolgen prahlte und der sich so gern im Ring, an der Front oder beim Fischfang fotografieren ließ – dieser Spott verstummte und lebte nicht mehr auf: Noch immer sehen wir Hemingway gleichsam im Lichte seiner letzten Entscheidung. Sie wurde als logische und endgültige Konsequenz der Verzweiflung verstanden, an deren Authentizität die verständigeren unter seinen Lesern – so lächerlich seine Selbstinszenierung bisweilen auch anmuten mochte – niemals gezweifelt haben.

Ähnlich wie der Selbstmord Heinrich von Kleists, von dem freilich den amerikanischen Autor eine ganze Welt trennt, begriff man auch den Tod Hemingways als Verwirklichung der Einheit von Leben und Literatur: Mit dem Schuß, der seinen Kopf zerschmetterte, hatte er sein Werk beglaubigt – grausam und nicht ohne Pathos. Von diesem Tage an lasen sich seine Bücher anders.

Die Wahrheit, nichts als die Wahrheit wollte er erkennen und zeigen. Daher sollte die Prosa, um die er sich bemühte – man kann sagen: um die er kämpfte –, knapp und karg, herb und hart und spröde sein. Er habe es, konnte man meinen, auf das Unkünstlerische und das Unliterarische abgesehen. Aber was sich hier so unliterarisch gerierte, war eben doch Literatur – nur von ganz anderer, von neuer Art. Es war Kunst, wie geschaffen für jene, die, von der Kunst enttäuscht, ihr verächtlich den Rücken kehren wollten. Hemingway ist der Meister jener simplen Wiederholung, die sich als hochartistisches Mittel bewährt, er ist das Genie der raffinierten Einfachheit. So hat er – um ein Wort von Wolfgang Koeppen aufzugreifen – »mit groben Stichen den Wertherrock der Moderne genäht«.[1]

Er liebte Rapporte, doch war er weder ein Chronist noch ein Berichterstatter, sondern weit eher ein (allerdings nüchterner) Visionär, ein Dichter. Wahrscheinlich hat er nie von Novalis und dessen Roman »Heinrich von Ofterdingen« gehört, aber die vielen rauhen Männer, die sich auf Hemingways Bühne tummeln, diese Jäger und Angler, Gangster und Soldaten, Boxer und Barmixer, die so häufig fluchen und so kräftig Gin und Whisky trinken – sie alle sehnen sich insgeheim nach einer blauen Blume. Er lieferte den Lesern, was sie dringend benötigten, wonach sie, ohne es auch nur zu ahnen, dürsteten: romantische und gleichwohl moderne Legenden. Sie alle freilich übertrifft die nahezu mythische Geschichte vom Schriftsteller Hemingway, der, um das Leben erfahren und beschreiben zu können, stets dessen Randbezirke und Grenzen suchte. Er war der triumphierende Held dieses Mythos – und zugleich dessen Opfer.

Ihm gelang es, der Welt einzureden, er sei ein robuster Kerl, ein derber Bursche. Wie war er wirklich? An Büchern über ihn fehlt es nicht, allein in deutscher Sprache haben wir dreizehn Hemingway-Monographien, darunter einige, die ebenso aufschlußreich wie zuverlässig sind. Alle diese Darstellungen, Erinnerungen und Untersuchungen werden nun ergänzt durch eine reichhaltige Auswahl seiner Briefe aus der Zeit von 1917 (er war damals achtzehn Jahre alt) bis zu seinem Todesjahr 1961.

Man hat sie gegen seinen unmißverständlich bekundeten Willen publiziert: Er wünschte – teilte Hemingway seinen Testamentsvollstreckern 1958 mit –, »daß keiner der Briefe, die ich in meinem Leben geschrieben habe, veröffentlicht wird«. Sowenig es unsere Sache ist, die Entscheidung seiner Witwe, die diese Dokumente nach langem Zögern schließlich doch drucken ließ, moralisch zu beurteilen, so gewiß dürfen wir für dieses Buch dankbar sein. Der Band vermittelt, liest man ihn mit gehöriger Skepsis – was sich übrigens bei der Lektüre aller Briefsammlungen empfiehlt –, Einblicke und Einsichten, die am ehesten geeignet scheinen, zur Beantwortung der Frage nach dem Persönlichkeitsbild Hemingways beizutragen.

Daß die Briefe von Schriftstellern jenen anderer Menschen, die sich einigermaßen ausdrücken können, ähneln, ist sicher. Doch sind Schriftsteller Individuen, die sich durch außergewöhnliche Egozentrik auszeichnen. Diesen Umstand mag man belächeln, doch sollte man ihn nicht beklagen, da er eine äußerst hohe Reizbarkeit und Empfindlichkeit zur Folge hat und somit die Voraussetzung der literarischen Produktion ist.

Daraus ergeben sich auch gewisse Eigentümlichkeiten der Briefe von Schriftstellern. Sie dienen besonders häufig der Rechtfertigung und der Selbstreklame, wobei manche – oft unmerklich und ohne daß dem Verfasser daran gelegen wäre – in Feuilletons, Essays oder auch Pamphlete übergehen, in Geschichten, Anekdoten oder Reportagen. Aber worüber er sich in seiner Korrespondenz auch äußert, meist will der Schriftsteller etwas Konkretes erreichen: Nur selten hat er im Sinn, was man Selbstverständigung nennt – wenn ihn danach gelüstet, sich schreibend zu erforschen, verfügt er über andere Möglichkeiten, gerade er ist auf den Brief nicht angewiesen. Vielmehr wendet er sich an einen Korrespondenzpartner mit einer Bitte, einem Vorschlag oder einem Vorwurf. Er möchte ihn informieren oder belehren, überreden oder bekehren.

So sind diese Briefe, der maximalen Ichbezogenheit zum Trotz, in der Regel nicht Monologe, sondern Teile von Dialogen: Sogar Schriftsteller, die in ihrer Korrespondenz vornehmlich über sich selber schreiben, können den Adressaten schon deshalb nicht ganz aus dem

Auge verlieren, weil sie ihn auch diesmal überzeugen wollen – entweder von der eigenen Größe und Bedeutung oder von dem Unrecht, das ihnen die Kritik oder die Menschheit angetan hat.

Für die Briefe Hemingways gilt dies alles ebenfalls, doch nur bedingt. Es fällt auf, daß er sich keine sonderliche Mühe gibt, auf seine Korrespondenzpartner Einfluß auszuüben. Man hat den Eindruck, als würde er sie bisweilen – zumal wenn er weit ausholt – vergessen, ja, als wären sie sogar austauschbar. Dies indes hat mit dem Impuls zu tun, dem die meisten seiner Briefe ihre Entstehung verdanken und der ihn zu einem beinahe süchtigen Epistolographen gemacht hat.

Seinem Verleger Charles Scribner erklärte Hemingway 1940, er sei gewöhnt, wenn er die Arbeit abbreche und den ersten Whisky trinke, den Ertrag festzustellen und zu diesem Zweck die Wörter zu zählen, die er an dem jeweiligen Tag zu Papier gebracht habe: »Glaube, das habe ich mir beim Schreiben von Depeschen angewöhnt. Pflegte sie von manchen Orten aus abzuschikken, wo sie pro Wort eineinviertel Dollar kosten und man sie für diesen Preis ungeheuer interessant machen mußte oder gefeuert wurde. Das habe ich dann beibehalten, als ich anfing, Erzählungen usw. zu schreiben.«

Mag sein, daß auch dies eine der vielen Anekdoten ist, die Hemingway erfunden hat, um einer nach Geschichten gierenden Welt Art und Ziel seiner Arbeit zu verdeutlichen. Auf jeden Fall charakterisiert sie schlagartig den lapidaren Stil, mit dem er dem Lebensgefühl der Epoche entgegengekommen war und mit dem er zugleich den Zeitgeschmack geprägt hatte. Er wußte die Kunst des schreibenden Understatements zu üben und beherrschte – wie kein Erzähler vor ihm und kaum einer nach ihm – die Technik des Aussparens, das aufschreckt, des Verschweigens, das alarmiert: Indem Hemingway den Winkel eines Hauses in helles Licht tauchte, ließ er ahnen und spüren, was im Dunkeln geblieben war. Diese Methode hat er mit einem großartigen und vielzitierten Bild veranschaulicht – mit jenem vom Eisberg, bei dem auf jeden sichtbaren Teil sieben Achtel kommen, die man nicht sehen kann, weil sie sich unter Wasser befinden.

Eine Prosa, die solchen asketischen Ansprüchen gerecht werden sollte, konnte nur unter Anspannung aller Kräfte des Autors entstehen: Eher beiläufig bemerkte Hemingway in einem Brief, Schreiben sei »das Härteste, was es gibt«. Und natürlich mußte sich diese Konzentration, nachher, wenn das Tagespensum geschafft war, wieder entladen: Zu beidem, zur maximalen Anspannung ebenso wie zu der darauf folgenden Entspannung, diente ihm das Korrespondieren. Wo immer er sich aufhielt – zu Hause oder auf Reisen, in der Fürstensuite eines internationalen Hotels oder in einem Zelt, an der Front oder auf der Jagd –, er schrieb Briefe: frühmorgens, um, wie er sagte, »sein Gehirn aufzuwärmen«, nachmittags oder abends, um sich »abzukühlen«. Nach den Stunden der ständigen Selbstkontrolle genoß er es, sich gehenzulassen: Hatte er, an einer Geschichte oder an einem Roman arbeitend, jede Vokabel mißtrauisch auf ihre Verwendbarkeit und Nützlichkeit geprüft, so schrieb er nun vor sich hin, ohne auf Orthographie, Grammatik oder Satzbau zu achten.

Es amüsiert ihn, die Worte aus sich heraussprudeln zu lassen: Er schwätzt und schwadroniert, er flucht und flunkert, er schimpft ohne Maß und Ziel, er beschuldigt ohne Pardon sich und andere, er verhöhnt und verleumdet seine Kollegen und bisweilen auch seine Freunde. Häufig berichtet er über Alltägliches, über Nebensächliches und Belangloses, gern springt er von Thema zu Thema und fällt sich, kaum daß er zu einem Gedankengang angesetzt hat, rasch wieder ins Wort. Vor allem aber gönnt er sich, worauf er bei keinem Gegenstand zu verzichten imstande ist: alberne Scherze und vulgäre Ausdrücke.

Und während er sich in seiner erzählenden Prosa ängstlich hütet, die Empfindungen und Stimmungen seiner Personen beim Namen zu nennen – kein Zweifel, daß diese gleichsam programmatische Enthaltsamkeit zum Erfolg des Hemingway-Stils beigetragen hat –, verbreitet er sich in den Briefen sehr direkt und geradezu hemmungslos über seinen Gefühlshaushalt. Der Gedanke, dem jeweiligen Korrespondenzpartner könnten diese privaten Rapporte gleichgültig sein, ist ihm offenbar gänzlich fremd. Von Ausnahmen abgesehen, interessiert ihn der Adressat nur wenig oder überhaupt nicht: Es genügt, daß dieser ihm zuhört. Denn der Briefschreiber Hemingway ist nicht ein Dialogpartner, sondern ein unbeirrbarer Monologist. Seine Mitteilungen und Bekenntnisse haben in den meisten Fällen den Charakter spontaner Tagebucheintragungen.

Er selber machte sich keine Illusionen über Art und Funktion dieser monologischen Ergüsse, die seinen ganzen Lebensweg begleiteten. Er wisse sehr wohl – vermerkte er nicht selten –, daß sie schludrig und schlampig seien, »dumm« oder auch »schlecht«, was ihn nicht hinderte, die Briefe, die er so vernichtend (und oft auch zutreffend) beurteilte, gleichwohl abzuschicken. Er verteidigte sich mit der nicht überzeugenden Behauptung, es schrieben oft »die besten Schriftsteller die schlechtesten Briefe. Das ist beinah eine Regel.«

Diese Passion, diese Sucht und Manie war aber auch, wie Hemingway treuherzig zugab, »eine so tolle Methode, sich vor der Arbeit zu drücken und doch das Gefühl zu haben, daß man etwas geleistet hat«. Carlos Baker, der Herausgeber dieses Bandes, glaubt sogar, daß Hemingway das Briefschreiben »als eine Art Beschäftigungstherapie nutzte, als so etwas wie ein Äquivalent zur Couch des Psychiaters«.

So kann man seiner Korrespondenz nur selten hohe literarische Qualität nachrühmen. Gewiß, die Vision des Himmels in einem 1925 an Scott Fitzgerald gerichteten Brief ist beste Hemingway-Prosa; und wer geduldig sucht, wird auf den über sechshundert Seiten dieser Sammlung neben einer Anzahl süffiger und saftiger Formulierungen noch einige Glanzstücke finden, die gleichsam unter der Hand gelungen sind – aber kaum mehr.

Wer wiederum originelle Einsichten oder Überlegungen erwartet, wird ebenfalls schwerlich auf seine Rechnung kommen. Ähnlich wie seine Helden war Hemingway durchaus kein geistreicher Mann: Nicht durch Intellektualität zeichnen sich seine erzählenden Schriften aus, vielmehr durch die Kraft und die Intensität auffallend weniger, doch eindringlich veranschaulichter Gedanken. In den Briefen ist es nicht anders. Sie setzen sich in der Regel aus eher vordergründigen und simplen Äußerungen zusammen. Und schließlich: Da Hemingway immer wieder auf die gleichen Fragen zu sprechen kam und beharrlich zu denselben, ihn jahrzehntelang bedrängenden Motiven zurückkehrte, fehlt es der Korrespondenz nicht an Monotonie.

Kurz und gut: lauter Vorbehalte. Aber warum ergeben diese Briefe dennoch ein erstaunliches und auch ergreifendes Buch? Vielleicht deshalb, weil sie mit kaum zu überbietender Deutlichkeit einen Menschen erkennbar machen, dem im Kampf um Anerkennung wahre Triumphe beschieden waren und der gleichwohl, von Sieg zu Sieg schreitend oder taumelnd, immer mehr gelitten hat.

Die Welt meinte es gut mit ihm, stets hatte Hemingway den Wind im Rücken, und wenn man sich nach den äußeren Tatsachen eines Lebens richten kann, dann war das seinige, von den letzten Jahren abgesehen, überaus glücklich. Was er auch brauchte und was er sich wünschte, wonach er sich sehnte und wovon er träumte – alles ging, früher oder später, in Erfüllung: Er war umgeben von liebenden Frauen und zahllosen Bewunderern, er konnte sich den ausgefallensten Luxus leisten, er wurde mit den höchsten Preisen geehrt, und nichts und niemand konnte ihn hindern, sich in jedes Abenteuer zu stürzen, das ihn lockte. Er symbolisierte und verkörperte, was wir heute Selbstverwirklichung nennen.

Nein, nicht an der Welt, der ungerechten und schnöden, hat Hemingway gelitten, sondern an sich selber. Denn er gehörte zum Geschlecht der Getriebenen. Sein Dasein stand von frühester Jugend an im Zeichen übermächtiger Obsessionen: Er war besessen von brennendem Ehrgeiz, er wurde gepeinigt von panischer Angst – und beides bedingte und steigerte sich gegenseitig.

Was immer er vollbracht hatte, er mußte es selber ausgiebig preisen, unentwegt rühmte er sich seiner Taten. Ein Leben lang bestanden Hemingways Briefe zum großen Teil aus baren Erfolgsmeldungen. Er brüstete sich mit seinem Mut und seiner Männlichkeit, er verwies stolz auf die von ihm erlegten Tiere und geangelten Fische, auf die Zahl ebenso seiner Kriegsverwundungen wie der Worte, die er an einem Tag geschrieben hatte. Er war Weltmeister im Selbstlob, er war ein Angeber und Aufschneider, wie er im Buche steht.

So teilte Hemingway seinem Verleger Charles Scribner mit: »Zur Feier meines fünfzigsten Geburtstages... habe ich dreimal gebumst, im Klub genau zehn (sehr schnelle) Tauben geschossen, mit fünf Freunden eine Kiste Piper-Heidsieck Brut getrunken und den ganzen Nachmittag den Ozean nach großen Fischen abgesucht.« Und 1933 prahlte er in einem Brief an seinen Lektor Maxwell Perkins: »Einige meiner Erzählungen kann ich nicht mehr übertreffen..., weil man bessere als diese einfach nicht schreiben kann – das kann keiner. Aber so ab und zu kann ich eine genausogute schreiben – und ich kann *immer* bessere Geschichten schreiben als jeder andere.«

Mit dem Alter ließ Hemingways Prahlsucht keineswegs nach. 1954 – in diesem Jahr hatte er den Nobelpreis erhalten – erklärte er einem Korrespondenzpartner, er wüßte eine Landschaft so zu schildern, daß man, wenn man wolle, in sie hineinwandern könne; überdies verfüge er als Schriftsteller über »ein fast perfektes Gehör«. Und 1949 informierte er Scribner über seine Triumphe im Kampf gegen die großen Toten: Schon sei es ihm gelungen, »Mr. Turgenjew« und »Mr. Maupassant« zu besiegen, »Mr. Henry James« würde er »mit dem bloßen Daumen erledigen, sobald er das erste Mal nach mir grapscht, und ihm dann eins dorthin verpassen, wo er keine Eier hatte...«, und er hoffe, demnächst »Mr. Melville und Mr. Dostojewski zu schlagen«.

Diese Hemingwaysche Kraftmeierei hat immerhin Witz und Humor. Daß er es ernst meinte, ist indes ebenso sicher. Gegen Ende seines Briefes heißt es: »Ich weiß, das hört sich nach Angeberei an, aber Jesses, man muß schon Selbstvertrauen haben, um Champion zu werden, und das ist das einzige, was ich mir immer gewünscht habe.« Damit sprach er indirekt aus, was gleichsam den Generalbaß dieser Briefe bildet: Um sein Selbstvertrauen war es nie gut bestellt. Er mußte protzen und aufschneiden, um sich Mut zu machen. Hinter seinem manischen Geltungsbedürfnis verbargen sich nichts anderes als Unsicherheit, quälende Selbstzweifel und unverkennbare Minderwertigkeitsgefühle.

Im schroffen Gegensatz zur Rolle, die er sein Leben lang gespielt hat (oder zumindest um jeden Preis spielen wollte), war Hemingway ein äußerst reizbarer und empfindsamer, ein nervöser, launischer und leicht erregbarer Mensch. Es fiel ihm schwer, das seelische Gleichgewicht zu wahren: Schon sehr früh gehörten psychische Krisen zu seinem Alltag. Kam er mit seiner Arbeit nicht recht voran, geriet er sofort in Verzweiflung, wobei die Stimmungsumschwünge bei ihm so heftig wie häufig waren: depressive und hochgestimmte Phasen lösten einander rasch ab.

So neigte er auch stets – und in allen Fragen – zu denkbar extremen Urteilen und Reaktionen: Er empfand das Leben abwechselnd als herrlich oder schrecklich, als göttlich oder teuflisch. Doch sind seine begeisterten Äußerungen allzu ostentativ, als daß man ihnen ganz trauen könnte, der düstere, meist schwermütige Untergrund seines Charakters scheint immer durch. Als Synonym für die Welt verwendet er gern die Vokabel »Hölle«. Diese habe man »durchzustehen. Wenn man sie durchstehen kann. Und das muß man« – schrieb er 1926. Eine Art Durchhalte-Ethos ist das Fundament der ideellen Konzeption Hemingways, sofern von einer solchen überhaupt die Rede sein kann.

Insgeheim fürchtete er, er sei dieser Hölle nicht gewachsen. Seine Lebensangst wollte er mit gesteigerter, mit bisweilen fieberhafter Vitalität tarnen und verdrängen. Um sich seines Lebensgefühls zu vergewissern, setzte er sein Leben immer wieder aufs Spiel. Aus Angst vor dem Tod suchte er dessen Nähe. Daher die makabre Faszination, die der Krieg auf ihn auszuüben vermochte – und wenn es keinen Krieg auf Erden gab, dann genügten, als Ersatz, der Stierkampf oder die Großwildjagd. Kompensation und Überkompensation war es immer.

Aber seine wahre Passion galt letztlich keiner dieser vielen meist fotogenen Aktivitäten, sondern einer ganz anderen, einer scheinbar undramatischen und nicht gerade pittoresken Betätigung oder Profession, zu der er sich in einer Art Haßliebe hingezogen fühlte. Hemingway wußte es: »Das Schreiben ekelt mich an, aber da ich mir aus nichts anderem so viel mache, werde ich weiterschreiben.«

War also doch die Literatur für ihn das Wichtigste? Ja, aber nur die eigene. »Leidest du, wenn du schreibst?« fragte Hemingway 1945 den Kritiker Malcolm Cowley und antwortete: »Ich überhaupt nicht. Ich leide wie ein Schwein, wenn ich nicht schreibe... Ich fühle mich nie so gut wie beim Schreiben.« Er, der in Sachen Publicity nie zimperlich war, bat 1950 seinen Verleger, seinen Kriegsdienst nicht für die Reklame zu benutzen. So erstrebenswert ihm der Ruhm des Helden auch schien, ihm war doch an einem anderen ungleich mehr gelegen: »Ich will als Schriftsteller gelten... Ich will nichts als ein Schriftsteller sein.«

Zusammen mit dem literarischen Ehrgeiz wuchs auch seine Angst, er werde kläglich versagen. Seine Erfolge haben dies nicht gebessert, im Gegenteil: Je größer sie waren, desto mehr fühlte sich Hemingway dem Erwartungsdruck der Öffentlichkeit ausgesetzt. Und desto häufiger suchte und fand er Zuflucht beim »alten Drachentöter«, dem Alkohol. »Himmel, ich wünschte, Du wärst hier, dann könnten wir uns betrinken, wie ich es jetzt gerade tue und in letzter Zeit so oft getan habe« – heißt es 1925 in einem Brief an John Dos Passos. Und in einem anderen Brief aus jener Zeit: »In ein paar Minuten werde ich ausgehen und mich tierisch besaufen.«

Derartige Bekundungen zeigen zunächst einmal, wie stark und primitiv das Renommierbedürfnis des jungen Mannes war. »Herrgott, irgendwann würde ich ganz gern mal erwachsen werden« – schrieb damals Hemingway selber. Ist er es je geworden? Wollte er es wirklich werden? In den Briefen aus den späteren Jahren wird die Trunksucht nicht mehr verherrlicht, sondern nur noch verteidigt: »Trinken Sie nicht? Ich merke, Sie sprechen abschätzig von der Flasche. Ich trinke, seit ich fünfzehn bin, und nur wenige Dinge haben mir mehr Vergnügen bereitet... Außerdem ist das moderne Leben oft eine mechanische Tyrannei, und Schnaps ist die einzige mechanische Entspannung.« 1945 behauptete er, der Alkohol könne »praktisch alles in Ordnung bringen«.

Der einst trinkend das Leben herausfordern wollte, gab jetzt eher kleinlaut zu, er sei auf das Trinken angewiesen, um seiner Umwelt überhaupt standhalten zu können. Hemingway war schon über fünfzig Jahre alt und längst weltberühmt, als er, offensichtlich um Verständnis bittend, schrieb: »Da ich sehr schüchtern bin, trinke ich manchmal, um mir die Leute erträglich zu machen.«

Die Leute, die er am wenigsten ertragen konnte, waren die zeitgenössischen amerikanischen Schriftsteller. Die Lyriker allerdings interessierten ihn nicht – abgesehen von Ezra Pound, mit dem er in den zwanziger Jahren befreundet war und dem er später die Treue gehalten hat. Die Dramatiker waren ihm offenbar gleichgültig, er nahm sie nicht zur Kenntnis. Die Erzähler hingegen, die er immer für potentielle Konkurrenten hielt, hatten bei Hemingway nichts zu lachen: kaum einen ließ er gelten. Man hat den Eindruck, daß er am liebsten alle auf einmal von der literarischen Bühne vertrieben hätte, um allein auf weiter Flur zu bleiben.

Von Sinclair Lewis wollte er nichts wissen. Doch zu wahren Wutausbrüchen reizte ihn dieser erst ab 1930 – denn damals wurde er mit dem Nobelpreis ausgezeichnet. Faulkner bewunderte er aufrichtig: »Er hat von allen das meiste Talent...« – meinte er 1945 in einem Brief an Malcolm Cowley. Als aber Faulkner 1950 der Nobelpreis verliehen wurde, lautete Hemingways Urteil: »Es macht mir Spaß, ihn zu lesen, aber ich finde es immer schrecklich, daß er nicht besser ist. Ich wünsche ihm Glück, und das braucht er auch, denn er hat den einen großen, unheilbaren Fehler: man kann ihn nicht zweimal lesen.« In einem etwas späteren Brief nannte er

Faulkner knapp und klar einen »nichtsnutzigen Mistkerl«.

Über Scott Fitzgerald macht er sich lustig, er wirft ihm Unbildung und Selbstgefälligkeit vor: »Ohne es zu wollen, stellte er sich ungeheuer gern zur Schau, und im Lauf der Zeit wurde er ein immer widerlicherer Trunkenbold.« Sein Selbstvertrauen habe er verloren, weil es seiner Frau gelungen war, ihm einzureden, sein Penis sei zu klein. Dos Passos bezeichnete er als »zweitklassigen Schriftsteller«, der kein Ohr habe. Beim Lesen seines neuen Buches sei ihm schlecht geworden. Auch Thomas Wolfe findet er »zum Kotzen« und dessen Nachlaß »idiotisch«. 1949 genügt ihm ein einziger Satz, um seine Ansicht über fünf Autoren mitzuteilen: »Du könntest Lionel Trilling, Saul Bellow, Truman Capote, Jean Stafford und Robert Lowry in einen Käfig stecken und sie hochwuchten, und Du würdest finden, daß Du nichts drin hast.« Selbst über Gertrude Stein, von der Hemingway laut eigener Aussage viel gelernt hat, äußert er sich spöttisch und gehässig: »Wenn es jemals eine Hexe gegeben hat, dann war es diese Frau.«

Sein geringes Selbstvertrauen und die starke Abhängigkeit von der Reaktion der Öffentlichkeit auf sein Werk und auf seine Existenz zeigt auch Hemingways Verhältnis zur Kritik. Da er ein Profi sei – schrieb er 1935 –, mache er sich nichts aus Komplimenten. Das Gegenteil trifft zu: Weil er das Schreiben von Anfang an für seinen Beruf hielt, wollte er unentwegt bewundert werden. Ebendeshalb hat er die Kritik gefürchtet und gehaßt, deshalb blieb er bei seiner schon 1925 geäußerten Ansicht, keiner habe eine Ahnung von seinen Büchern außer ihm selbst: »Leute, die dafür bezahlt werden, zu allem eine Meinung zu haben, machen mich krank; kastrierte Marketender der Literatur.« Kritik sei »Pferdescheiße«, aber »ohne den angenehmen Geruch« und ohne deren Nützlichkeit als Dünger. Die Kritiker würden jeden Schriftsteller, der ihre Artikel liest, ruinieren. Und noch 1952 dekretierte er kurzerhand: »Alle Rezensionen sind Scheiße.«

Es stimmt schon: Kritik machte ihn krank, aber nur, wenn sie für ihn ungünstig ausfiel. Jenseits der obligaten Kraftausdrücke präsentiert sich alles etwas differenzierter. Dies zeigt seine wechselvolle Beziehung zu Edmund Wilson, der als der bedeutendste amerikanische Literaturkritiker des zwanzigsten Jahrhunderts gilt. Er hatte 1924 Hemingways erste Publikationen verständnisvoll und freundlich besprochen. Der sonst so rabiate junge Autor dankte herzlich, fast devot, und bescheinigte dem Adressaten, er sei der einzige Kritiker, den er überhaupt lesen könne. 1930 schrieb er über Wilson, er sei von allen Kritikern derjenige, der am besten verstanden habe, was er mit seiner Arbeit bezwecke: »Er ist ein verdammt guter Prosakritiker, und er schreibt gut.«

Als aber Wilson Ende 1935 Hemingways neues (und sehr schwaches) Buch »Die grünen Hügel Afrikas« scharf angriff und dessen Artikel im »Esquire« »läppisch« nannte, war von seinem einstigen Respekt nichts mehr geblieben: Wilson habe die Artikel im »Esquire« und auch die »Grünen Hügel« überhaupt nicht gelesen, wahrscheinlich kenne er bloß die Rezensionen. Der ihn früher gelobt hatte, wolle ihn jetzt (so vermutet Hemingway) aus dem Geschäft werfen, er aber versuche »den Stall auszumisten und all die Idioten loszuwerden, denen ich oder meine Bücher nur aus einem Mißverständnis heraus gefallen« – womit natürlich die Kritiker gemeint sind, Wilson nicht ausgeschlossen. Am liebsten aber würde er, Hemingway, mit einem Maschinengewehr in der Redaktion der »New Republic« (wo Wilsons Kritik erschienen war) Ordnung machen und »dem Scheißertum ein paar Märtyrer schenken«.

Noch 1944 beschimpfte er Wilson aufs heftigste. Gewöhnlich verdrehe er Tatsachen, um einen in der Vergangenheit geäußerten Irrtum oder auch seinen »Mangel an Wissen und Gelehrsamkeit« zu vertuschen: »Über Dinge, über die man richtig Bescheid weiß, liest er sich dumm, ungenau, nicht informativ und anmaßend.« Später, 1952, ließ sich Hemingway wieder ganz anders über Wilson vernehmen. Er, der immer gegen alle Rezensenten und Rezensionen gewettert hatte, bekannte nun: »Ich habe mein ganzes Leben lang immer auf vernünftige, intelligente Kritik gehofft, denn Schreiben ist die einsamste aller Beschäftigungen.« Davon aber habe er wenig bekommen – außer von seinem sowjetischen Kritiker und Übersetzer Iwan Kaschkin und von ihm, Edmund Wilson.

Hemingways Leiden an der Kritik wurde wohl noch durch einen zusätzlichen Umstand verschärft: Ihm war diese Materie fremd und fern, sie schien ihm offenbar auf ärgerliche Weise abstrakt. Er aber war stets ein Mann des Konkreten. Es ist sehr charakteristisch, daß sich in der ganzen Briefsammlung keine einzige Passage findet, in der auch nur für einen Augenblick ernsthaft über Literatur oder ein bestimmtes literarisches Werk nachgedacht würde.

Mit seiner Abneigung gegen das Abstrakte mag auch Hemingways Verhältnis zur Politik zusammenhängen.

Daß er sich bei verschiedenen Gelegenheiten entschieden zu politischen Fragen geäußert hat, ändert nichts an der Tatsache, daß ihm alles Politische verächtlich schien und er diese Sphäre am liebsten gemieden hätte. Die Staatsmänner hielt er für Schurken, und wann immer er mit Politikern, amerikanischen oder anderen, in Berührung kam, konnte er sich – wie er einmal sagte – des Gefühls nicht erwehren, aus Spucknäpfen getrunken zu haben.

Seine politischen Glaubensbekenntnisse tragen stets anarchistische Züge und sind so prägnant wie unmißverständlich. Das schönste findet sich in einem Brief, in dem er 1935 Iwan Kaschkin belehrte, daß ein Schriftsteller keiner Regierung Gehorsam schulde: »Wenn er ein guter Schriftsteller ist, wird ihm die Regierung, unter der er lebt, nie gefallen. Seine Hand sollte sich gegen sie wenden, und ihre Hand wird immer gegen ihn sein... Ein Schriftsteller ist ein Außenseiter, wie ein Zigeuner. Klassenbewußtsein kann er nur haben, wenn sein Talent begrenzt ist. Wenn er genug Talent hat, ist er in allen Klassen zu Hause, und was er gibt, gehört jedem.«

Ja, das ist sicher: Ernest Hemingway war ein Außenseiter. Aber in dem Jahrhundert, in dem sich die verlorenen Generationen auf die Hacken treten, sind es gerade die Außenseiter, die zu repräsentativen Figuren avancieren können.

# Vladimir Nabokov

## Wollust, Hörigkeit, Liebe
*1987*

Als im Jahre 1927 der Roman »Ulysses« von James Joyce in deutscher Übersetzung erschien, publizierte die »Weltbühne« eine Besprechung, deren Umfang schon erkennen ließ, daß man sich der Bedeutung des Gegenstands wohl bewußt war. Eine Hymne war es freilich nicht. Der Rezensent, Kurt Tucholsky, sprach zwar einerseits von einer »bewundernswerten Leistung an Könnerschaft, künstlerischem Mut, Seelenkenntnis« – damit zielte er vor allem auf das letzte Kapitel des Romans ab, den riesigen und mittlerweile berühmtesten inneren Monolog der Weltliteratur –, hatte aber andererseits nicht die geringsten Hemmungen, klipp und klar zu sagen: »Ganze Partien des ›Ulysses‹ sind schlicht langweilig.« Die Kritik endet mit einem verblüffenden Vergleich: Dieses »außergewöhnliche und merkwürdige Buch« sei wie Liebigs Fleischextrakt. Denn: »Man kann es nicht essen. Aber es werden noch viele Suppen damit zubereitet werden.«[1]

Tucholskys kesses Diktum trifft die Sache mitten ins Herz. Der »Ulysses« stellt auch an besonders intelligente und vielseitig gebildete Leser hohe und höchste Ansprüche. Die Lektüre des Romans ist, zumindest strekkenweise, äußerst mühselig, beträchtliche Teile sind ohne wissenschaftliche Kommentare überhaupt nicht oder nur bedingt zugänglich. Jenen also, die zu Romanen greifen, weil sie sich von ihnen vornehmlich Unterhaltung und Entspannung versprechen – und das sind legitime Bedürfnisse –, kann man das Buch gewiß nicht empfehlen. Wenn sie es dennoch in die Hand nehmen, werden sie wahrscheinlich rasch und verärgert kapitulieren. Es wäre so töricht wie hochmütig, ihnen dies verübeln zu wollen. Aber der »Ulysses« ist ein bahnbrechendes Werk, dessen Einfluß sich kaum überschätzen läßt: Ohne diesen Roman können wir uns die moderne Literatur nicht mehr vorstellen.

»Man kann es nicht essen.« Was Tucholsky meinte, gilt natürlich nicht nur für den »Ulysses«, sondern auch – und darauf kommt es hier an – für einen großen, jedenfalls für den wesentlichen Teil der modernen Literatur und übrigens auch der modernen Musik. Das Publikum erwartet wie eh und je schmackhafte Gerichte. Was ihm serviert wird, läßt sich nicht recht konsumieren und ist dennoch wichtig und wertvoll. Sind es – um bei Tucholskys gastronomischem Vergleich zu bleiben – Produkte für Köche? Hätten wir es also bei der modernen Literatur, zumal bei ihren bedeutsamsten und folgenreichsten Errungenschaften, um eine Literatur für Literaten zu tun? Die Frage ist nicht neu, mit ihr haben sich schon die Romantiker beschäftigt. »Du könntest in Gefahr kommen, nur für Gelehrte zu dichten«, warnte Friedrich Schlegel seinen Bruder August Wilhelm.[2]

In einem die Moderne großzügig verwerfenden Artikel kann man lesen: »Die Kommentarbedürftigkeit der zeitgenössischen Kunst...gehört zu ihrem Wesen.«[3] Gerät also, wer auf die einfache Lektüre setzt, ins Hintertreffen? Das ist bestimmt nicht richtig, doch ganz falsch ist es auch nicht: Keineswegs läßt sich die zeitgenössische Kunst oder Literatur mit Hilfe ihrer Kommentarbedürftigkeit charakterisieren oder definieren. Wohl aber gibt es Autoren – und es sind die schlechtesten nicht –, deren Leser, wenn sie auf Erläuterungen ganz und gar verzichten wollen, in der Tat ins Hintertreffen geraten können. Ist dies ein Kennzeichen der Literatur erst unserer Epoche? Galt und gilt es nicht nach wie vor, um es bei einem einzigen Beispiel bewenden zu lassen, auch für Goethes »Faust«, vor allem für den zweiten Teil?

Wahr ist allerdings, daß der Anteil der nur (oder vorerst nur) für eine Minderheit verständlichen oder nachgerade auf Kommentare angewiesenen Literatur im 20. Jahrhundert, zumal nach dem Ersten Weltkrieg, ungleich größer geworden ist, als er es in der unfernen Vergangenheit war. Das trifft im unterschiedlichen Grade auf die Werke sehr unterschiedlicher Schriftsteller zu – eben auf den »Ulysses« von Joyce (von dessen »Finnegans Wake« ganz zu schweigen) und auf die (von vielen als sehr dunkel empfundenen) Parabeln von Kafka, auf Samuel Becketts Dramen, Paul Celans Gedichte oder Arno Schmidts Prosa. Werden die Werke dieser Autoren heutzutage ausschließlich von Eingeweihten rezipiert? Auch wenn zahlreiche ihrer Texte sogar den Fachleuten größte Schwierigkeiten bereiten, kann man diese Frage inzwischen verneinen. Sicher ist: Wir brauchen auch eine Literatur für Literaten, wir müssen sie beschützen, wann immer und wo immer sie angegriffen wird und gefährdet ist. Sie ist für uns so notwendig wie – *mutatis mutandis* – die Forschung für die Medizin.

Wir haben uns also damit abzufinden, daß die Kluft, welche die moderne Literatur von ihren potentiellen Lesern trennt, oft unvermeidbar ist. Vielleicht läßt sie sich aber doch verringern? Bei Brecht, der sich darüber oft Gedanken gemacht hat, heißt es programmatisch und provozierend zugleich: »Seit jeher ist es das Geschäft des Theaters, wie aller andern Künste auch, die Leute zu unterhalten.«[4] Offenbar war Brecht der Ansicht, daß es für die Kunst durchaus möglich ist, dem Unterhaltungsbedürfnis des Publikums Rechnung zu tragen, ohne an sich selber Verrat zu begehen. Ist denn eine Synthese wirklich undenkbar, also eine Literatur, die modern, anspruchsvoll und raffiniert wäre und den Lesern dennoch, ohne das geringste Zugeständnis seitens des Autors, Unterhaltung, Vergnügen und Genuß bereiten könnte? Doch, derartiges gibt es, wenn auch leider sehr selten.

Wo sich ein solcher Schriftsteller befindet, da haben wir gerade heute, da die Literatur immer wieder genötigt wird, ihre Existenz zu verteidigen, allen Anlaß, auf ihn hinzuweisen – dankbar und mit Nachdruck. Ein solcher Schriftsteller ist Vladimir Nabokov. Dankbarkeit? Wofür eigentlich? Meine persönliche Antwort ist die denkbar einfachste: Ungeachtet der beträchtlichen Qualitätsschwankungen innerhalb seines Werks habe ich mich, Nabokovs zahlreiche Bücher lesend, noch nie gelangweilt. Und ich habe von kaum einem Erzähler unserer Epoche soviel über das menschliche Leben erfahren wie von ihm, dem heimatlosen Weltbürger, der 1977 in Montreux gestorben ist.

Im Nachwort zu »Lolita« erwähnt Nabokov einen Zeitungsartikel, dem zufolge es einem Affen im *Jardin des*

*Plantes* gelungen sei, die erste von einem Tier verfertigte Zeichnung zustande zu bringen: Auf der Skizze seien die Gitterstäbe des Käfigs zu sehen gewesen, in dem der Affe gefangengehalten wurde. Der Artikel habe zu der im Herbst 1939 geschriebenen Erzählung »Der Zauberer« geführt, einer – so Nabokov – »prä-›Lolita‹-Novelle«. Sie wurde zunächst nicht veröffentlicht. Als er dann an der »Lolita« arbeitete, wollte er von ihr nichts mehr wissen: Er hatte sie als »ein Stück toten Abfalls« in Erinnerung. Später gefiel ihm der »Zauberer« doch, er sah in ihm (und sehr zu Recht) mehr als nur eine Vorstudie zu dem inzwischen weltberühmten Roman. Indes wurde die Erzählung erst 1986 gedruckt.

Die Geschichte vom Zeitungsartikel, der die Entstehung des »Zauberers« und der »Lolita« angeregt haben soll – Nabokov spricht von einem »initialen Inspirationsschauer« –, ist wohl erfunden. Aber sie ist gut erfunden. Denn das Bild vom Affen, der immer wieder die Gitterstäbe seines Käfigs zeichnet, veranschaulicht das zentrale Motiv des Werks von Nabokov: Schon auf seine frühen, noch in den zwanziger Jahren entstandenen Bücher trifft diese visuelle Selbstinterpretation zu. Sein Thema ist die leidende Kreatur, gefangen im Käfig ihrer Passionen und Obsessionen, seine Romane sind Studien des Wahns und der Dämonie, seine Helden gleichen Amokläufern, das Monomanische ist ihr Element: Sie sind besessen von der Liebe zu Frauen oder von der Sehnsucht nach der Heimat, vom Spiel oder vom Abenteuer, vom maßlosen Ehrgeiz oder von qualvollen Minderwertigkeitskomplexen. Komplexe sind es allemal, und allemal geht es um die Darstellung des Käfigs ihrer Qualen.

Von einem Monomanen erzählt Nabokov auch im »Zauberer«. Es ist ein Mann von etwa vierzig Jahren. Er übt einen ordentlichen bürgerlichen Beruf aus und hatte einige »normale Affairen« mit Frauen. Doch könne man, sagt er, die »fade Beliebigkeit« solcher Erlebnisse nicht mit seiner »einzigartigen Flamme« vergleichen: Zwölfjährige Mädchen, von ihm »Nymphchen« genannte Wesen, sind es, die diese Flamme, diese Begierde lodern lassen. Er möchte niemandem einen Schmerz antun, den Gedanken gar an eine Vergewaltigung weist er weit von sich: »Ich bin ein Taschendieb, kein Einbrecher.« Der Käfig, in dem er leidet, ist das Werk auch seiner außergewöhnlichen Imagination: »Zu Zeiten war seine Phantasie monatelang gefesselt, und nur gelegentlich einmal klirrte die Kette.«

In einem Park – Ort der Handlung ist offenbar Paris – beobachtet er ein veilchenblau gekleidetes Mädchen: »die undeutliche Zartheit ihrer immer noch engen, aber schon nicht mehr ganz flachen Brust; die Art, wie sich die Falten ihres Rocks bewegten; deren Knappheit und weiche Höhlungen...« Es kommt ihm vor, »als hätte er sie auf der Stelle, gleich im allerersten Moment ganz und gar, von Kopf bis Fuß in sich aufgenommen«. Kein anderes Gefühl kennt er jetzt, keinen anderen Gedanken, kein anderes Ziel: Sein Leben steht nur noch im Zeichen der Zwölfjährigen. Er ist wie betäubt und gehorcht – dies glaubt er jedenfalls – einem geheimen Impuls, den er als die Verschmelzung einer »Welle der Vaterschaft« mit einer »Welle geschlechtlicher Liebe« empfindet.

Um das Mädchen täglich sehen zu können, kommt er immer wieder in den besagten Park, und bald nähert er sich der Mutter, einer eher abstoßenden Witwe, die er rasch heiratet. Sie ahnt, daß das eigentliche Interesse dieses Mannes nicht ihr gilt, sondern der Tochter: »Darum mußt du zwischen ihr und mir wählen.« Er spielt mit dem Gedanken, die Mutter zu vergiften, erkennt indes, daß deren Tod ebenjenen Konflikt nach sich ziehen müßte, dem er nicht gewachsen ist: Er begehrt das Mädchen, fürchtet jedoch die Verwirklichung dieser Begierde. Denn sollte sein Wahn die Grenzen der Phantasie überschreiten, dann würde auch der Zauber der Zwölfjährigen schwinden.

So redet er sich ein, daß er »genügend Freude an ihr hätte, um sie nicht vorzeitig zu entzaubern«. Entschlossen, ihre Jungfräulichkeit nicht anzutasten, hofft er gleichwohl, sie werde eines Morgens von ihm verlangen, »die Suche nach der versteckten Instrumentensaite zu ihrer gemeinsamen Sache zu machen«. Aber sein Sexualinstinkt ist viel zu stark, als daß er jenen Morgen tatsächlich abwarten könnte. Nach dem Tod der Mutter, die an den Folgen einer Operation stirbt, holt er die bisher bei einer befreundeten Familie lebende Stieftochter und reist mit ihr in den Süden. Schon in der ersten Hotelnacht verliert er die Fassung: »Die Stauung seines Blutes verlangte das Unmögliche.« Die Katastrophe läßt sich nicht mehr aufhalten.

»Der Zauberer« ist vor allem ein psychologisches Porträt, eine scharfsinnige poetische Studie der sexuellen Obsession, gezeigt am Beispiel eines pathologisch veranlagten Mannes. Nur sollte man nicht meinen, Nabokov sei besonders an pathologischen Erscheinungen interessiert. Doch hat es ihn immer wieder gereizt, die Grenzbereiche des Daseins, die Randbezirke jeglicher Art zu erkunden und darzustellen. In seinem Nachwort zur »Lolita« meinte er, es sei geradezu kindisch, »ein aus der Phantasie geborenes Werk zu lesen, um Aufschluß über ein Land oder über eine Gesellschaft oder gar über den Autor zu bekommen«. Ein trotziges, ein sonderbares Diktum. Man könnte erwidern, es sei kaum möglich, über andere zu schreiben, ohne etwas über sich selber zu verraten. Vor allem aber bleibt in dieser Aufzählung – und das ist gewiß kein Zufall – der einzelne ausgespart. Über ihn findet sich in Nabokovs Epik (»Der Zauberer« beweist es abermals) Aufschluß in ungewöhnlicher Fülle: Einsichten über die Eigenart des Individuums, die nur die Kunst bieten kann.

Dürfen wir also von belehrender Prosa reden? Nabokov hatte alle didaktischen Bestrebungen der Literatur stets und schroff abgelehnt. Indes: Ob er es will oder nicht – seine Bücher machen im Exzentrischen das Zentrale bewußt und im Abnormen das Normale (oder was wir für das Normale zu halten gewohnt sind). Und ob er es sucht oder nicht – er zeigt im Extremen das Exemplarische. So ist auch »Der Zauberer« zu verstehen, ein nachdenkliches und vielschichtiges Prosastück von beängstigender Intensität. Aber möglicherweise werden manche Leser diese Erzählung unterschätzen. Denn auf ihr liegt der Schatten eines unvergleichbaren Werks – des Romans »Lolita«.

Auf der Diskussion über das zuerst 1955 publizierte Buch lastete mehrere Jahre lang die Frage, ob es pornographisch oder hochmoralisch sei. Das scheint uns heute absurd und lächerlich zugleich. Es gibt in dem Roman keinen einzigen Satz, der ihn auch nur in die Nähe der Pornographie rücken würde, im Gegenteil: Hier werden sexuelle Vorgänge immer bloß angedeutet, denn derartige »Elemente des Animalischen« – heißt es einmal in der »Lolita« – könne sich jeder selbst vorstellen. Und es ist in der Regel weder sinnvoll noch ergiebig, einem Kunstwerk mit moralischen Kategorien beikommen zu wollen. Wem aber daran unbedingt gelegen ist, der wird bei aufmerksamer Lektüre des Buches schon auf seine Rechnung kommen und jedenfalls nicht zu einem negativen Ergebnis gelangen.

Aber mit dieser Diskussion Ende der fünfziger und Anfang der sechziger Jahre hängt es wohl zusammen, daß man sich häufig bemüht hat, »Lolita« in der Tradition der klassischen erotischen Literatur zu sehen. Tatsächlich steht hier im Mittelpunkt das uralte Motiv der heimlichen Liebesbeziehung, einer solchen also, die geheimgehalten werden muß, weil sie mit den herrschenden sittlichen Auffassungen und Prinzipien nicht in Einklang zu bringen ist, ja ihnen auf provozierende Weise widerspricht. Wer sich auf diesen Interpretationsweg begibt, kann »Lolita« auf die antike Sage von jenem Leander zurückführen, der die zur Ehelosigkeit und natürlich auch zur Keuschheit verpflichtete Priesterin Hero geliebt hat. Der amerikanische Kritiker Lionel Trilling hat 1958 in einem vielbeachteten Essay darauf hingewiesen, daß Humbert Humberts Verhältnis zu dem Mädchen Lolita der Gesellschaft ebenso skandalös erscheint wie einst Tristans Verhältnis zu Isolde oder das Wronskijs zu Anna Karenina. Es stelle die Liebenden, wie es in der erotischen Literatur sein muß, außerhalb der Gesellschaft.[5] Das alles mag sehr richtig sein, nur könnte ich Trilling leichter folgen, wenn ich in der »Lolita« die beiden Liebenden finden könnte. Dies aber will mir nicht gelingen.

Die Konstellation ist die gleiche wie im »Zauberer«: Ein reifer Mann verfällt einem zwölfjährigen Mädchen und heiratet dessen Mutter. Auch dieser Humbert Humbert hatte – wie sein Vorgänger in Nabokovs epischem Universum – »sogenannte normale Beziehungen zu mehreren irdischen Frauen«, auch er ist in sexueller Hinsicht pathologisch veranlagt. Aber anders als der namenlose Held des »Zauberers« glaubt er zu wissen, wodurch seine »Nymphchen«-Sucht ausgelöst wurde: Als Dreizehnjähriger liebte er ein etwa gleichaltriges Mädchen namens Annabel. An einer malerischen Küste spielte sich die entscheidende, die verhängnisvolle Szene ab: »Ich lag auf den Knien, im Begriff, meinen Liebling zu besitzen, als zwei bärtige Schwimmer... mit unflätigen Ermunterungsrufen aus dem Meer tauchten, und vier Monate später starb sie auf Korfu an Typhus.« Die rohe Umwelt verhindert also die Liebe zweier Halbwüchsiger.

Annabel ist Humbert Humberts »Ur-Elfe«, die im letzten Augenblick gescheiterte Beziehung dient ihm ein Leben lang wenn nicht als Rechtfertigung, so doch als Erklärung der ihn plagenden Zwangsvorstellungen und sexuellen Bedürfnisse. In seiner Not will er nichts anderes als die Wiederholung des traumatischen und mittlerweile verklärten Abenteuers aus seiner Jugendzeit. Aber wonach er sich sehnt, wird er nie finden: Was ein reifer Mann mit einem noch kindlichen Mädchen erleben mag, kann nicht wiederholen, was zwei ganz junge Menschen miteinander (auf welche Art auch immer) verbunden hat. So ist der »Schock leidenschaftlichen Wiedererkennens«, der ihn erschüttert, als er Lolita zum ersten Mal sieht, nur eine fatale Illusion.

Die Wirkung, die »das gemeine, kleine Ding« auf ihn ausübt, ist eindeutig – und es klingt wie barer Hohn, wenn Nabokov seinen Ich-Erzähler Humbert Humbert kurzerhand sagen läßt, ihm liege überhaupt nichts am Sexuellen, vielmehr locke es ihn, »den gefährlichen Zauber der Nymphchen festzuhalten«. Denn das eine läßt sich vom anderen überhaupt nicht trennen: Gerade das Sexuelle – der Roman zeigt es – löst diesen Zauber aus.

»Wie kommt es« – fragt Humbert Humbert –, »daß die Art, wie sie geht, mich so erbärmlich aufregt?« Natürlich weiß er keine Antwort, aber er versucht immer wieder zu beschreiben, was ihn an diesem kleinen Dämon mit der Grazie eines Kobolds fasziniert und entwaffnet: Es ist die sinnliche, rein körperliche Attraktivität Lolitas. Sie versetzt ihn in einen Zustand der Erregung, der an Wahnsinn grenzt. Von gelegentlichen, vielleicht bewußt irreführenden Äußerungen Nabokovs sollten wir uns nicht verwirren lassen: Das zentrale Thema dieses Romans ist die sexuelle Hörigkeit, demonstriert an einem pathologisch-exzentrischen Beispiel.

Wie der Held des »Zauberers« beabsichtigt auch Humbert Humbert (»trotz der unstillbaren Glut meines geschlechtlichen Begehrens«), mit »äußerster Willenskraft und Vorsorge die Reinheit dieses zwölfjährigen Kindes zu schützen«. Doch anders als sein Vorgänger vergreift er sich an dem Mädchen nicht. Nicht er verführt Lolita, sondern sie verführt ihn. Was Schamhaftigkeit ist, weiß sie gar nicht. Liebkosungen hält sie für »romantischen Quatsch«, und den Geschlechtsakt betrachtet sie, die schon auf einschlägige Erfahrungen mit College-Boys zurückblicken kann, »lediglich als Zubehör der heimlichen Jugendwelt, von der die Erwachsenen nichts wissen«. Nicht sie ist ihm ausgeliefert, sondern er ihr. Er bedauert, Lolita »nicht von innen nach außen stülpen« und seine »gierigen Lippen an ihren jungen Uterus« pressen zu können. Ihr aber sind seine Ekstasen gleichgültig.

So leuchtet es denn ein, daß am Ende sie ihn verläßt und nicht umgekehrt: Sie kann sich letztlich auch ohne ihn im Leben einrichten, während er ohne sie verloren ist. Und er ist es um so mehr, als aus seiner sexuellen Begierde mit der Zeit immer zärtlichere Gefühle erwachsen, die sich auf ein einziges Ziel, eine einzige Person richten – auf Lolita. Der Glücksrausch, der ihm an ihrer Seite zuteil wird, führt schließlich zur Liebe, freilich einer, die unerwidert bleibt. Denn das Mädchen ahnt nicht einmal, was das Wort »Liebe« bedeutet. Wo aber nur eine Person liebt, läßt sich schwerlich von einer Liebesgeschichte reden. Nein, nicht eine Liebesgeschichte wird hier erzählt, wohl aber die Geschichte einer Liebe. Daher kann »Lolita« nicht als eine moderne Version des klassischen erotischen Romans verstanden werden, das Buch ist vielmehr dessen virtuose, ja vollkommene Parodie.

Die schriftstellerische Kunst, die diese Liebe des Humbert Humbert spürbar und offenbar macht, bezieht ihre Überredungskraft vor allem aus der (man kann schon sagen: phänomenalen) Wahrnehmung und (meist übrigens lapidaren) Beschreibung von Details. Gab es nach Proust einen Erzähler, der den Requisiten des Alltags, den Nuancen und Winzigkeiten jeglicher Art soviel Leben und Expressivität abgewonnen hätte?

Die Blue jeans und die farbigen Hemden Lolitas, ihre Söckchen und Segeltuchschuhe, die Sommersprossen auf ihrer Stupsnase und der blonde Flaum auf ihren

Gliedern, ihre Blicke und Bewegungen – solche und zahllose Elemente von schlechthin verblüffender (und dabei unaufdringlicher) Signifikanz fügen sich zu einem Porträt, das so gegenwärtig wie anschaulich ist. Die Feder Nabokovs wird scheinbar mühelos dem Sinnlichen ebenso gerecht wie der Emotionalität, der Wollust ebenso wie der Zärtlichkeit. Ihm gelingt, worum sich die Epiker seit Homer bemühen – das Unglaubhafte zu beglaubigen.

Ergreifend und erschütternd ist der Schluß dieses Buches. Humbert Humbert hatte schon früh die Unmöglichkeit, die Ausweglosigkeit seiner Liebe erkannt: »Ich wußte, daß ich mich für immer in Lolita verliebt hatte; ich wußte aber auch, daß sie nicht immer Lolita wäre.« Aber es kommt ganz anders – und das ist die überwältigende Pointe des Romans. Endlich hat Humbert Humbert Lolita, die Verschwundene, wiedergefunden – verheiratet und schwanger. Ihre Schönheit ist hin, sie ist »blaß und besudelt« und mit siebzehn schon »hoffnungslos verbraucht«. Und dennoch: »Komm, wie du bist. Und wir werden von nun an glücklich sein... Überlege es dir, Lolita. Es sind keine Bedingungen daran geknüpft...« Vorher hieß es: »Und ich konnte mich nicht sattsehen an ihr, und so genau wie ich wußte, daß ich sterben müsse, wußte ich auch, daß ich sie mehr liebte als alles, was ich je auf Erden gesehen oder vorgestellt oder mir irgendwie erhofft hatte.«

Hören wir hier das Echo der – wie Tonio Kröger zu sagen pflegte – »anbetungswürdigen russischen Literatur« des 19. Jahrhunderts? Darf man vielleicht sagen, daß Vladimir Nabokov insgeheim ein Romantiker war? Hat Humbert Humbert seine »Nymphchen«-Obsession

überwunden? Wäre dies also der Triumph über die bare
Sexualität, der Triumph der Liebe?

## Hamlet im falschen Zug

*1995*

Wenn in einer unserer Fernsehanstalten für die nächste
Talk-Show kein Thema in Sicht ist, meint ein (in der Regel jüngerer) Redakteur, man könnte doch wieder einmal über den deutschen Humor sprechen. Alle stöhnen
gelangweilt, aber niemandem fällt ein besseres Thema
ein. Zwei Wochen später sehen wir auf dem Bildschirm
einen Germanisten, einen politischen Journalisten, eine
Historikerin und einen Schriftsteller.

Der Germanist holt weit aus, um zu erklären, wir hätten nur die »Minna von Barnhelm« und den »Zerbrochenen Krug«, ansonsten sei die deutsche Komödie leider
nicht vorhanden. Das habe, glaubt der Journalist, damit zu tun, daß es in Deutschland seit eh und je nichts
zu lachen gibt. Die Kunsthistorikerin wartet mit einem
vorbereiteten Zitat auf: »Humor ist, wenn man trotzdem
lacht.« Sie schreibt das beliebte Wort Wilhelm Busch zu.
Der Schriftsteller murmelt etwas taktlos, daß es von Otto
Julius Bierbaum stamme. Dann erwähnt er etwas umständlich seinen leider schon vergessenen Roman, den
man doch dem deutschen Humor zurechnen könne. Da
bald die Zeit vorbei ist, einigt man sich: Um den Humor
ist es in Deutschland schlecht bestellt, auf jeden Fall sei
die deutsche Literatur humorlos.

Diese Entdeckung läßt sich in der Tat nicht von der

Hand weisen. Hatten Schiller und Hölderlin Humor? Wo gibt es so humorlose Schriftsteller wie Anna Seghers oder Ernst Jünger, wie Uwe Johnson oder gar Peter Handke, wie Ingeborg Bachmann oder gar Christa Wolf? Schon wahr. Dennoch wage ich die Behauptung, daß, von der englischen abgesehen, keine Literatur der Welt so viel Humor habe wie die deutsche. Und daß also die gegenteilige Behauptung bloß ein dümmliches Klischee sei, das von Generation zu Generation ungeprüft weitergereicht werde. Die besten deutschen Erzähler – Jean Paul, Theodor Fontane, Thomas Mann – waren auch und vor allem Humoristen. Wo gibt es in der Weltliteratur des zwanzigsten Jahrhunderts einen Romancier, der, wenn es um den Humor geht, sich mit Thomas Mann messen könnte? Er glaubte sogar, das Humoristische sei »das Wesenselement des Epischen«[1] – was mir nun doch etwas übertrieben scheint und eher als treffende Charakteristik des eigenen Werks verstanden werden sollte.

Wo gab es im neunzehnten Jahrhundert einen Lyriker, der mehr Witz und Ironie, mehr Humor gehabt hätte als Heinrich Heine, wo im zwanzigsten Jahrhundert Autoren mit mehr Pfiff und Humor als Karl Kraus und Kurt Tucholsky? Welche Literatur könnte sich solcher Humoristen wie Wilhelm Busch rühmen oder Christian Morgenstern? Sollte ich die Frage beantworten, welche Figur des Welttheaters am meisten mit Humor gesegnet sei, ich zögerte keinen Augenblick: Nicht auf Falstaff oder ein anderes Shakespeare-Geschöpf fiele meine Wahl und auch nicht auf die doch etwas simplen Helden Molières. Sie fiele auf unseren Mephisto.

Die weitaus besten komischen Opern, die ich kenne, stammen, immerhin, aus deutschen Federn: An die

»Meistersinger« denke ich und an den »Rosenkavalier«. Und wie ist es mit den Komödien – haben wir wirklich nur die »Minna« und den »Zerbrochnen«? Wie wäre es mit dem verschwenderischen Raimund und mit dem Nestroy, der sich einen Jux machen wollte, und wie mit dem schwierigen Hofmannsthal? Apropos Jux und Österreich: Wenn wir von Humor reden, dann sollten wir unbedingt auch an Ernst Jandl erinnern. Andererseits: Warum werden heutzutage humoristische Romane so gut wie überhaupt nicht mehr geschrieben? Weil wir in schweren Zeiten leben? Als der »Don Quijote« und die »Toten Seelen« erschienen, hatten es die Spanier und die Russen mit Sicherheit nicht leicht. Doch waren Cervantes und Gogol Genies – und mit Genies, die ja alle Regeln sprengen, läßt sich kaum etwas beweisen. Dies ändert aber nichts an der Tatsache, daß die europäischen Schriftsteller heutzutage vom humoristischen Roman nichts wissen wollen. Der letzte große humoristische Roman in deutscher Sprache war, wenn ich mich nicht irre, »Der Erwählte« von Thomas Mann.

»Amerika, du hast es besser« – heißt es bei Goethe, der allerdings von Amerika keine Ahnung hatte, was wir ihm nicht verübeln wollen. Unter uns: Der Humor ist den amerikanischen Schriftstellern ziemlich fremd. Ich vergesse Mark Twain nicht, muß aber an Edgar Allan Poe denken, an Faulkner und Hemingway. Erst der große Nabokov hat für Abhilfe gesorgt. Sein »Pnin«, ein Wunderwerk des Humors, ist in den Vereinigten Staaten entstanden und in englischer Sprache geschrieben. Aber ein ganz waschechter Amerikaner war Vladimir Vladimirovich Nabokov, der 1899 in St. Petersburg geboren wurde und 1977 in Montreux gestorben ist, nun doch nicht.

Genau betrachtet, ist »Pnin«, wie manch ein humoristischer Roman, eine epische Charakterkomödie. Ihre Wirkung bezieht die Charakterkomödie meist aus der zentralen Figur, einem wunderlichen Kerl, über den sich die Mitmenschen lustig machen und dessen Persönlichkeit meist so deutlich und stark ist, daß sie sich auch ohne Gegenspieler entfalten kann: Da beinahe alles von dem Porträt des (natürlich unheroischen) Helden abhängt, verliert die Handlung an Bedeutung. Von höchster Bedeutung hingegen ist der düstere Untergrund der Komödie, der Schatten, der auf ihr liegt. Kurz und ein wenig überspitzt: In der Komödie kommt es auf das Tragische an. Denn eine Komödie ohne Tragik ist wie ein Witz ohne Pointe – also etwas Überflüssiges.

Auch im »Pnin« geschieht wenig und vorwiegend Belangloses. Der Russe im Mittelpunkt wird in erster Linie mit Sphären und Milieus konfrontiert und nur bedingt mit anderen Personen, die fast alle nur in Umrissen zu sehen sind. Nabokov zeigt ihn in verschiedenen, doch so gut wie immer alltäglichen Situationen, die freilich sofort seine Lächerlichkeit erkennbar machen, aber auch seine Integrität und seine Würde – um nicht gleich von Tragik zu sprechen. Wer ist nun dieser Pnin, der seit 1940 in den Vereinigten Staaten lebt und dort in den fünfziger Jahren an einem Kleinstadtcollege russische Sprache und Literatur lehrt?

Er entstammt einer gebildeten, einer offenbar glücklichen Familie. Doch alle glücklichen Familien, behauptet Tolstoi im ersten Satz seiner »Anna Karenina«, ähneln einander, während jede unglückliche auf ihre eigene Art unglücklich ist. Das gilt, versteht sich, erst recht für Individuen. Ebendeshalb interessieren sich die Schriftsteller seit eh und je meist für diejenigen, die unglücklich sind. Pnin jedoch war zunächst, vermute ich, ein durchaus glücklicher Mensch. Aber die Weltgeschichte wollte es anders. Geboren im Jahre 1898, wie sein Autor in St. Petersburg, wurde er natürlich noch vom vergangenen Jahrhundert geprägt. Solange es währte, war ihm das Schicksal günstig – und es dauerte in Rußland bis zu jenem Machtwechsel im Herbst 1917, der später von der kommunistischen Propaganda zur größten Revolution der Menschheit erklärt wurde. Nach dem Tod seiner Eltern bleibt der junge Pnin allein. Er wird immer allein bleiben.

Er kämpft gegen die Bolschewiken und flieht nach Konstantinopel. Das Exil führt ihn quer durch Europa und verschlägt ihn schließlich auf die andere Halbkugel: Es ist eine Wanderung ohne Ende. Denn auf der letzten Seite des Romans erblicken wir ihn in einem kleinen, mit Bündeln und Koffern vollgestopften Auto: Man hat ihm im College gekündigt, er muß weiterwandern. »Pnin« – das ist, zunächst einmal, ein Roman über die Emigration, zumal die politische. Doch nichts weist darauf hin, daß dieser Einzelgänger und Sonderling schon in seiner Heimat eine possierliche, eine lächerliche Figur war. Pnin ist ein Geschöpf der Welt, in die er hineingeboren wurde – nur kommt sie ihm abhanden. Seine russische Identität ist sein Glück und sein Verhängnis, sie wird (ein typisches Nabokov-Motiv) zu Pnins Obsession. Soviel er auch weiß und kann, es übersteigt seine Möglichkeiten – und das ist real und symbolisch zugleich –, eine Fremdsprache zu erlernen: »War sein Russisch Musik, so war sein Englisch Mord.« Assimilieren kann er sich nicht: Er ist in Amerika, was er schon in Konstantinopel, in Prag und Paris war – ein Ausländer, zur Einsamkeit verurteilt, ein kurioser Fremdling.

Aber Pnin gibt nicht auf: Er sucht Schutz im Komischen und Komödiantischen, in einer Rolle also. Sie wird zu seiner zweiten Identität. Die Heimatlosigkeit – ich bitte, mir dieses Verbum zu gestatten – skurrilisiert ihn. Seine Kollegen und Studenten amüsieren sich über ihn, für sie ist er mittlerweile ein Bajazzo, ein Clown. Und wir, die Leser des Romans, verhalten uns nicht besser: Auch wir lachen über ihn. Doch ist es, wie Dieter E. Zimmer in seinem Nachwort sagt, ein Lachen, »das über die eigene Schadenfreude erschrickt«. Die Amerikaner rings um ihn sind nicht herzloser oder böser als er, der russische Ritter von der traurigen Gestalt. Nur sind sie anders. Denn sie sind zu Hause, sie leben in ihrer Heimat. Warum um Himmels willen sollten sie sich verstellen oder kostümieren, warum zu einer Maske greifen? Genau das aber tut Pnin: Er versucht, sich doch ein wenig zu assimilieren, zumindest äußerlich. Er kauft sich eine amerikanische Windjacke, eine kesse Mütze, ein grelles Sporthemd – und bildet sich ein, jetzt einem Amerikaner zu ähneln. Aber er sieht nur noch komischer aus, er wird zur grotesken Figur, zum Gespött der Leute. Was wollte er? Die Türken in Hessen und die Afrikaner in Bayern und die Juden und die Homosexuellen überall – sie wissen es. Kurz: Er hatte es wohl satt, einer Minderheit anzugehören. Pnin in amerikanischer Verkleidung – das ist eine der tragikomischen Pointen dieses Romans.

Das Exil macht aus ihm einen lebenden Anachronismus: Wie er ein Europäer in Amerika bleibt, so auch ein

Kind des neunzehnten Jahrhunderts inmitten des zwanzigsten. Er versucht das Autofahren zu erlernen – mit Hilfe der »Encyclopedia Americana«, in der er mit wachsendem Interesse Abbildungen von Getrieben und Bremsen studiert. Allerdings schreiben wir das Jahr 1954, die Abbildungen aber stammen aus dem Jahr 1905. Also ein zerstreuter Professor? Der Ich-Erzähler bestreitet dies: »Die Welt war es, die zerstreut war, und es war Pnins Sache, sie wieder einzurenken.« Gemeint ist wohl jene handliche Formel, auf die Schriftsteller gern zurückgreifen, wenn es darum geht, den leidenden Intellektuellen vor eine ihn überfordernde Aufgabe zu stellen. Es ist unser geliebter Prinz von Dänemark, der, nachdem ihn sein toter Vater in eine heikle Situation gebracht hat, lauthals klagt: »Die Zeit ist aus den Fugen; Schmach und Gram,/ Daß ich zur Welt, sie einzurichten, kam.«

Ein zerstreuter Professor ist Pnin mit Sicherheit, aber Nabokov mißt höher und weiter: Der ständige Versager, das Opfer der Weltgeschichte – natürlich kann er die Welt nicht wieder einrenken, was ja auch dem dänischen Prinzen nicht gelungen ist. Doch haben die beiden, Hamlet und Pnin, mehr miteinander gemein, als es zunächst scheinen will: Beide sind sie weltfremde Intellektuelle. Aber Hamlet scheitert an der Kluft zwischen Theorie und Praxis, an dem Widerspruch zwischen dem Gedanken und der Wirklichkeit. Bei Pnin haben wir den gleichen Widerspruch – doch taucht er nur noch als Parodie auf. Da er auf den Lauf der Dinge auch nicht den geringsten Einfluß hat, möchte er jene, die seinen Weg kreuzen, mit seiner Bildung beeindrucken. In den Vereinigten Staaten angelangt, muß er die Routinefrage des Grenzbeamten beantworten, ob er Anarchist sei. Pnin aber möchte wissen, was der Repräsentant der amerikanischen Behörden denn meine – den praktischen oder den theoretischen Anarchismus, den mystischen oder den metaphysischen. Denn als er jung war, sei das alles für ihn wichtig gewesen. »So wir hatten« – berichtet er später – »sehr interessante Diskussion.« Ihr Ergebnis: Statt gleich einreisen zu dürfen, muß er zwei Wochen auf Ellis Island bleiben.

Pnin, der Narr aus dem Geschlecht des Fürsten Myschkin, dieses Gütigen, den nichts davon abbringen konnte, die Menschen zu lieben (wir finden ihn bei Dostojewski, den die lesende Menschheit bewundert und den Nabokov verachtet), kommt nicht auf die Idee, jemanden übers Ohr zu hauen. Aber immer wieder wird er überlistet: Oft ist es seine Intelligenz, die ihm ein Bein stellt. Er muß sich mit der Bahn in eine andere Stadt begeben. Er studiert den Fahrplan und findet tatsächlich eine Verbindung, die günstiger ist als die ihm empfohlene. Zwölf Minuten wird er sparen, er ist zufrieden mit sich selbst. Nur ist sein Fahrplan fünf Jahre alt und nicht mehr gültig. Kurz und gut: »Professor Pnin befand sich im falschen Zug.« Seit er nicht mehr in Rußland lebt, befindet sich unser Hamlet immer im falschen Zug.

So erzählt dieser Roman die Geschichte eines Intellektuellen und eines reinen Toren. Und er erzählt zugleich die Geschichte eines Liebenden. Pnin hat keinen Freund und keine Freundin, jedenfalls seit er im Ausland ist. Im Pariser Exil allerdings verliebte er sich in Lisa, eine junge Russin. Sie betrog ihn nach Strich und Faden, sie nutzte ihn aus. Viele Jahre später besucht sie ihn in seiner amerikanischen Kleinstadt. Er liebt sie – wieder oder immer noch? Er möchte sie behalten – »so wie sie war, mitsamt ihrer Grausamkeit, ihrer Vulgarität, ihren blendenden blauen Augen, ihren miserablen Gedichten...« Wir wissen es: Liebe hat mit Unzurechnungsfähigkeit zu tun. »Der Liebende wird blind in bezug auf den Gegenstand seiner Liebe« – so bei Plato zu lesen. Wenn unsere Leidenschaft einem grausamen und vulgären Menschen gilt, der uns gemein behandelt hat und zu allem Unglück auch noch schlechte Gedichte schreibt – sollte das vielleicht die wahre Liebe sein? Übrigens hat Nabokov das scheußliche Gedicht, das er der ehemaligen Geliebten und Gattin Pnins zuschreibt, frecherweise aus frühen Versen der wunderbaren Lyrikerin Anna Achmatowa zusammengesetzt.

Jetzt bleibt unserem Professor nur noch die Literatur übrig. Er hat sie schon in seiner Jugend geliebt, doch erst in der Vertreibung verwandelt sie sich in eine Passion – und diese Passion in eine Manie. Worüber soll sich Pnin mit Lisas Sohn in Amerika denn unterhalten? »Ich werde jetzt mit dir sprechen über Sport.« Und er erklärt ihm, daß das Boxen zum ersten Mal in der russischen Literatur in einem Gedicht von Lermontow vorkomme und Tennis in der »Anna Karenina«. Es sind nicht unbedingt die glücklichsten Menschen, die, an das berühmte Shakespeare-Wort über die Bühne anknüpfend, verkünden, die ganze Welt sei letztlich Literatur. Ja, herrlich sind sie, das Gretchen und das Klärchen und das Käthchen, doch bisweilen ist ein lebendes Mädchen, dem Vernehmen nach, noch herrlicher.

Dieser Roman kennt keine These und keine Botschaft, von irgendeiner Lösung ganz zu schweigen. Denn Nabokov ist weder ein Philosoph noch ein Publizist, sondern ein Erzähler, ein Künstler. Wenn es hier ein zentrales Motiv gibt, dann ist es die Diskrepanz zwischen der Idee und der Erscheinung. Konkreter ausgedrückt: die Tragödie des Intellektuellen im zwanzigsten Jahrhundert, gezeigt am Beispiel des politischen Emigranten. Aber es widerstrebt Nabokov, derartiges direkt auszusprechen. So steht im Mittelpunkt nicht mehr und nicht weniger als eine Geschichte – und natürlich und vor allem ein Porträt.

Sachlich und genau ist diese Prosa, kein Satz klingt pathetisch. Gleichwohl bildet ihren Untergrund ein hohes Pathos, ein humanes, ein tragikomisches. Indes ist im »Pnin« ein anderes Klima bemerkbar als in der unvergeßlichen »Lolita«, in »Ada oder Das Verlangen« und in vielen Erzählungen Nabokovs. Das Buch befindet sich eher in der Nachbarschaft seiner Autobiographie »Erinnerung, sprich«. Hier wie dort dominieren die Mitteilung und die unaufdringliche Reflexion.

Ein aus Rußland stammender Kollege, der als Vorbild des Pnin galt, soll ihm – berichtet Nabokov – tief seufzend gesagt haben: »Wir sind alle Pnins.« Kein Zweifel, der Autor des Romans zitiert diese Äußerung zustimmend. Ja, in der Tat: Wir sind alle Pnins. Also auch Vladimir Nabokov? Dies mag der Umstand sein, der uns die Nähe dieses Jahrhundertromans zu seiner Selbstdarstellung erklären könnte. Und die Poesie – wo ist sie geblieben? Der Humor – hat Goethe beiläufig in einem Brief bemerkt – sei »selbst ohne poetisch zu sein« doch »eine Art von Poesie und erhebt uns seiner Natur nach über den Gegenstand«.[2] Daß Nabokovs Humor auch die deutschen Leser zu seinem Gegenstand erhebt und, mehr noch, darüber hinaus, verdanken wir Dieter E. Zimmer – dem Übersetzer, Kommentator, Herausgeber.

Viele von uns Älteren haben den »Pnin« schon 1960 gelesen: In einer erheblich schwächeren Übersetzung. Inzwischen ist der Roman anders und besser geworden, noch komischer, noch trauriger, noch aktueller. Und das hat nicht nur die neue Übersetzung bewirkt. Es ist eine banale Feststellung, aber man muß sie wiederholen: Literarische Werke verwandeln sich, wenn es lebendige Organismen sind, zusammen mit uns. Jede Generation liest und versteht den »Hamlet« und den »Faust« neu. Der »Kaufmann von Venedig« und »Nathan der Weise« sind nach Auschwitz andere Werke geworden.

Im Laufe der fünfunddreißig Jahre, die uns von der ersten deutschen Ausgabe des »Pnin« trennen, ist eine Völkerwanderung im Gange, Hunderttausende, wenn nicht Millionen haben in Deutschland Zuflucht gesucht und gefunden, darunter Wissenschaftler und Künstler, auch aus Rußland. Manche von ihnen scheinen wunderlich, wenn nicht gar komisch. Nur fragt es sich, ob das nur ihre Schuld ist. Ganz sicher: Das Thema liegt auf der Straße.

Natürlich: Für die dringend erforderliche Information und für die Aufklärung über alles, was sich heute abspielt, sind vor allem die Zeitungen zuständig und das Fernsehen. Die Kunst, ohnehin in der Regel nur einer Minderheit zugänglich, hat andere Aufgaben – und nichts liegt mir ferner, als unsere Schriftsteller zur Pflichterfüllung aufzurufen. Jeder von ihnen hat seine Themen, und sie alle ergeben sich aus ihren Biographien. Es ist eine alte Geschichte: Die Schriftsteller erzählen nicht, was uns alle angeht. Sie erzählen vielmehr, was sie erlebt haben, was sie zu erleben hoffen und was sie zu erleben fürchten. Und wenn sie es gut erzählen, dann geht es uns doch alle an. Daran wird, daran soll sich nichts ändern. Aber warum ist der Humor beinahe ganz verschwunden?

Scholem Alejchem, ein Klassiker der jiddischen Literatur und zugleich der Weltliteratur, schilderte in seinen Romanen und Geschichten lachend und sanft spottend das Leben der Juden im osteuropäischen Schtetl. Der Humor war seine Waffe im Kampf gegen diese rückständige, noch aus dem Mittelalter herrührende Daseinsform. Die Leiden des kleinen Mannes im Ersten Weltkrieg und die Sinnlosigkeit des Krieges und des Militarismus hat niemand wirkungsvoller gezeigt als Jaroslav Hašek in dem Roman »Die Abenteuer des braven Soldaten Schwejk« während des Weltkrieges. Beide, Scholem Alejchem und Jaroslav Hašek, sprachen im Namen der Erniedrigten und der Beleidigten. Und sie waren nicht etwa Satiriker, sondern Humoristen. Wo ist der Unterschied?

Die Satire zeigt die Welt mißbilligend, entlarvend und aggressiv (Beispiel: Heinrich Manns »Untertan«), der Humor einsichtsvoll, wohlwollend und lachend (Beispiel: Thomas Manns »Buddenbrooks«). Die Satire ist auf den Humor angewiesen, aber nicht der Humor auf die Satire. Die Satire verdankt ihre Entstehung dem Haß, der Humor der Liebe. Hinter der Satire verbergen sich Zorn und Wut, hinter dem Humor Schmerz und Schwermut. Die Satire macht ihren Gegenstand verächtlich, der Humor verständlich. Die Satire kennt kein Mitleid, der Humor keine Unbarmherzigkeit. Die Satire kann klug sein, der Humor weise. Die Satire ist offensiv, der Humor defensiv. Kurz und bündig: Humor ist Widerstand. Daran mag Friedrich Dürrenmatt gedacht haben, als er 1954 schrieb: »Uns kommt nur noch die Komödie bei.«[3] Ist dieses Diktum etwa überholt und dieser Widerstand heute nicht mehr nötig? Es ist wohl eher umgekehrt: In Zeiten, in denen es nichts zu lachen gibt, brauchen wir den Humor am dringendsten.

## Durchsichtig und nicht simpel

*1995*

Um es gleich zu sagen, klar und unmißverständlich: Diesen Vladimir Nabokov – ich mag ihn nicht. Aber ich verehre ihn. Das ist eine überspitzte Formulierung, vielleicht gar ein Paradoxon. Doch entspricht sie der Wahrheit, zu der ich mich ohne Scheu bekenne.

Es begann im Herbst 1959. Erst vor einem Jahr nach Deutschland zurückgekehrt (und zwar mit minimalem Gepäck), war ich damals darauf angewiesen, möglichst rasch Geld zu verdienen – für den Lebensunterhalt, den meinigen und den meiner Familie. Ich hatte also keine Zeit, um Bücher zu lesen, abgesehen natürlich von den vielen, mit denen ich mich aus beruflichen Gründen beschäftigen mußte. Doch wie dringend meine Arbeit auch war, ich habe sie unerwartet vernachlässigt. Denn plötzlich nahm mich ein Roman ganz und gar in Anspruch – drei oder vier Tage lang. Sein Autor, Nabokov eben, war mir bis dahin (ähnlich wie nahezu allen deutschen Lesern) unbekannt. Tatsächlich wollte es mir in diesen Tagen nicht recht gelingen, an etwas anderes zu denken als an Humbert Humbert, den armen, unglücklichen Menschen, der dem Mädchen Lolita verfallen war.

Was hatte mich in diesem Buch so beeindruckt? Es müssen sehr verschiedene Umstände und Faktoren gewesen sein. Da machte sich schon auf den ersten Seiten des Romans ein ungewöhnlicher Stil bemerkbar: Hier war jeder Satz durchsichtig, ohne je simpel zu sein, und reichhaltig, ohne je schwerfällig zu werden. Diese Prosa empfand ich als so raffiniert wie kunstvoll – und doch war ihre Lektüre nicht anstrengend, sie erforderte keine Geduld und niemals Überwindung. Hatte etwa der Autor dem Publikum Zugeständnisse gemacht? Nicht im geringsten. War ihm an moderner, an innovatorischer Literatur gelegen? Ich glaube es nicht. Er hatte nichts anderes im Sinn, als eine Geschichte so zu erzählen, wie er es für richtig und angemessen hielt, wie sie seiner Ansicht nach erzählt werden mußte.

Mich verblüffte, ja mich beglückte die Menschenkenntnis dieses Autors, genauer, sein Einfühlungsvermögen. Doch Menschenkenntnis und Einfühlungsvermögen hätten nicht ausgereicht, um die Geschichte der Lolita und des Humbert Humbert anschaulich und glaubhaft zu machen – hier kam noch etwas hinzu, was sich beim Romancier zwar von selber versteht, was wir aber oft unterschätzen: Ich meine die Phantasie. Auch ließ sich nicht übersehen, daß der Autor der »Lolita« mit Einzelheiten der unterschiedlichsten Art so wunderbar umzugehen wußte, daß vor unseren Augen eine ganze Welt entstand.

Die Sprache also, die Detailkunst, die Psychologie und die Phantasie. Allerdings könnte man gleich einwenden, daß man diese Qualitäten, so bemerkenswert sie auch seien, doch auch anderen Schriftstellern nachrühmen kann, jedenfalls den größten Romanciers in der

Geschichte der Literatur – Tolstoi etwa oder Flaubert, Marcel Proust oder Thomas Mann. Schon wahr – womit aber bloß gesagt ist, daß die Meisterwerke der epischen Kunst zwar einzigartig und also unvergleichlich sind, daß sie sich aber, vor allem wenn sie aus der gleichen Epoche stammen, im gewissen Sinne doch ähneln, vielleicht sogar ähneln müssen.

Noch etwas anderes verbindet »Lolita« mit den genialen Romanen der Weltliteratur: Dank der Kraft des hier ausgedrückten Lebensgefühls, dank der Suggestivität der Gestalten und Stimmungen ist fortwährend die ungewöhnliche Persönlichkeit des Autors spürbar. Allerdings unterläuft dem Publikum der ebenso naive wie häufige Fehler, wenn nicht den Erzähler mit seinen Helden zu verwechseln, so doch immerhin anzunehmen, er habe das, was er schildere, zu einem nicht geringen Teil selber erlebt – wo die Schriftsteller in Wirklichkeit oft gerade davon sprechen, was sie keineswegs erlebt haben, wohl aber zu erleben hoffen oder zu erleben fürchten. Dostojewski hat »Verbrechen und Strafe« geschrieben, ohne je eine Frau ermordet zu haben. Und wir können Nabokov glauben, daß er niemals ein kleines Mädchen verführt oder mißbraucht hat. Indes mag es in seinem Leben Augenblicke gegeben haben, in denen ihm ein solches Bedürfnis nicht ganz fremd war.

Die Gewohnheit vieler Leser, von einer Romanfigur auf den Autor zu schließen, erklärt auch den Wunsch und die Begierde, ihn selber kennenzulernen. Auch ich war in früheren Jahren daran interessiert, mich mit diesem oder jenem Schriftsteller, dessen Buch mich beeindruckt hatte, wenigstens ein Stündchen zu unterhalten. Als mich aber 1959 »Lolita« begeisterte, wußte ich längst, daß man den Schriftsteller nirgendwo anders suchen sollte als in seinem Werk und daß die persönlichen Begegnungen in den meisten Fällen unergiebig und daher enttäuschend sind. Weder damals noch in den folgenden Jahren (Nabokov lebte bis 1977) bin ich je auf die Idee gekommen, ihn zu besuchen oder auch nur telefonisch mit ihm zu sprechen.

Natürlich habe ich im Laufe der Zeit viel über ihn erfahren – aus seinen autobiographischen Darstellungen und aus seinen in Zeitschriften und Zeitungen publizierten Interviews. Und je mehr ich erfuhr, desto schwerer fiel es mir, für ihn Sympathien zu haben. Seine Arroganz und sein Hochmut, seine Überheblichkeit und sein Größenwahn wurden nur noch von seiner Engstirnigkeit und seiner Intoleranz übertroffen – jedenfalls in Fragen der Literatur und auch der Wissenschaft. Was er über Dostojewski und Tolstoi, über Freud und Einstein und über viele erfolgreiche Schriftsteller unter seinen Zeitgenossen gesagt hat, also über Thomas Mann und Brecht, Sartre und Camus, Pasternak und Maxim Gorki, ist indiskutabel, ja lächerlich. Hätte ich Nabokov irgendwann getroffen, unser Gespräch wäre mit Sicherheit unangenehm geworden und letztlich überflüssig gewesen. Kurz: Ich mag ihn nicht, diesen Vladimir Nabokov.

Aber auch Thomas Mann habe ich nie gesehen, und eine Unterhaltung mit ihm hätte wohl ebenfalls enttäuschend und wahrscheinlich sogar ärgerlich ausfallen können. Es ist ja nicht unbekannt: Er war kein sympathischer, beinahe schon ein abstoßender Mensch. Das gilt vermutlich auch für Goethe und Richard Wagner, ja für die meisten anderen Genies. Na und? Vielleicht mußten sie so sein, wie sie waren, um das leisten zu können, was wir ihnen verdanken.

Sicher ist: Je mehr ich von Nabokov gelesen habe – und ich meine jetzt seine Romane und Erzählungen –, desto mehr schätzte und bewunderte ich ihn. Ich liebe seine Prosa. In einem Aufsatz von 1914 fragte Robert Musil: »Was bleibt von Kunst?« Seine lapidare Antwort lautet: »Wir bleiben ... Wir, als Geänderte, bleiben.«[1] Welche Schriftsteller unseres Jahrhunderts haben mich geändert oder, richtiger, auf diese oder andere Weise dazu beigetragen, mich zu ändern? Mir will es scheinen, daß es nur einige waren. Auf jeden Fall: Thomas Mann, Kafka und Brecht, Marcel Proust und Isaak Babel. Gehört zu ihnen auch Vladimir Nabokov? Immerhin ist der Autor der »Lolita« in ihrer Nähe.

# Henry Roth

### Hintergründe eines späten Erfolgs

*1971*

Ein wichtiges und lange verkanntes Werk der amerikanischen Literatur des zwanzigsten Jahrhunderts – das etwa ist der Ruf, der dem Roman »Nenne es Schlaf« von Henry Roth schon seit einiger Zeit vorangeht. Er erschien 1934, soll zwar nicht unbemerkt geblieben sein, geriet jedoch bald in Vergessenheit, und erst eine etwa dreißig Jahre später veranstaltete Neuauflage machte den Autor, der sich von der Literatur längst abgewandt hatte, plötzlich berühmt. Sowohl das ursprüngliche Fiasko als auch die Rehabilitierung scheinen triftige, wenn auch nicht immer literarische Gründe zu haben.

Henry Roth, dessen Name zur Verwirrung beitragen kann – er ist weder mit Philip Roth, dem Verfasser von »Portnoys Beschwerden«, noch gar mit dem großen deutschen Prosaisten Joseph Roth, mit dem Humoristen Eugen Roth oder den ungezählten anderen schreibenden Roths zu verwechseln –, wurde 1906 in Galizien geboren und kam als kleines Kind nach New York. An dem Buch »Nenne es Schlaf« begann er 1929 zu arbeiten. Wenige Jahre vorher hatte Dos Passos die New Yorker Slum-Viertel für die Literatur entdeckt. Dort spielt auch der Roman von Henry Roth, nur daß er sich ganz auf die von jüdischen Einwanderern aus Osteuropa bewohnten Stadtteile beschränkt.

Er erzählt die Geschichte eines Jungen namens David und seiner Eltern. Der jähzornige und stets krakeelende Vater muß zwar, wie Scholem Alejchems Tewje, täglich Milchflaschen austragen, repräsentiert aber einen eher in der amerikanischen Prosa sehr beliebten Typ: den hoffnungslosen Versager, der im Land des Erfolgs immer nur Mißerfolge hat. Die aufopferungsvolle und allzu besorgte Mutter, die diesmal ihrer Jugend in Galizien nachtrauert, gehört zum bewährten Personal nahezu aller Romane, die das jüdische Leben darstellen.

Auch die anderen Figuren von Henry Roth muten – jedenfalls heute – recht klischeehaft an: die geschäftige und abstoßende Tante, die sich einen tölpelhaften Mann ergattert, der gemeine Lehrer, der seine Schüler geradezu sadistisch behandelt, die vernachlässigten und zum Teil verkommenen Proletarierkinder, die aufdringlichen Nachbarn.

Doch je düsterer der Hintergrund, desto deutlicher hebt sich von ihm der offensichtlich mit vielen Zügen des Autors versehene David ab, ein überaus sensibler und intelligenter Junge, der sich unentwegt bedrängt und verfolgt fühlt: Er schämt sich seines Vaters, er leidet an der permanenten Ehekrise seiner Eltern, ja, er geht an der Brutalität des Lebens, das er vor allem auf der Straße kennenlernt, fast zugrunde, wobei übrigens sexuelle Erfahrungen aus der Vorpubertätszeit eine nicht geringe Rolle spielen.

Roth erweist sich als ein genauer und eher böser, meist verbitterter Beobachter, dem mit Hilfe vieler, allzu vieler charakterisierender Details und Nuancen manche satirischen Genrebilder von einiger Anschaulichkeit und Intensität gelingen. Auch fällt es auf, daß er sich mit der hier dominierenden realistischen Erzählkonvention nicht begnügen will: In den letzten (freilich wenig überzeugenden) Kapiteln greift er auch zu anderen Mitteln und versucht, um den Zusammenbruch seines kleinen Helden zu verdeutlichen, konkrete Impressionen und Träume, Prosa und Lyrik zu verknüpfen.

Aber das Ganze leidet an seiner Perspektive: Denn hier wird alles – angeblich – aus der Sicht Davids gezeigt, der am Ende des Buches nicht älter als etwa acht oder neun Jahre ist.

Aus einem solchen Blickwinkel aber läßt sich ein Roman kaum und ein realistischer Roman überhaupt nicht schreiben: Entweder entspricht sein intellektuelles Niveau den Möglichkeiten eines (bestenfalls besonders intelligenten) Kindes, was in der Regel zur Folge hat, daß auch die Leser im Grunde wie Kinder behandelt werden, oder der Autor sieht sich, um das Buch über die Runden bringen zu können, früher oder später gezwungen, die selbstgewählte Perspektive zu ignorieren, auch wenn er dabei mit den elementarsten Erfordernissen der Logik und der Wahrscheinlichkeit in Widerspruch geraten sollte.

Auf »Nenne es Schlaf« trifft beides zu. Einerseits stellt Roth nicht die geringsten intellektuellen Ansprüche, andererseits aber muß sein David, damit die Handlung vorankommt, immer wieder – und das ist die traditionelle Eselsbrücke in solchen Romanen – Gespräche der Erwachsenen belauschen und auch dann auf das Gehörte reagieren, wenn es mit Sicherheit seine Rezeptionsfähigkeit weit überschreitet. Er ist abwechselnd kindlich und überaus reif – wie es gerade dem Autor paßt.

Doch nicht solche und ähnliche Schwächen standen vermutlich dem Erfolg des Buches in den dreißiger Jahren im Wege. Vielmehr hatte es damals kein Publikum. Für die nichtjüdischen Leser mußte nämlich Roths Roman schon der unzähligen hebräischen und jiddischen Ausdrücke wegen – von den vielen Hinweisen auf jüdische Sitten und Bräuche ganz abgesehen – wenigstens teilweise unverständlich sein.

Die Juden wiederum, die gerade den Prozeß ihrer raschen Assimilation in den USA durchmachten, hatten offenbar wenig Lust, sich vom Leben der rückständigen und keineswegs attraktiven ostjüdischen Enklave inmitten der Stadt New York berichten zu lassen, zumal Roth nicht ohne Wollust und Masochismus eben die negativen und oft abstoßenden Züge dieses Milieus unterstreicht. Vom jüdischen Selbsthaß, der dem deutschen Selbsthaß auf unheimliche Weise ähnelt, ist auch Henry Roth nicht frei.

Aber inzwischen sind die amerikanischen Juden ganz und gar assimiliert und emanzipiert. Und sie haben zugleich ein neues und starkes, ein gern betontes Selbstbewußtsein erlangt, das sie unter anderem immer häufiger nach der eigenen Tradition – sei es in ihren europäischen Herkunftsländern, sei es schon in den USA – fragen läßt. Woran sie noch vor dreißig oder vierzig Jahren nicht unbedingt erinnert werden wollten, gewinnt aus der Distanz einen merkwürdigen Reiz und erfüllt jetzt eine ganz andere Funktion. Das außergewöhnliche Echo, das ein so schwacher Roman wie Bernard Malamuds »Fixer« – er spielt im jüdischen Milieu des zaristischen

Rußlands – finden konnte, hängt damit ebenso zusammen wie der Riesenerfolg des Musicals »Fiddler on the Roof« (»Anatevka«).

Auch »Nenne es Schlaf« hat davon profitiert. Die elenden und schmutzigen jüdischen Einwandererviertel gibt es in New York längst nicht mehr. Was Roth ausführlich schildert – die Handlung des Romans ist auf die Jahre vor dem Ersten Weltkrieg beschränkt –, wirkt schon historisch und hat in der Vorstellung der heutigen Leser wenn nicht etwas Exotisches, so doch bestimmt jenen folkloristisch-sentimentalen Anstrich, der die Kritik der Zustände mildert und verniedlicht. Die Kleidung der Einwanderer von 1905 gleicht mittlerweile Theaterkostümen, die schrecklichen Behausungen der Ärmsten sind mit Patina bedeckt und präsentieren sich, wenn man nur will, durchaus dekorativ.

Mit anderen Worten: Da diese harte und sarkastische Darstellung des jüdischen Lebens ihre unmittelbare Aktualität eingebüßt hat, konnte der Roman von dem emanzipierten und ziemlich saturierten jüdischen Publikum der sechziger Jahre als mehr oder weniger harmlose Unterhaltungsliteratur konsumiert werden. Daß Roth in intellektueller Hinsicht so gar nichts zu bieten hat (was übrigens auch die Kritiker in den USA offenbar nicht stört) und daß er in der zweiten Hälfte des Romans die Spannung mit simplen und billigen Mitteln zu steigern versucht (hier kommen geheimnisvolle Umstände aus der Vergangenheit der Eltern allmählich zum Vorschein), wird dem Erfolg in den sechziger Jahren gewiß mehr genutzt als geschadet haben.

Wahrscheinlich ist der literarische Wert des oft gerühmten Buches noch am ehesten in den Dialogen zu finden, die meist den aus mindestens drei Sprachen (Cockney-Englisch, Jiddisch und Hebräisch) gemischten damaligen Straßenjargon der New Yorker Juden proletarischer Herkunft einfangen.

Indes schreibt der Übersetzer Curt Meyer-Clason, daß dieser Jargon im Deutschen nicht wiederzugeben sei und daß er nichts anderes tun konnte, als das Jiddisch-Amerikanisch, das Polnisch-Amerikanisch, das Italo-Amerikanisch und das Irisch-Amerikanisch ins Hochdeutsche zu übertragen oder »in eine Art Zwischensprache, untermischt von Idioms, die möglichst keine falschen Assoziationen im Leser erwecken«. Derartige Assoziationen sind hier schon deshalb nicht zu befürchten, weil diese Umgangssprache in der deutschen Fassung so farblos und steril ist, daß sie überhaupt keine Assoziationen erweckt. Ich will gern glauben, daß es einen besseren Ausweg nicht gab. Nur frage ich mich, ob es unter diesen Umständen sinnvoll und nötig war, das Buch zu übersetzen.

Denn der Roman »Nenne es Schlaf« mag ein bemerkenswertes Dokument der amerikanisch-jüdischen Sozialgeschichte sein, als wichtiges literarisches Kunstwerk kann er auf Grund der deutschen Ausgabe beim besten Willen nicht gelten.

# Mary McCarthy

## Gleichung oder Gleichnis?

*1967*

Die Amerikanerin Mary McCarthy scheint mir unter den weltberühmten Schriftstellern dieser Zeit die mittelmäßigste zu sein. Doch unter den mittelmäßigen ist sie wohl die intelligenteste. Ihrer Prosa läßt sich nichts Außergewöhnliches nachsagen. Doch der außergewöhnliche Erfolg, der ihr überall zuteil wird, hat seine guten Gründe.

Da die ebenso gewandte wie zielstrebige Autorin ihr Ansehen zunächst essayistischen Arbeiten, Kritiken zumal, verdankte, ist auch ihr der in solchen Fällen übliche Vorwurf nicht erspart geblieben: Im Grunde hätten ihre Romane und Geschichten – hieß es schon oft – einzig den Charakter von Belegen für literarische Theorien. Dies leuchtet in der Tat ein. Nur daß es nicht zutrifft.

Zugegeben: Der exakt und – wie manche behaupten – fast unerbittlich arbeitende Intellekt der Frau McCarthy vermag uns in der Regel mehr zu beeindrucken als ihr künstlerisches Talent. Und wer auf Theoretisches über den Roman erpicht ist, wird in den Schriften dieser hochgebildeten Dame Lesbares, ja sogar Bedenkenswertes finden können: Ihre Beschlagenheit, die freilich von ihrer ostentativen Selbstsicherheit noch übertroffen wird, läßt nichts zu wünschen übrig. Natürlich weiß sie Bescheid und kennt die Wege, Irrwege und Sackgassen der modernen Literatur, die fundamentalen Schwierigkeiten sind ihr ebenso geläufig wie die Kunstgriffe und Schliche der Praktiker.

Aber die erzählende Prosa der Mary McCarthy hat mit ihren theoretischen Darlegungen erstaunlich wenig gemein: Sie, die sich – nicht ganz zu Unrecht – des Rufes einer entschiedenen Ironikerin erfreut, behandelt in ihren Romanen zwar alle und alles ironisch, doch niemals die Romanform selber: Nichts ist offenbar imstande, das Vertrauen dieser Autorin zur traditionellen Epik zu erschüttern.

So kühn sich Mary McCarthy auch gibt und so raffiniert sie mitunter auch scheinen mag, so gern verläßt sie sich auf die ehrwürdigen, wenn nicht biederen Ausdrucksmittel des neunzehnten Jahrhunderts. Mit zügigem und energischem Schritt begeht sie ausgetretene und überaus bequeme Pfade.

Hinter dem Eifer einer temperamentvollen Intellektuellen, die keinerlei Zimperlichkeiten kennt, hinter dem forschen und streitbaren Ton einer Frauenrechtlerin mit zeitgemäßem Habitus verbirgt sich, genau betrachtet, eine gemütliche Erzählerin alten Stils. Die Leser, die schließlich an Hartes gewohnt sind, können aufatmen: Sie macht ihnen das Leben leicht.

Überdies bereitet uns Mary McCarthy in ihren Romanen insofern ein ganz besonderes Vergnügen, als sie uns zu dem beruhigenden und so angenehmen Gefühl verhilft, restlos alles, was sie uns sagen wollte, auch tatsächlich verstanden zu haben. Ihr gelingt es, uns eine (in gewissen Grenzen) par excellence intellektuelle Prosa zu bieten, ohne uns je intellektuelle Anstrengungen zuzumuten.

Neben amüsant, ja fast glanzvoll geschriebenen Episoden stehen in ihren Romanen auch dürftige und ermüdende Kapitel – aber die einen wie die anderen verraten eine erfahrene Pädagogin, die den Klassenletzten nicht vergißt und andererseits dafür zu sorgen weiß, daß die aufgeweckten Schüler das Interesse am Gegenstand nicht einbüßen.

Alles wird hier ausführlich geschildert und mit vorbildlicher Geduld erklärt: Die Epik der Mary McCarthy zeichnet sich durch eine Gründlichkeit aus, die an deutsche Waschanleitungen erinnert, ohne indes je schwerfällig zu werden. Diese freundliche Akribie kommt übrigens dem Leser insofern entgegen, als er wenig riskiert, wenn er hier und da einige Seiten überschlägt: Er verliert nicht den Anschluß, denn was ihm entgangen ist, wird er bestimmt noch einmal finden. Es gibt wenige Bücher, die für die Lektüre in öffentlichen Verkehrsmitteln besser geeignet wären.

Wer allerdings auf die Ökonomie des Romans Wert legt und also meint, daß auch in dieser Kunstform – der freiesten zwar und daher zähesten – zwischen dem Aufwand an Worten und, ganz allgemein gesagt, dem Ergebnis eine gewisse Proportion gewahrt bleiben müsse, der wird versucht sein, gegen die distanzierte Beredsamkeit der Mary McCarthy, die sich eigentlich einer kühlen Geschwätzigkeit nähert, zu protestieren.

Sobald man aber die Eigenart dieser amerikanischen Erzählerin akzeptiert hat, kann man, glaube ich, nicht umhin, auch ihre Meisterschaft anzuerkennen: ihre nicht alltägliche Beobachtungsgabe, den Scharfsinn ihrer psychologischen Analysen, ihren sicheren Blick für aufschlußreiche gesellschaftliche Zustände und, nicht zuletzt, die ansehnliche Intelligenz ihrer Dialoge und Reflexionen.

Aber Mary McCarthy ist – und das scheint ihren Erfolg keineswegs beeinträchtigt, sondern eher begünstigt zu haben – eine typische Frauenschriftstellerin, die freilich besonders gern von Herren gelesen wird: Nur dann entfalten sich die Fähigkeiten dieser Autorin, wenn sie über Erlebnisse von weiblichen Figuren erzählt. Oder noch genauer: Wenn sie Situationen und Konflikte vergegenwärtigt, in die – schon aus biologischen Gründen – lediglich Frauen geraten können. Da sie sich jedoch keineswegs auf weibliche Gestalten beschränkt, führt dies häufig zu jenen verblüffenden Qualitätsschwankungen innerhalb ihrer Epik, mit denen sich sogar die freundlichsten Leser der »Clique« nicht abfinden wollten. Das gilt ebenfalls für den erheblich früher erschienenen Roman »Der Zauberkreis« (Originaltitel: »A Charmed Life«).

Liebe und Sex, Ehe und Scheidung, Empfängnisverhütung, Schwangerschaft und Abtreibung, die Jungfräulichkeit und die Impotenz, die Frau und die gesellschaftlichen Konventionen – das sind die Motive des Romans, der zwar aus dem Jahre 1955 stammt, aber mittlerweile schon ein wenig antiquiert anmutet.

Natürlich liegt das nicht an den Motiven, sondern an ihrer Behandlung. In einer Zeit, in der jedermann über die Pille spricht und sich auch der Vatikan mit der Geburtenregelung befaßt, haftet dem aufklärerischen Eifer der Mary McCarthy eine leise, doch unüberhörbare Komik an: Hier wird mit resoluter Geste auf Fragen und

Mißstände hingewiesen, deren Existenz und Dringlichkeit heutzutage niemand mehr bestreitet.

Dies fällt um so mehr auf, als den Figuren ein einigermaßen überzeugender Hintergrund fehlt: Das Ganze spielt in einem winzigen Ferienort in Neuengland, doch ist diese Ortschaft mit ihrem teils prosaischen, teils makabren Alltag und dem obligaten Kleinstadt-Klatsch zu flüchtig angedeutet und wirkt zu blaß, um auch nur als Folie dienen zu können.

Dort also versammelt Mary McCarthy eine Anzahl von Künstlern und Intellektuellen, die sie weniger agieren als vor allem diskutieren läßt. Verkrachte Existenzen, sonderbare Käuze, liebenswürdige Bohemiens, ehrgeizige Scharlatane, stille Talente und natürlich die dazugehörigen Damen – es sind alles unsere alten Bekannten. Denn sie haben schon zahllose Romane und Novellen des neunzehnten Jahrhunderts bevölkert: von Balzac bis Maupassant, von Dickens bis Tschechow.

Um diese Figuren, die mit den Mitteln des herkömmlichen realistischen Romans gezeichnet sind, wenn nicht unverwechselbar, so doch jedenfalls erkennbar zu machen, versucht Mary McCarthy, sich mit einer Methode zu behelfen, die leider auch in der deutschen Gegenwartsprosa sehr beliebt ist und nie zu guten Ergebnissen führen kann: Die Menschen werden unaufhörlich – ich bitte, mir ein solches Verbum zu genehmigen – skurrilisiert.

Indes zeigt es sich immer wieder, daß die verschwenderisch mit allerlei Eigenheiten und Extravaganzen ausgestatteten Romangestalten der scheinbaren Logik zum Trotz gerade des Individuellen entbehren: Wer auf diese Weise Originalität anstrebt, landet auf Umwegen dort, wo er um keinen Preis sein wollte – beim handlichen Klischee.

Dennoch zögere ich nicht, den »Zauberkreis«, den man schon in einigen bundesrepublikanischen Zeitungen barsch abgelehnt hat – ich glaube, daß die Lektüre zeitgenössischer deutscher Prosa die betreffenden Rezensenten der McCarthy erheblich milder stimmen würde –, zu verteidigen und vor allem jenen Lesern zu empfehlen, die sich aus diesem oder jenem Grunde für die weibliche Psyche interessieren. In der wohl besten Szene des »Zauberkreises« unterhalten sich die Romanhelden über ein Drama von Racine. Er sei – heißt es – »ein Mikroskopist«, »eine Zeitlupenkamera, die geeicht ist auf Leidenschaften«, »ein wissenschaftlicher Beobachter menschlichen Verhaltens«, der sich einzelne Handlungen herausgreife und sie dann vergrößere – »ungefähr so, als ob man eine Pflanze und die Organe eines Tieres untersucht«.

Man mag sich darüber wundern, warum gerade Racine als Kronzeuge angeführt wird, aber sicher scheint mir, daß Mary McCarthy hier eine Schreibweise andeutet, die ihr damals als Ziel vorgeschwebt hat und die sie immerhin in einigen Szenen zu verwirklichen vermochte. Ausschließlich solche sind es, in denen Martha Sinnott auftritt, jene Figur, die zumindest Teile des Romans durchaus lesenswert macht. Es handelt sich um eine dreiunddreißigjährige, weder wortkarge noch unintelligente Dame, die einst Schauspielerin war, sich jetzt als Übersetzerin betätigt und ein Theaterstück schreibt. Wir lesen, daß sie schon im College »die andern Schüler immer in den Schatten stellte« und »alle an die Wand dachte«, ihr wird der »Hang zur Selbstkritik«

und die Suche nach »einem Sinn in allem« nachgesagt und noch vieles mehr – welche Direktcharakteristiken leicht zu vermissen wären, weil sie nur mitteilen, was ohnehin im Roman sichtbar wird.

Diese Martha war einige Jahre mit einem Schriftsteller verheiratet, von dem sie nicht ohne Grund weggelaufen ist – daß die »zweckbewußte junge Frau« dabei nur ein Nachthemd getragen hat, mag übrigens zu jenen Zugeständnissen gehören, die unsere sonst auf Grundsätze erpichte Autorin dem Geschmack amerikanischer Leser zu machen pflegt.

Nun ist Martha abermals verheiratet, doch in jenem Ferienort trifft sie den früheren Mann. Was sich rasch ergibt, braucht hier nicht erzählt zu werden. Genug, daß Mary McCarthy in der psychologischen Analyse der zwischen zwei Männern stehenden Frau mit einer Fülle von Details aufwarten kann und Einblicke ermöglicht, die uns von den Romanciers weiblichen Geschlechts allzu selten gewährt werden.

Über die tiefere Bedeutung des »Zauberkreises« hat uns die Verfasserin in einem längeren Interview belehrt, das sich im zweiten Band des bekannten Sammelwerks »Wie sie schreiben« findet. Ohne ihren beredten Selbstkommentar würde der unbefangene Leser, der sich gern in Romane über Ehe, Liebe und Ehebruch vertieft und mit Interesse die Erlebnisse und Konflikte der sympathischen Martha verfolgt, gar nicht merken, daß wir es hier mit einer »symbolträchtigen Erzählung« zu tun haben, daß alle Figuren »verschiedene Spielarten des Zweifels« personifizieren und daß die Heldin erst während der Schwangerschaft »ein sterbliches Wesen« wird, wogegen alle anderen Romanpersonen unsterblich sind.

In Wirklichkeit handelt es sich, was immer Frau McCarthy beabsichtigt hat oder der Presse einreden möchte, um eine Epik, die eben ohne doppelten Boden auskommen muß. Sachlich, genau und vorurteilsfrei registriert und beschreibt sie, was man registrieren und beschreiben kann. Daß auch sie dem Unbeschreiblichen nicht gewachsen ist, wäre natürlich kein Vorwurf. Daß sie es aber nicht einmal ahnen läßt, zeigt die Grenzen ihrer Möglichkeiten. Das hat zur Folge, daß diese Prosa oft zu interessieren und nie zu erschüttern oder zu ergreifen vermag.

Mit ihrem unbekümmerten und kräftigen Positivismus macht Mary McCarthy die Welt so verständlich und durchschaubar – wie sie es leider nicht ist. Sie reduziert das Leben zu einer übersichtlichen Gleichung, an deren Lösbarkeit wir glauben sollen. Doch es gibt Phänomene, denen nur das Gleichnis beikommen kann.

Gleichung und Gleichnis – vielleicht ließe sich mit diesen Stichworten der Unterschied andeuten zwischen dem literarischen Kunstgewerbe und der Kunst in der Literatur.

# Bernard Malamud

## Die Sehnsucht nach den Grenzen
*1969*

Von Heine stammt das Bonmot: »Die Juden, wenn sie gut, sind sie besser, wenn sie schlecht, sind sie schlimmer als die Christen.«[1] Widerspruch mag die erste und natürlichste Reaktion sein auf diese in der Tat höchst fragwürdige Verallgemeinerung. Worauf sie jedoch letztlich abzielt, ist so abwegig wieder nicht. Denn Heine dürfte nichts anderes gemeint haben als die berühmte und berüchtigte Intensität der Juden, ihren bisweilen verblüffenden und sogar als erschreckend empfundenen Radikalismus, ihre Neigung zur Kompromißlosigkeit und ihren gelegentlich bewunderten und häufig mißbilligten Hang zum Extremismus. Nur daß diese Eigenheiten und Tendenzen wohl eher im Intellektuellen und Ästhetischen zum Vorschein kommen als in dem Bereich des Moralischen, auf den Heine offenbar anspielt.

Wie auch immer: Solche und ähnliche Attribute machten viele Juden für die Umwelt attraktiv und andererseits nicht ganz geheuer. Sie ermöglichten manche ihrer Leistungen und Taten und verursachten zahllose ihrer Leiden und Opfer. Allerlei verdankt die Menschheit dieser außergewöhnlichen Intensität, in der sich die

Sehnsucht nach den Grenzen verbirgt. Aber für die Juden selber, die oft genug versucht haben, gegen ihre Eigenart anzukämpfen, schlug sie in der Regel zu ihrem Unglück aus – auch dann, wenn sie nicht gekreuzigt oder vertrieben oder vergast wurden.

Die Mentalität der Juden hat – zumindest seit der Emanzipation – ihre Rolle innerhalb der Gesellschaft bestimmt. Und mit dieser Rolle hängt die Tatsache zusammen, daß die Schriftsteller des zwanzigsten Jahrhunderts – und keineswegs nur diejenigen, die selber Juden sind – häufig in ihren Werken Juden auftreten lassen: Der Davoser Kurgast Leo Naphta und der Dubliner Annoncenakquisiteur Leopold Bloom können hier ebenso als Beispiele dienen wie der reiche Industrielle Paul Arnheim in Musils »Mann ohne Eigenschaften« oder der Journalist Robert Cohn in Hemingways »Fiesta«.

Leichtsinnig wäre es, die sehr unterschiedlichen Funktionen jüdischer Gestalten auf einen gemeinsamen Nenner bringen zu wollen. Gleichwohl trifft zu, was Thomas Mann in einem Brief vom Jahre 1921 über sein Verhältnis zum Judentum gesagt hat: Einerseits sah er in ihm »eine pittoreske Tatsache, geeignet, die Farbigkeit der Welt zu erhöhen«, andererseits aber auch »eines jener Symbole der Ausnahme und der hohen Erschwerung, nach denen man mich als Dichter des öfteren auf der Suche fand«.[2]

In der Tat fällt es auf, daß jüdische Gestalten von den Autoren meist als Außenseiter und Kontrastfiguren gebraucht werden: Ihre Individualität und Situation soll das Bekannte und Gewohnte in neuer Sicht erscheinen lassen. Sie befinden sich in der Regel scheinbar innerhalb und im Grunde doch außerhalb der dargestellten

Welt, woraus sich eine doppelte Perspektive ergibt – sowohl die vertrauliche Nähe ist möglich als auch die skeptische Distanz.

Überdies erweisen sie sich als Provokateure, die stets ihre Umgebung zwingen, Farbe zu bekennen. Und eben weil sie oft Extremes anstreben oder erdulden, sind ihre Gestalten geeignet, den Blick auf das Exemplarische zu lenken. Mit anderen Worten: Ihre exzeptionelle Position macht die Regel bewußt, von der Peripherie her soll das Zentrale wahrnehmbar werden.

Dies alles läßt sich insbesondere an der neuen amerikanischen Literatur betrachten, in der jüdische Motive und Figuren seit den fünfziger Jahren eine erstaunliche und immer noch wachsende Bedeutung gewinnen: Ein so wichtiges Werk wie Saul Bellows Roman »Herzog« gehört ebenso hierher wie die amüsante Kriminalserie jenes Harry Kemelman, der einen Rabbiner Verbrechen aufdecken läßt, Arthur Millers letztes Stück »Der Preis« ebenso wie das Musical »Fiddler on the Roof« (»Anatevka«) – um sich nur auf Titel zu beschränken, die auch in der Bundesrepublik sehr erfolgreich waren.

Nichts einfacher, als diese Konjunktur mit der in der Tat beträchtlichen Zahl der Juden unter den Produzenten und Konsumenten der gegenwärtigen amerikanischen Kunst und Literatur zu erklären. Aber es sind nicht nur jüdische Autoren, die sich mit derartigen Stoffen und Gestalten befassen, und es ist ganz gewiß nicht nur das jüdische Publikum, das sich für diese Bücher und Stücke interessiert. So müssen die Ursachen des Phänomens wohl auf einer ganz anderen Ebene zu finden sein.

Sicher darf die amerikanische Literatur der sechziger Jahre nicht mit jener der dreißiger und vierziger verwechselt werden. Was ein Buch wie etwa Steinbecks »Früchte des Zorns« und zugleich einen großen Teil der damaligen Epik auszeichnet – die Unbefangenheit und Direktheit in der Schilderung gesellschaftlicher Zustände, die moralische Entrüstung, der sozialkritische Impetus und der didaktische Ehrgeiz, die Verbindung naturalistischer Akzente mit einem militanten und anklägerischen Pathos –, das alles wird man im amerikanischen Roman unserer Tage vergeblich suchen. Denn auch er hat längst seine Arglosigkeit eingebüßt, von seiner jugendlich-stürmischen Naivität ist nicht viel geblieben, seine einst imponierenden Frontalattacken würden jetzt schon anachronistisch anmuten.

Aber so groß die Unterschiede auch sein mögen – die amerikanische Prosa der sechziger Jahre ist nach wie vor gesellschaftskritisch. Sie ist vor allem jener literarischen Tradition oder, wenn man so will, Konvention verpflichtet, die wir realistisch zu nennen pflegen. Nach wie vor bemühen sich die meisten Autoren um die Darstellung des amerikanischen Alltags, die stets mehr als den Hintergrund ergeben soll und die sich als jenes Element erweist, das so verschiedene Bücher miteinander verbindet wie Nabokovs »Lolita« und Salingers »Fänger im Roggen«, Mary McCarthys »Clique« und Bellows »Herzog«.

Und schließlich: Anders als viele ihrer deutschen oder französischen Kollegen sind die Romanciers jenseits des Ozeans allem Anschein nach bereit, den Bedürfnissen ihres Publikums zumindest in gewissen Grenzen entgegenzukommen, was übrigens sehr bedenkliche Folgen haben kann und jedenfalls die Experimentierfreudigkeit drastisch einschränken muß.

Die Frage, auf welche Weise unsere Welt im Roman vergegenwärtigt werden kann, ja, ob sie überhaupt noch erzählbar ist, erlangt somit gerade für den amerikanischen Schriftsteller eine besondere Bedeutung. Denn einerseits sieht er sich mit einer Massengesellschaft konfrontiert, deren Homogenität die der vergleichbaren westeuropäischen Gesellschaften noch weit übersteigt, andererseits aber kann die mehr oder minder realistische Epik am allerwenigsten auf konkrete Milieus und deutlich erkennbare Figuren verzichten.

Wie kann man den Gegensatz zwischen der vorhandenen Uniformität und der angestrebten Plastizität überwinden, wie der Eintönigkeit und Gleichförmigkeit die erwünschte Deutlichkeit und Anschaulichkeit abgewinnen? Die häufigste und fruchtbarste Antwort kennen wir längst: Der Autor beschränkt sich auf das, was sich noch fassen und zeigen läßt, auf einen bescheidenen und klar umgrenzten, aber ebendeshalb darstellbaren Ausschnitt. Das überraschende Wiederaufleben der freilich mit ganz anderen Vorzeichen versehenen deutschen Heimatliteratur der Nachkriegszeit – von Böll und Arno Schmidt über Grass und Johnson bis zu Fichte und Thomas Bernhard – hängt damit zusammen.

Die amerikanische Welt hingegen läßt einen solchen Regionalismus nur in geringem Maße zu. Die Behauptung, daß sich im Land der Tankstellen und Supermarkets die meisten Orte – freilich abgesehen von den Südstaaten – kaum voneinander unterscheiden, ist nur wenig übertrieben. Und durch die fortschreitende Entwicklung der Industriegesellschaft wird der Nivellierungsprozeß noch weiter begünstigt und beschleunigt. Aber was der deutsche Erzähler dem Heimatbezirk als

Sujet schuldet, das verdankt sein amerikanischer Kollege der Darstellung von Volksgruppen und, vor allem, von Minoritäten innerhalb der USA. Hier findet er noch am ehesten, was er so dringend braucht: konkrete Milieus und unverwechselbare Individualitäten, Kolorit und Atmosphäre, expressive Details und Nuancen.

Neben den Farbigen scheint die jüdische Minorität als literarisches Thema besondere Möglichkeiten zu bieten, weil sie sich zur Zeit in einer Übergangsperiode befindet: In ihrer Mehrheit sind die Juden Amerikas zwar längst emanzipiert, aber noch nicht integriert. Durch den gegenwärtig stattfindenden Assimilationsprozeß, von dem unter anderem die rasche Auflösung der jüdischen Wohnviertel in den amerikanischen Großstädten zeugt, erhalten ihre spezifischen Probleme eine allgemeine, ja geradezu exemplarische Bedeutung.

Mit anderen Worten: Ohne die vielen Eigentümlichkeiten, die sie von der Umwelt abheben, eingebüßt zu haben, sind die amerikanischen Juden doch schon in Situationen geraten, die in hohem Maße die Epoche charakterisieren. So mag die häufig behandelte Krise des von Skrupeln, Hemmungen und Komplexen gequälten jüdischen Professors oder Literaten im Grunde nichts anderes sein als die extreme Variante eines Zustandes, der sich bei näherer Betrachtung als typisch für den amerikanischen Intellektuellen der fünfziger und sechziger Jahre erweist.

Wie sich indes die Heimatliteratur, sogar jene auf hoher Ebene, der Sentimentalität oft bedenklich nähert – hier ließen sich viele Beispiele aus der neuen deutschen Prosa anführen –, so bedroht den Schriftsteller, der seine Stoffe und Motive im Leben einer nationalen Minderheit sucht und findet, eine andere Gefahr: die Volkstümelei. Das zeigt sich im Werk des in den USA sehr geschätzten und erfolgreichen Erzählers Bernard Malamud, dessen Bücher auch in der Bundesrepublik erschienen sind.

Was Malamud von den meisten jüdischen Schriftstellern Amerikas unterscheidet, ist seine geradlinige und eigentlich unproblematische Beziehung zum Judentum. Jedenfalls hadert er nicht mit ihm. Das macht seine Bücher reicher und ärmer zugleich. Gewiß, die dramatischen Spannungen und Konflikte, die sich zwangsläufig aus den offenen oder getarnten Selbstauseinandersetzungen jüdischer Autoren ergeben, wird man hier fast ganz vermissen. Aber diesem ungebrochenen Verhältnis zur jüdischen Tradition verdankt seine Prosa andererseits ihre wesentlichen Qualitäten.

Mit den Geschichten, die er aus dem Leben armer New Yorker Juden erzählt, knüpft er aufs natürlichste an die chassidischen Sagen an und, vor allem, an die jiddische Literatur, deren unmittelbarer Einfluß in Malamuds Genrekunst, Dialogführung und Humor leicht erkennbar ist. Auch die Personen, die seine Szene bevölkern – der ewige Pechvogel, der weltfremde junge Rabbi, der arme Schneider, der Schnorrer, der Heiratsvermittler, der närrische Tölpel –, stammen aus einem schon klassisch gewordenen Fundus ostjüdischer Herkunft.

Die vor allem in dem Band »Das Zauberfaß« enthaltenen Geschichten Malamuds, die die herkömmlichen realistischen Ausdrucksmittel mit überraschenden märchenhaften Akzenten verbinden, zeichnen sich häufig durch einen unverfälschten Legendenton aus. Das Element, mit dem wir es hier zu tun haben, ist in der modernen Literatur äußerst selten. Es heißt: Naivität. Dieses Wort bewirke bei uns, meinte Schiller, ein Lächeln der Überlegenheit: »Sobald wir aber Ursache haben, zu glauben, daß die kindische Einfalt zugleich eine kindliche sei,... ist jener Triumph des Verstandes vorbei, und der Spott über die Einfältigkeit geht in Bewunderung der Einfachheit über.« Und etwas weiter sagt Schiller: »Das Naive ist eine Kindlichkeit, wo sie nicht mehr erwartet wird...«

Damit wäre angedeutet, was den Reiz und die Eigenart der besten Geschichten Malamuds ausmacht. Aber gleichzeitig ist damit auf jenen Faktor hingewiesen, der seine größeren epischen Versuche zumindest beeinträchtigt hat. Denn die Schwierigkeiten, die ihm die Romanform bereitet, sind weniger auf handwerkliches Unvermögen zurückzuführen als vor allem auf seine Mentalität.

Auch in den Romanen Malamuds bildet die Schilderung des jüdisch-amerikanischen Alltags die Grundsubstanz, im Mittelpunkt stehen hier wiederum die Hilflosen und die Versager, die Erniedrigten und Beleidigten, die getretenen und gehetzten Sorgenkinder des Lebens, auch hier finden wir, jedenfalls in den schönsten Abschnitten, eine verzweifelt heitere Schwermut und einen Humor, hinter dem sich Trauer und Resignation verbergen.

Aber so ähnlich die Mittel und Motive, so unterschiedlich die Ergebnisse: Die anekdotischen Situationen, die sich in den Geschichten unmerklich zu Parabeln weiten, verflachen in den Romanen zu simplen Beschreibungen und versanden in spannungslosen Dialogen. Was den profanen Legenden und realistischen Märchen

Malamuds zu einem Zauber verhilft, der an die Höhepunkte der primitiven Malerei erinnert, das nimmt sich in seinen Romanen recht heikel aus.

Von allen literarischen Formen ist schließlich der Roman jene, die die künstlerische Naivität, wie hoch wir sie auch einschätzen sollten, am wenigsten verträgt; und der am meisten des Zweifels an sich selber bedarf. Indes scheint Malamuds Glaube an die Erzählbarkeit unserer Welt so unerschütterlich wie treuherzig zu sein. Das beweist auch sein Roman »Der Fixer«.

Im Jahre 1911 wurde in Rußland ein Jude namens Beilis beschuldigt, ein christliches Kind ermordet zu haben. Der Fall, der das Aufsehen der Weltöffentlichkeit erregte, zog sich über zwei Jahre hin und endete mit dem Freispruch des Angeklagten. Diesen einst berühmten Ritualprozeß erzählt Malamud auf seine Art: Der sogenannten Beilis-Affäre verdankt er die Umrisse der Handlung, den Hintergrund und viele Einzelheiten. Auch manche Äußerungen der Beteiligten mögen historischen Dokumenten entnommen sein.

Doch der Mann, um den es im »Fixer« geht, ähnelt so auffallend früheren Gestalten Malamuds, daß er wohl ganz als seine eigene Schöpfung gelten kann. Es ist Jakow Bok, ein armer und stiller Jude, der keinen rechten Beruf hat und der stets vom Mißgeschick verfolgt wird. Als sich auch noch seine Frau von ihm abwendet, verläßt er das heimatliche Dorf, um in der großen Stadt Kiew ein neues Leben zu beginnen. Aber was immer er tut, es schlägt rasch zu seinen Ungunsten aus. Kaum hat er in Kiew eine kümmerliche Tätigkeit gefunden, da wird er schon verhaftet: Wie dem historischen Vorbild wird auch ihm die Ermordung eines Jungen zur Last gelegt. Der Rest des Romans – und das ist weit mehr als die Hälfte – zeigt Jakow Bok im Untersuchungsgefängnis.

Ist es denkbar, daß die zaristischen Behörden in St. Petersburg, die aus politischen Gründen einen spektakulären antisemitischen Prozeß inszenieren wollen, diese Aufgabe Polizeichefs, Staatsanwälten und Untersuchungsrichtern anvertrauen, deren Dummheit und Borniertheit keine Grenzen kennt? Kann man sich vorstellen, daß die zynischen Beamten, die zu allen Fälschungen bereit sind, der Bluttat gerade einen weltfremden und besonders sanftmütigen Juden beschuldigen?

Wer den Roman mit solchen Fragen bedrängen wollte, würde seine Art gründlich mißverstehen. Natürlich kennt Malamud die historischen Zusammenhänge ebenso wie die gesellschaftlichen und politischen Implikationen. Er unterläßt es auch nicht, seine Leser hierüber zu informieren, meist in belehrenden kleinen Vorträgen, die er ganz ungeniert in die Dialoge einschaltet. Und am Ende des »Fixers« heißt es: »Eines, dachte er, habe er gelernt – kein Mensch kann unpolitisch sein, am wenigsten ein Jude.«

In Wirklichkeit sind es jedoch metaphysische Konzeptionen, die diesem Roman zugrunde liegen. In ihm wird die Realität nicht ohne Konsequenzen umstilisiert und ein erkennbarer und erfaßbarer und keineswegs mysteriöser Vorgang in eine Heiligenlegende umgewandelt. Aus dem Opfer einer brutalen antisemitischen Hetzkampagne macht Malamud den Helden einer Passionsgeschichte. Und wie im alten Märtyrerdrama reiht er Schauerszenen und Bilder des Grauens aneinander.

So spielt der Roman gegen die Bosheit und Grausamkeit der Welt die edle Einfalt aus, die sich in der Gefängniszelle immer aufs neue bewährt. Denn welche Qualen Jakow Bok auch erdulden muß, er wird nicht schwächer, sondern stärker: Einsam und allein, nur auf sich selbst gestellt, trotzt er allen Widersachern. Und je schrecklicher ihr Sadismus, desto heller strahlt die Aureole des Märtyrers. Aber Aureolen, ob nun jüdischer oder christlicher Machart, scheinen mir fragwürdige Lichtquellen zu sein.

Dies alles gibt dem Roman Malamuds den Beigeschmack einer sentimental-heroischen Erbauungsliteratur, zumal die Milieuschilderung, sonst ein solides Fundament seiner Epik, hier nicht überzeugt. Anders als in seinen früheren Büchern versucht Malamud, der 1914 in New York geboren wurde, im »Fixer« das Bild einer Welt zu zeichnen, die er aus eigener Anschauung nicht kennt – und das erweist sich meist als riskant. Die vielen folkloristischen und pseudofolkloristischen Elemente, die das Ganze beleben sollen, machen es nur noch dubioser. Es zeigt sich erneut, wie klein der Schritt ist, der die Naivität von der Primitivität trennt und die authentische Volkstümlichkeit von der baren Volkstümelei.

Solche Akzente lassen den »Fixer« in eine nicht unbedingt schmeichelhafte Nachbarschaft geraten: Er erinnert weniger an die Epik Scholem Alejchems als an das Musical »Fiddler on the Roof«, in dem die Motive dieses Schriftstellers für das Broadway-Publikum präpariert wurden. Allerdings ist es möglich, daß es gerade die schwachen Seiten dieses Romans sind, die ihm in Amerika zum großen Erfolg verholfen haben.

## Erzählt wie in der guten alten Zeit
*1960*

Die meisten bemerkenswerten Erzähler Amerikas, die in den fünfziger Jahren debütierten, schreiben nicht gerade »modern«. Gewiß bezweifelt niemand, daß der Perspektivenwechsel und das Assoziationsprinzip, die Rückblendetechnik und die Simultaneität und manche anderen Praktiken des Romans im zwanzigsten Jahrhundert höchst bedeutende Errungenschaften sind, die allerdings meist etwa dreißig bis vierzig Jahre zurückliegen, aber trotzdem immer noch als »modern« bezeichnet werden – was übrigens insofern verständlich ist, als es eben neuere Errungenschaften von ähnlicher Bedeutung im Bereich der erzählenden Prosa kaum gibt.

Viele Autoren scheinen jedoch im Lande Dos Passos' und William Faulkners – und ganz bestimmt nicht nur dort – der komplizierten Struktur dieses sogenannten modernen Romans etwas überdrüssig geworden zu sein. Die Vorliebe für die handfeste realistische Geschichte, für den traditionellen, schlicht anmutenden Roman mit dem streng zeitlichen Handlungsablauf ist offensichtlich und sollte als Symptom nicht unterschätzt werden.

Man erzählt also, wie es in der guten alten Zeit üblich war. Gemächlich schildert der Autor Straßen und Häuser, ein Wohnzimmer und einen Laden, Möbel und Kleider. Er beschreibt, wie seine Helden aussehen und sich benehmen, er kommentiert ihre Gedanken und Worte, ja er schämt sich nicht einmal der primitiven, unmittelbaren Charakteristik.

Einer dieser neuen amerikanischen Erzähler, die sich um die Errungenschaften des Romans im zwanzigsten Jahrhundert herzlich wenig kümmern, ist der bereits 46 Jahre alte, aber bei uns bisher gänzlich unbekannte Bernard Malamud, der in einem Armenviertel New Yorks aufwuchs und später lange als Lehrer an einem Provinz-College tätig war. Der National Book Award, den er 1958 für einen Kurzgeschichtenband erhielt, lenkte die Aufmerksamkeit auch auf seine früheren Bücher, vor allem auf den Roman »Der Gehilfe«.

Die Heldin dieses Romans empfiehlt ihrem weniger belesenen Freund drei Bücher: »Madame Bovary«, »Anna Karenina« und »Schuld und Sühne«. Es heißt, »daß sie jedes dieser Bücher mit den gelblichen Seiten behandelte, als halte sie Werke des Allmächtigen Gottes in ihren ehrfürchtigen Händen«. Damit hat sich Malamud unmißverständlich zu seinen Vorbildern bekannt.

Von den Meistern des realistischen Romans des neunzehnten Jahrhunderts hat er die Kunst gelernt, ein Milieu plastisch zu zeichnen, mit wenigen Worten psychologische Konflikte und spezifische Stimmungen anzudeuten und Gestalten zu schaffen, die eine fleischlich-körperliche Unmittelbarkeit ausstrahlen. Vor allem aber vermag er, durch die Darstellungen konkreter Erscheinungen und alltäglicher Geschehnisse tiefere Zusammenhänge sichtbar zu machen. Durch das Vordergründige und mitunter Banale wird nicht selten das Hintergründige und Bedeutungsvolle erkenntlich.

Mit vielen amerikanischen Erzählern, die im letzten Jahrzehnt bekannt wurden, hat Malamud auch den Stoff und die Konzeption der Zentralgestalt gemeinsam. Oft wird in diesen Büchern das »andere« Amerika gezeigt: eine enge, kleinbürgerliche Welt (beispielsweise im New Yorker Vorstadtmilieu), harte Arbeit, Elend, Hoffnungslosigkeit. Die meist vom Pech verfolgten Helden ähneln eher dem »kleinen Mann« Falladas als etwa jenen heute schon fast ein wenig komisch wirkenden Stierkämpfern, Jägern, Boxern und sonstigen Supermännern, die die schnell verblassende, gestrige Prosa Hemingways und seiner Nachahmer bevölkerten.

Malamuds Held, der sechzig Jahre alte jüdische Lebensmittelhändler Morris Bober, ist ein ebenso gütiger und fleißiger wie beschränkter und untüchtiger Mensch, ein typischer Versager, der kaum den Unterhalt seiner Familie bestreiten kann und schließlich im Konkurrenzkampf unterliegt. Neben diese mit einer ganz feinen Feder gezeichnete Gestalt stellt Malamud die nur in Umrissen skizzierte, ewig nörgelnde Frau Bobers und vor allem die Tochter Helen.

Vielleicht bewährt sich Malamuds Kunst in dem Porträt dieses Mädchens am stärksten. Die schöne junge Jüdin, die sentimental und sachlich, geistreich und naiv zugleich ist, für die Literatur schwärmt und einsam auf die große Liebe wartet – eine Gestalt also, die sich dem Klischee bedenklich nähert –, ist bei Malamud dank der Feinfühligkeit der psychologischen Analyse frei von jeglicher Banalität. Er hat sogar den Mut zu gänzlich konventionellen Situationen – wie der Begegnung Helens mit ihrem derben und reichen Jugendfreund, der sie heiraten will und dessen Angebot sie trotz der dringenden Bitten ihrer Eltern abschlägt. Man muß schon ein Erzähler von Rang sein, um die Gefahren zu bannen, die den Autor in derartigen Szenen sozusagen auf Schritt und Tritt bedrohen.

Aber leider hat Malamud die Grenzen seiner Möglichkeiten überschritten. In den engen Lebensbereich der jüdischen Familie wird auf seltsame Weise ein Landstreicher italienischer Herkunft eingeführt. Nachdem er an einem Überfall auf den alten Händler teilgenommen hat, kommt er aus Schuldgefühl immer wieder in dessen Laden. Er wird schließlich Bobers Gehilfe, er erweist ihm außerordentliche Dienste, doch gleichzeitig bestiehlt er ihn unaufhörlich, gesteht später seine Schuld und büßt sie abermals.

Angestrebt war wohl ein Gleichnis vom menschlichen Leben – die ewige Verstrickung von Schuld und Sühne sollte deutlich werden. Da gibt es Fragmente von beachtlicher erzählerischer Intensität, letzten Endes bleibt jedoch der wunderliche Landstreicher, den das Leiden der jüdischen Familie fasziniert und der sich natürlich in die Tochter verliebt, eine höchst widerspruchsvolle Gestalt. Wahrscheinlich würde Malamud hierauf einwenden, daß dieser eigenartige Mann eben die Widersprüche im Charakter des Menschen exemplifizieren soll – nun ja, gewiß, aber das ihm anhaftende Stigma der Schreibtischkonstruktion hat die Absicht des Autors vereitelt. Überspitzt und simplifiziert möchte man sagen: Malamud ist überzeugend, solange er in der Nachfolge Flauberts schreibt, er enthüllt hingegen seine Grenzen, wenn er versucht, an Dostojewski anzuknüpfen.

Alles in allem ist »Der Gehilfe«, dieser düstere und reife Roman sehr lesenswert.

# Saul Bellow

## Alter Mann in der Schwebe
*1971*

Die Romane Saul Bellows, den manche Kritiker für den bedeutendsten amerikanischen Nachkriegserzähler halten, verdanken ihren Ruhm der Synthese aus Intellektualität und Popularität, aus nicht allzu komplizierter Sensitivität und nicht allzu ärgerlicher Trivialität.

Hier wird direkte Selbstanalyse mit kräftiger Realistik und harter Gesellschaftskritik gemischt, authentische Verzweiflung mit schriftstellerischer Routine erträglich gemacht und ein nicht zu unterschätzender Schuß Kolportage mit Intelligenz relativiert. Auf Meditationen folgen bei Bellow pralle Episoden, neben tiefsinnigen Bemerkungen über die Fragwürdigkeit des Daseins finden sich häufige Verweise auf schwarze Netzstrümpfe und ähnliche Textilien. Seine Helden sehnen sich nach Gott und greifen nach weiblichen Oberschenkeln.

Dieser hochbegabte Autor hat tatsächlich fast allen etwas zu bieten: Seine Philosophie ist volkstümlich, seine Volkstümlichkeit auch für Intellektuelle akzeptabel.

In den Mittelpunkt stellt Bellow am liebsten ganze Kerle, die jedoch von des Gedankens Blässe angekränkelt und mit einer überaus empfindsamen Seele geschlagen sind. Ihren bisweilen mythischen Ausmaßen entsprechen subtile Hemmungen. Von dem Milieu, aus dem sie stammen, mußten sie sich längst trennen, ein neues Milieu haben sie nicht gefunden. Sie fühlen sich nirgends heimisch und überall fremd. Sie leiden stets an der Ungewißheit hinsichtlich ihrer Identität. »Mann in der Schwebe« (1944) war Bellows erster Roman betitelt. Alle seine Helden sind *dangling men* – Männer in der Schwebe. Für sie gilt, was einem von ihnen, Augie March, gesagt wird: »Du kannst dich mit der Wirklichkeit nicht abfinden.«

Auch der Held seines Romans »Mr. Sammlers Planet« ist ein leidender Kommentator des Daseins und ein philosophierender Beobachter des *American way of life*, auch er erweist sich als ein Mann in der Schwebe.

Aber seine Fremdheit in den Staaten und seine Einsamkeit haben einen simplen Grund: Mr. Sammler ist in der Tat ein Fremder, ein polnischer Jude, der, als er in die USA übersiedelte, wohl schon zu alt war, um sich noch assimilieren zu können. War in den früheren Romanen Bellows von der Heimatlosigkeit in übertragenem Sinne die Rede, so ist sie hier wörtlich gemeint.

Hinzu kommt, daß der mittlerweile vierundsiebzigjährige Greis längst »abseits von allen Entwicklungen« steht und auf dem Hintergrund von Manhattan recht anachronistisch wirkt und wirken soll. Mr. Sammler – heißt es ohne Umschweife – »war ein Symbol... Und wovon war er ein Symbol? Er wußte es nicht einmal.« Die Leser des Romans sind da schon besser dran.

Da nämlich Bellow wiederholt und hartnäckig auf den Esprit, die Bildung und die Sensibilität seines Protagonisten verweist und zugleich auf seine Antiquiertheit und rührende Weltfremdheit, kann niemandem entgehen, welche große Gegenüberstellung es ist, die der Roman anstrebt: Konfrontiert wird ein noch im neunzehnten Jahrhundert geborener Träumer und Idealist mit nüchternen und geschäftstüchtigen Vertretern der jungen Generation, ein Repräsentant der europäischen Kultur von gestern mit der amerikanischen Realität von heute, ein liebenswerter und exquisiter Ästhet mit dem abstoßenden und grausamen Alltag New Yorks.

So läßt Bellow seinen Sammler allerlei Erfahrungen machen – im Autobus, wo er einen dreisten Taschendieb bei der Arbeit beobachtet, auf der Straße, wo er eine blutige Schlägerei mit ansehen muß, an der Columbia University, wo er von Studenten rüde behandelt wird, in einer Villa, in der man im Luxus leben, und in einer Klinik, in der man im Luxus sterben kann, und dergleichen mehr. Diese knapp und anschaulich und mitunter nicht ohne Bravour geschriebenen Impressionen und realistischen Genrebilder, die allerdings den Lesern Bellows meist bekannt vorkommen müssen, gehören zu den besten Abschnitten des Buches.

Aber die fundamentale Gegenüberstellung überzeugt mich nicht. Die Qualität eines Romans, dem eine derartige Konzeption zugrunde liegt, hängt in hohem Maße von dem Porträt der Zentralfigur ab. Aus vielen Hinweisen und Reminiszenzen, die freilich immer wieder dieselben Auskünfte enthalten – Bellow folgt gern der Aufforderung Mephistos: »Du mußt es dreimal sagen« –, ergibt sich die Geschichte eines bewundernswerten Schöngeists aus einer jüdischen Familie in Krakau.

In den zwanziger und dreißiger Jahren lebte dieser Mr. Sammler als polnischer Journalist in London (er hatte dort Zugang zu den exklusivsten Kreisen, Wells und Lytton Strachey schätzten seine Gesellschaft), während des Krieges fand er sich in Polen, nachher wurde er von einem reichen Verwandten nach New York geholt, wo er angeblich an einem Buch über Wells arbeitet und, recht überraschend, die deutschen und lateinischen Predigten des Meister Eckhart studiert. Nur am Rande sei vermerkt, daß Bellow mit seinem flüchtigen Englandbild und mit seiner exotischen Polenvision genau das bestätigt, was sich durchschnittliche Amerikaner unter Europa vorstellen mögen.

Was ist nun dieser alte Arthur Sammler? Ein weiser Ostjude, dem seine New Yorker Freunde wie einem Wunderrabbi andächtig lauschen? Ein gewöhnlicher Snob, der sich bemüht, einen vornehmen Briten zu spielen? Ein harmloser Sonderling, der sich gegen Ende seines Lebens von der Realität des Staates Israel und von mittelalterlicher deutscher Mystik fasziniert zeigt?

Solche Zweifel mögen müßig sein, weil Bellow seinen Helden im Laufe des Romans zwar immer mehr reden läßt, aber seinen Charakter – so will es scheinen – immer weniger ernst nimmt. Denn er macht den alten Sammler vor allem zu seinem unmittelbaren Sprecher: Er hat allerlei Reflexionen darzulegen, die oft als Bonmots und Aperçus serviert werden, sich jedoch mitunter zu gar nicht knappen essayistischen Einlagen auswachsen. Sie nehmen schließlich so viel Platz in Anspruch, daß man wohl fragen darf, ob es nicht richtiger gewesen wäre, auf den belletristischen Rahmen zu verzichten und sie als Artikel oder Aphorismensammlung zu veröffentlichen.

Aber ein Schriftsteller muß für Gedanken, die er in Aufsätzen publiziert, ebenjene Verantwortung tragen, die er in Romanen sehr bequem auf die jeweils redende oder denkende Gestalt abwälzen kann. Nach wie vor ist die Romanform eine überaus beliebte Zuflucht für sehr unterschiedliche (auch hochbedeutende) Autoren, die viel zu sagen haben, ohne dafür ganz einstehen zu wollen.

So gewiß Bellow hier abermals zeigt, daß er sich auf die Kunst versteht, Essayistisches aufs natürlichste mit Erzählerischem zu verbinden, so sicher bin ich doch, daß er seinen Helden oft bloß als Alibi benötigt und die epische Form als praktikables Vehikel für eher publizistische Mitteilungen und Überlegungen mißbraucht. Dabei scheinen mir besonders bedenklich die Mittel, die er anwendet, um die Sammler in den Mund gelegten Äußerungen zu beglaubigen.

Ihm wird »eine ungewöhnliche, vielleicht magische Kraft« zugeschrieben, von der mehrere im Roman auftretende Gestalten überzeugt sind. Wodurch hat er ihren Glauben an seine »magischen« intellektuellen Möglichkeiten geweckt? Die Antwort ist unmißverständlich: »Wahrscheinlich durch die Rückkehr von den Toten... Und dadurch, daß er im Innern des Todes gewesen war.«

Denn Sammler, der Zeuge war, wie seine Frau von Deutschen ermordet wurde, lag selber schon im Massengrab, auf Leichen und unter Leichen. Aber ihn hat die deutsche Kugel nicht getötet, sondern nur verwundet. Nachdem er dies alles überlebt hat, will er »frei sein von der Fessel des Gemeinen und Endlichen... Was außer dem Geist sollte ein Mann pflegen, der aus dem Grab zurückgekehrt war?«

Je nachdrücklicher Bellow auf dieses zentrale Ereignis in Sammlers Biographie erinnert, um so deutlicher wird die Fragwürdigkeit einer derartigen *captatio bene-*

*volentiae.* Es ist eine bittere Banalität, daß Verfolgungen, und mögen es auch die grausamsten sein, das Opfer nicht unbedingt intelligenter und weiser machen: Einer kann im Massengrab gelegen haben und dennoch bis ans Ende seiner Tage törichtes Zeug schwätzen.

Sammler liebt es, über möglichst allgemeine Fragen möglichst pauschale und summarische Ansichten zu verkünden. Was ihn Bellow über Leben und Tod, Gott und die Menschen sagen läßt, bewegt sich meist auf dem schmalen Grat, der die halbseidene Intellektualität von der puren Trivialität trennt. Da heißt es etwa: »Wir sind wahnsinnig, wenn wir nicht heilig sind, heilig nur, sofern wir uns über den Wahnsinn erheben.«

Doch was man auch von solchen Aperçus, mit denen der Roman geradezu gespickt ist, halten mag – ihr gedanklicher Ursprung bleibt unverkennbar. Sammler verbreitet sich skeptisch über die Aufklärung und widersetzt sich mehrfach »rationalistischen Praktiken«. Er meint: »Die Menschheit hat niemals gelebt ohne ihre sie beherrschenden Dämonen, und sie mußte sie wiederhaben!«

In einem langen Gespräch mit einem indischen Gelehrten, der Sammler mit respektvollen Fragen und schüchternem Zweifel zu weiteren Auslassungen zu stimulieren hat – den Juden und den Inder verbindet der Umstand, daß ihnen beiden gleichermaßen die Spruchbänder aus dem Mund hängen –, steht das immerhin klare Bekenntnis: »Das Beste, was ich gefunden habe, ist Abgeschiedenheit (im Original: »is to be disinterested«). Nicht wie sich Misanthropen lossagen, durch Urteilen, sondern durch Nicht-Urteilen. Durch Wollen, wie Gott will.« Und wenig später erklärt noch Sammler, er wäre »nicht böse, wenn nach dem Tod nichts käme«, nur: »Ich glaube, ich würde vor allem mein Gottesahnen in den vielen täglichen Formen vermissen.«

Nein, hier ist entschieden zuviel von Gott die Rede. Ich meine: Wenn ein Romancier, ob nun gläubig oder nicht, ob Jude oder Christ, das dritte Gebot mißachtet und den Namen des Herrn unnütz im Munde führt, dann kann man Gift darauf nehmen, daß in seiner Prosa etwas faul ist. Wie dem auch sei, wer den Mystizismus Bellows schon in seinen früheren Büchern – etwa im »Regenkönig« – bedenklich fand, wird den Roman »Mr. Sammler's Planet« vollends ablehnen.

Und wen Bellows sei es unbekümmert-forsche, sei es raffinierte Verwendung von Kolportagemotiven nur mäßig zu entzücken vermochte, wird nun feststellen müssen, daß er gerade in dieser Hinsicht bedauerliche Fortschritte gemacht hat: So soll hier einige Spannung durch den Diebstahl eines Manuskripts erzeugt werden und auch durch die Suche nach einem Dollarschatz, der in einem Leitungsrohr vermutet wird (was zu einer Überschwemmung führt) und sich in einem Fußkissen findet.

Die Art schließlich, wie Bellow jetzt seine Gestalten charakterisiert, läßt erkennen, daß für den berühmten Romancier die Feinheiten längst ohne Bedeutung sind. Da heißt es: »Margot war deutsch, romantisch.« Oder: »In Angela begegnete man der weiblichen Sinnlichkeit ohne Abstriche.«

Das also ist der bedeutendste amerikanische Erzähler dieser Jahre? Sehr möglich. Aber das beliebte Goethe-Wort: »Amerika, du hast es besser« gilt für die Literatur bestimmt nicht. Lassen wir uns nichts einreden: Auch dort wird mit Wasser gekocht. Und bisweilen mit trübem Wasser.

# Don Quichotte in den USA

*1973*

Daß die amerikanischen Schriftsteller unserer Zeit das weniger anspruchsvolle Publikum vernachlässigen, wird keiner behaupten können. Damit folgen sie freilich einer Tradition, die bis in die erste Hälfte des neunzehnten Jahrhunderts zurückreicht.

Denn so gewiß nahezu alle Repräsentanten der Literatur der USA sich für den Einfluß auch der raffiniertesten geistigen und künstlerischen Strömungen Europas überaus empfänglich zeigten, so hatten sie andererseits nie Hemmungen, den Bedürfnissen derjenigen ihrer Leser entgegenzukommen, deren ästhetische und intellektuelle Maßstäbe und Erwartungen sich eher in bescheidenen Grenzen hielten: Seit den Schauergeschichten und den Detektiverzählungen des großen Edgar Allan Poe ist es für amerikanische Autoren ganz selbstverständlich, sich nach dem Markt zu richten und trotzdem und zugleich das Ihre an den Mann zu bringen und es auch auf ihre besondere und oft tatsächlich originelle Weise auszudrücken.

Ob Sinclair Lewis, Dos Passos, Hemingway oder Faulkner, ob O'Neill, Thornton Wilder, Tennessee Williams oder Arthur Miller, ob Edward Albee oder John Updike – auf Elemente der Trivialliteratur greifen sie alle gern und häufig zurück; zumindest in dieser Beziehung scheinen sie keine Skrupel zu kennen. Gibt es amerikanische Romanciers oder Dramatiker, die man als kompromißlose Gegner der literarischen Konfektion rühmen könnte?

Damit mag es zusammenhängen, daß sie, von wenigen Ausnahmen abgesehen, nach wie vor als typische Volksschriftsteller gelten können, die sich übrigens des Zwielichtigen dieses Begriffs kaum bewußt und auf das Hemdsärmelige ihrer Bemühungen auch noch stolz sind. Immerhin ignorieren die amerikanischen Autoren nie das traurige Faktum, daß sehr viele Menschen sich nicht einen Pfifferling um Kunst und Literatur kümmern und daß es lediglich die Langeweile ist, die sie vielleicht doch veranlassen kann, ins Theater zu gehen oder einen Roman zu lesen.

Auch Saul Bellow ist dieser so bewährten wie fragwürdigen amerikanischen Tradition in hohem Maße verpflichtet. Sein Buch »Mosbys Memoiren und andere Erzählungen« läßt gerade in dieser Hinsicht keine Zweifel aufkommen.

Jene Kritiker allerdings, die ihn für den hervorragendsten amerikanischen Epiker der Nachkriegszeit halten – und Alfred Kazin und Norman Podhoretz meinten dies schon Ende der fünfziger Jahre, also noch vor dem Bestseller »Herzog« –, sprechen eher von Bellows starker Intellektualität, verweisen auf sein »denkerisches Engagement« und auf den für ihn und seine Gestalten charakteristischen »spekulativen Zug«. Sie interpretieren seine Bücher vor allem als philosophische Romane.

Das ist schon richtig. Aber es überzeugt mich dennoch nicht. Gewiß, Bellow ist ein meditierender Metaphysiker, dessen ideelle Wurzeln – wie schon oft dargelegt wurde – vor allem in der (heute nicht mehr existierenden) ostjüdischen Welt zu suchen sind. Er gehört zu jenen behutsamen Skeptikern, die sich doch als Gläubige erweisen, zu jenen Gläubigen, die sich den Luxus des leisen Zweifels immer erlauben können, weil dieser Zweifel doch nichts ändert. In der Erzählung »Monzagas Manuskripte«, vielleicht der schönsten, die er geschrieben hat, heißt es von dem Literaturwissenschaftler Clarence Feiler: »Er war zu ängstlich, zu sagen, daß er an Gott glaube...«

Ein Zögling des spekulativen Denkens und ein Bewunderer der Mystik (übrigens neben der jüdischen fraglos auch der deutschen), ist Bellow von militanten Schriftstellern (etwa in der Art von Norman Mailer) unendlich weit entfernt. Nicht auf die Aktion setzt er, sondern auf die Kontemplation. Der engagierten Literatur mißtraut er allemal: Was als moralisches Engagement verstanden werden möchte, zeuge meist – befürchtet er – lediglich von dem Bedürfnis der Literaten, dabeizusein und mitzumachen, von ihrer Lust, an der »öffentlichen Aufregung« teilzunehmen.

Der diese »Show der Autoren« (so der Titel seines Essays vom Jahre 1968) höhnisch verwirft, ist gleichwohl selber ein engagierter Erzähler, nur daß seine keineswegs zimperliche Kritik der amerikanischen Gesellschaft eben von einem religiösen und nicht von einem politischen Moralismus herrührt: »Gott herrscht nicht mehr über die Menschen wie in früheren Zeiten« – läßt er in »Gonzagas Manuskripten« sagen –, »und die Menschen können seit langem nicht mehr das Gefühl haben, daß das Leben an beiden Enden fest verhaftet ist, so daß sie zuversichtlich in der Mitte stehen können. Diese Art Glauben ist abhanden gekommen, und seit vielen Jahren versuchen die Dichter, dafür einen Ersatz zu schaffen.« Aber »vielleicht haben sie sich zu viel Verantwortung aufgebürdet. Denn sie wußten: Wenn sie mit ihren Gedichten und Romanen Werte setzten, dann stimmte etwas mit den Werten nicht. Ein einzelner Mensch kann sie nicht liefern.«

Das mag die Kernstelle im ganzen Werk Saul Bellows sein: Literatur also als Religionsersatz, als zeitgemäßer Kodex ethischer Werte, geschaffen von solchen, die sich der Fragwürdigkeit ihrer Aufgabe und der sich daraus ergebenden Situation sehr wohl bewußt sind. Das alles ist, kein Zweifel, sehr ernst gemeint.

Indes scheint mir Bellows, sagen wir, Daseinsdeutung überraschend handlich und praktikabel: Sie ist zu leicht und zu bequem in seiner Epik, zumal in den Dialogen, verwertbar, als daß sich ihr ganz trauen ließe. Bei allem gebührenden Respekt vor diesem Erzähler kann ich mich des leisen Verdachts nicht erwehren, es handle sich bei seinem gedanklichen Fundament vielleicht doch um eine Philosophie aus dem *drugstore*.

Wie auch immer: Der spektakuläre Erfolg der Prosa Bellows hat mit ihrer philosophischen Substanz nur bedingt etwas zu tun. Vielmehr verdanken diese Bücher ihren Ruhm, glaube ich, vor allem der Synthese aus Intellektualität und Popularität, der konsequenten und geschickten Mischung aus nicht allzu komplizierter Sensitivität und nicht allzu ärgerlicher Trivialität.

Bellow verbindet Metaphysisches mit handfesten humoristischen Akzenten und mit kräftiger Zeitkritik; er bietet zwar Mystik, doch macht er sie mit einem ordentlichen Schuß Kolportage für die einen leidlich attraktiv und für die anderen zumindest erträglich; er liebt zwar die Melancholie, aber er relativiert sie mit ziemlich direkter Lebensbejahung.

Und wie manch anderer amerikanischer Epiker des zwanzigsten Jahrhunderts ist auch Bellow ein Meister jener unmittelbar-anschaulichen und zugleich doppelbödig-symbolischen Darstellung, die weder die anspruchsvollen Leser enttäuscht noch die anderen überfordert. Die Wölfe brauchen nicht zu hungern, und dennoch geschieht den Schafen kein Unrecht. So entstehen Bestseller, die trotzdem, wenn auch nicht immer, gute Literatur sind.

Die Hauptfiguren der Erzählungen Bellows sind – ähnlich wie die seiner Romane – meist gehemmte Einzelgänger und auffallend stille Intellektuelle. Sie lieben das Meditieren und scheuen das Agieren, sie schwanken zwischen diskretem Trotz und ostentativer Resignation. Das Monologische ist ihr Element, die schwermütige Reflexion ihre Schwäche, die Suche nach der verlorenen Zeit ihre Leidenschaft. Es sind Hamlets, von denen König Claudius und Minister Polonius nichts zu befürchten haben. Denn nur mit Worten können sie umgehen, nicht mit Waffen.

Natürlich wissen diese feinfühligen und oft auch depressiven Intellektuellen aus Chicago oder New York, daß etwas faul im Staate Dänemark ist: Die Umwelt, wie sie sich ihnen darbietet, wollen sie auf keinen Fall akzeptieren. Doch denken sie auch nicht daran, die Gesellschaftsordnung zu verändern oder gar zu revolutionieren.

Von dem Mann, der vorübergehend in der Sozialversicherungsbehörde arbeitet, die für die Slums der Farbigen von Chicago zuständig ist (»Auf der Suche nach Mr. Green«), heißt es klipp und klar: »Er wollte sich bewähren, einfach um der Bewährung willen, wollte sich einer Aufgabe anständig entledigen.« Der junge amerikanische Romanist, der in Madrid nach den ungedruckten

Werken eines vom spanischen Regime totgeschwiegenen großen Dichters forscht (»Gonzagas Manuskripte«), tut dies nicht etwa, »um einen Akt kultureller Pietät zu vollziehen«, sondern bloß um dem »Anstand« zu genügen. Darum, nur darum geht es ihnen.

Die überaus bescheidene, scheinbar so einfache Aufgabe in den Slums von Chicago erweist sich jedoch als unlösbar. Die Manuskripte des Poeten Gonzaga bleiben unauffindbar. Und der Chemiker, der seine Verlobte nicht mehr ausstehen kann, den es schaudert, wenn er an ein gemeinsames Kind denkt (»Ein künftiger Vater«), ist letztlich, allen Absichten zum Trotz, vollkommen unfähig, sich von ihr zu trennen: »Irgend etwas muß bei mir nicht stimmen« – bemerkt er vieldeutig.

Irgend etwas stimmt auch nicht bei dem kleinen Hymen Lustgarten, einem skurrilen Schuhverkäufer ostjüdischer Herkunft, der in den USA eine exotische Figur und im Nachkriegseuropa ein Yankee ist (»Mosbys Memoiren«). Er hat die Nächte mit dem Studium der Schriften von Marx und Lenin verbracht und meint nun, dies sei die beste Vorbereitung für den Schwarzmarkthandel, an dem er sich in den Jahren nach 1945 hoffnungsvoll beteiligt. Aber »trotz der kühnen revolutionären Verbindungen und des Ingrimms seiner Doktrinen« und trotz »der theoretischen Bereitschaft, Klassenfeinde zu erschlagen«, will dem Amateurschmuggler nichts gelingen. Denn »ein verräterisches Unvermögen zitterte in seinem Innern«.

Dieser Hymen Lustgarten war, heißt es ausdrücklich, »ein Anachronismus«. Das sind sie alle, die gebrochenen Helden Saul Bellows – anachronistische Gestalten, die ein »verräterisches Unvermögen« nicht überwinden können, kleine Don Quichottes, die, mit der heutigen Welt konfrontiert, an nichts anderem scheitern als an dem gewöhnlichen, alltäglichen Leben.

»Meine Damen, das Atmen fällt mir sehr schwer« – lautet der letzte Satz der Geschichte »Mosbys Memoiren« und zugleich des ganzen Buches. Der gebildete und gewitzte Tagebuchschreiber Doktor Mosby meint dies zwar wörtlich (er besichtigt gerade mexikanische Gräber), doch seine einfache Klage verbirgt Bellows hintergründig-ironisches Fazit. Er liebt diejenigen, die, ob sie nun Sieger oder Versager sind, zur Einsicht kommen, daß dem Intellektuellen doch nichts anderes übrigbleibt, als sich zu bescheiden und aufzugeben. Der Verzicht, der Rückzug, die Kapitulation – das ist Bellows Thema.

Zu seinem Publikumserfolg mag überdies beigetragen haben, daß ihn, was immer von seinen Anschauungen zu halten ist, die Menschen ungleich mehr interessieren als die Doktrinen und daß er seine Figuren zwar unentwegt verspottet, doch stets auch bemitleidet. Das ist, zugegeben, das Allerbanalste, was sich einem Erzähler nachrühmen läßt. Mitleid? Von der Sophokleischen »Antigone« bis zu Handkes »Wunschlosem Unglück« ist daran kein Mangel; und im übrigen handelt es sich nicht um eine literarische, sondern eher um eine vor- oder nachliterarische Kategorie.

Gewiß. Aber je häufiger deutsche Autoren gegen die Ausbeutung vom Leder ziehen, ohne zu zeigen, worauf es einzig ankäme – nämlich die Ausbeuter und die Ausgebeuteten –, solange sie sich vor allem damit befassen, die klassenbedingte Relevanz der ideologischen Prämissen zu diskutieren und, versteht sich, zu reflektieren (statt die Welt, in der wir leben, darzustellen, was freilich ungleich schwerer ist), solange muß es uns besonders auffallen, daß es immer wieder Erzähler gibt, die sich ungeachtet aller Moden und Strömungen um das Individuum kümmern. Weil sie nicht vergessen, was man, wenn es um die Literatur geht, nicht oft genug wiederholen kann – daß die Wahrheit konkret ist.

Dieses Individuum, das ist bei Bellow meist ein Jude. Beeinträchtigt das die Allgemeingültigkeit seiner Hauptfiguren? Ich glaube es nicht. »Alle Menschen sind Juden« – hat Bernard Malamud erklärt. Die typisch jüdischen, mit vielen folkloristischen Details und Akzenten versehenen und übrigens oft keineswegs sympathischen Gestalten Bellows (auch er ist vom berüchtigten jüdischen Selbsthaß nicht frei) belegen, meine ich, Malamuds verzweifelt-kühnes Bonmot. Es soll wohl besagen, daß die exemplarischen Situationen und Konflikte, in die Juden, zumal die jüdischen Intellektuellen, immer wieder geraten, nichts anderes erkennen lassen als das, was allen Menschen widerfährt; nur kommt es bei den Juden besonders deutlich zum Vorschein, schärfer und greller, überspitzt und oft provozierend. Joyce, der ja im Unterschied zu Bellow oder Malamud kein Jude war, wußte sehr wohl, warum er einen Juden zu einem Ulysses gemacht hat.

Einer dieser Juden Bellows, der Wissenschaftler Doktor Samuel Braun (»Das alte System«), eilt zum Totenbett seiner Schwester, mit der er sich, koste es, was es wolle, im letzten Augenblick versöhnen möchte. Im Fahrstuhl des Krankenhauses merkt er jedoch zur eigenen Verwunderung, daß er, statt an die angestrebte Versöhnung mit der Sterbenden zu denken, höchst interessiert die Beine und den Busen einer schönen Farbigen betrachtet.

Ist das also wieder einmal der Weisheit letzter Schluß? Alles Vergängliche ist nur ein Gleichnis, und das Ewigweibliche zieht uns hinan? Wie man sieht, hält sich Bellow, der Gläubige, der Mystiker, auch in dieser Hinsicht durchaus an das Konkrete. Und ob das Ewigweibliche seine einsamen Helden hinan- oder hinabzieht – auf jeden Fall ist es für Bellow ein Zeichen, das andeuten soll, was Ingeborg Bachmann ausgedrückt hat mit dem Vers: »Nichts Schönres unter der Sonne als unter der Sonne zu sein...«

## Schalk, Philosoph und Plauderer

*1976*

Gerühmt sei die Schwedische Akademie, die den vornehmsten und höchsten Literaturpreis der Welt dem Amerikaner Saul Bellow verliehen hat. Gerühmt sei der Preisgekrönte, dessen Romane und Geschichten in Deutschland seit Jahren viel gelesen, hochgeschätzt und aufmerksam kritisiert werden.

Den Beschluß der Nobelpreis-Jury befürworten wir also voll und ganz. Aber wir sehen keinen Grund zu verheimlichen, daß der großartige, der oft schlechthin faszinierende Erzähler Saul Bellow zugleich eine keineswegs unproblematische oder unbedenkliche Figur der Literatur dieser Epoche ist. In seinem umfangreichen Werk fällt neben dem Hervorragenden und sogar Unvergeßlichen nicht weniger stark das Fragwürdige und auch das Minderwertige auf – und es mag sein, daß zu seinem Welterfolg dieses nicht weniger beigetragen hat als jenes.

Bellow vereint, was auf den ersten Blick gänzlich unvereinbar scheint: Er ist ein typisches Produkt der amerikanischen Universitätserziehung und gleichwohl ein unmittelbarer Erbe des Ostjudentums, zumal seiner fast schon orientalischen Erzähltradition.

Er ist ein hochgebildeter, ein überaus sensibler und auch raffinierter Intellektueller und andererseits ein volkstümlicher, ein gelegentlich beinahe simpler Plauderer, er ist ein *Highbrow* und ein Schalk, ein Philosoph und ein Conférencier in einem, er ist ein Mystiker und hat dennoch Witz und Temperament, er ist ein düsterer Prophet, der sich zugleich als smarter und charmanter Unterhaltungskünstler betätigt. Er ist ein liebenswürdiger Melancholiker, ein melancholischer Humorist, ein humoristischer Grübler, ein grübelnder Lebensgenießer.

Sein Werk lebt von der Synthese aus Intellektualität und Popularität. Das soll heißen: Er hütet sich, die anspruchsvollen Leser zu vernachlässigen und die schlichten zu überfordern. Bei Bellow kommt jeder auf seine Rechnung, in seiner Epik findet sich alles, was der Roman bieten kann – vom unbedarften Ulk bis zur tiefsinnigen Diskussion.

Seine Philosophie ist volkstümlich, bisweilen primitiv, auf jeden Fall für das breite Publikum verständlich, und seine Volkstümlichkeit ist für die Feinschmecker reizvoll, bisweilen attraktiv, auf jeden Fall erträglich. Auch wenn man sich mitunter des Eindrucks nicht erwehren kann, Bellows Philosophie stamme aus dem *drugstore*, kann man ihm dies nicht allzu sehr verübeln, denn er offeriert sie meist mit einem ironischen Augenzwinkern.

Pessimistische Metaphysik, an der es in diesem epischen Universum nicht mangelt, weiß Bellow in der Regel mit kräftiger Lebensbejahung zu relativieren, dunkle Mystik verbindet er gern mit handfester Erotik, auf Meditationen folgen pralle Episoden, neben schwermütigen Bemerkungen über die Fragwürdigkeit unseres Daseins finden sich häufig knappe Verweise auf schwarze Netzstrümpfe und diskrete Kleidungsstücke der Damen.

Bellow gehört nicht zu jenen ungemütlichen Autoren, die uns rücksichtslos und permanent aufschrecken, vielmehr liebt er es, auch noch den Lebensüberdruß in angenehm lesbarer Form an den Mann zu bringen. Wie kaum ein anderer Schriftsteller der Gegenwart versteht sich Bellow auf die Kunst, Essayistisches auf leichte und gelegentlich schon gefällige Weise zu servieren und sogleich aufs natürlichste ins Erzählerische übergehen zu lassen.

Und wie seine Sensitivität nicht allzu kompliziert ist, so wird auch seine Trivialität so gut wie nie allzu ärgerlich. Auf einen ordentlichen Schuß Kolportage verzichtet freilich keiner der Romane des nachdenklichen Ästheten Saul Bellow. Selbst seine eifrigsten Bewunderer werden nicht behaupten wollen, dieser vorzügliche Erzähler sei ein kompromißloser Gegner der literarischen Konfektion.

Eine solche Mischung aus Weltverneinung und Lebensgenuß, aus redseliger Philosophie und spektakulärer Kolportage kann nicht jedermanns Geschmack sein.

Doch was immer wieder mit Bellow versöhnt, ist seine passionierte Teilnahme an den Leiden des denkenden Individuums; sie sind es, die ihn, was er auch in seinen Büchern verkünden mag, ungleich mehr betreffen und aufregen als alle Dogmen und Doktrinen, alle Thesen und Theorien.

Bellows Helden sind Einzelgänger und Außenseiter, die ihre Umwelt weder akzeptieren können noch verändern wollen. Gewiß, diese Skeptiker leisten Widerstand, doch auf diskrete Weise. Ihr Trotz ist mild, ihre Resignation hingegen ostentativ. Sie reden von Gott und träumen von Frauen. Während sie in der einen Hand das heilige Buch halten, an das sie gerade glauben, greifen sie mit der anderen nach weiblichen Oberschenkeln.

In dieser etwas unbequemen Position verharren die Intellektuellen Bellows nicht lange: Im Dilemma zwischen dem Geist und der Materie, der abstrakten Philosophie und dem konkreten Dasein, zwischen der Literatur und der Wirklichkeit plädieren sie zu Gunsten, sagen wir, des Lebens. Oder auch: Zwischen Sein und Nichtsein schwankend, entscheiden sie sich für Ophelia.

Der König Claudius und sein Minister Polonius haben freilich von diesen Hamlets nichts zu befürchten. Im Flirten sind sie stärker als im Fechten. Nicht mit Waffen können sie umgehen, wohl aber mit Worten, die ihnen reichlich, bisweilen allzu reichlich zur Verfügung stehen. Ihr Element ist das Monologische. Doch ihr Glück entdecken sie im Dialog. Nicht dem Kampf gilt die Leidenschaft der Intellektuellen in Bellows Romanen, sondern der Liebe: Sie suchen nach der verlorenen Zeit und finden den Augenblick, zu dem sie sagen, verweile doch, du bist so schön.

Der feinfühlige und geistreiche, von des Gedankens Blässe angekränkelte und von Skrupeln und Hemmungen gequälte Professor oder Literat, der im Mittelpunkt nahezu aller Romane und Geschichten Saul Bellows steht, ist ein Jude. Er wird meist mit zahlreichen folkloristischen Details und Akzenten ausgestattet, mit charakteristischen jüdischen (und auch als jüdisch geltenden) Eigentümlichkeiten versehen.

Indes hat, wie längst bekannt ist, die stark betonte Besonderheit der Hauptfiguren Bellows den Wirkungsbereich seines Werks keineswegs eingeschränkt. Ja, man kann die Behauptung riskieren, daß die Zugehörigkeit dieser Romangestalten zu einer Minderheit ihre Allgemeingültigkeit nicht beeinträchtigt, sondern eher noch gesteigert hat.

Gewiß, die durch die Herkunft aus dem Judentum bedingte Außenseiterposition der Helden Bellows verändert und verschärft ihre Reaktion auf die gesellschaftlichen Verhältnisse, auf ihre ganze Umwelt. Aber die hier immer wieder behandelte Krise des heimatlosen jüdischen Intellektuellen ist nichts anderes als eine grelle und daher deutlich (oder auch überdeutlich) wahrnehmbare Variante eines Zustandes, der beispielhaft ist für den Intellektuellen dieser Epoche.

Mit anderen Worten: Diese einsamen Sonderlinge, die aus den jüdischen Vierteln der amerikanischen Großstädte kommen, sind weit über das Regionale oder Nationale hinaus typische Gestalten. Bellow zeigt im Extremen das Exemplarische. Wie auch immer, die Leser der ganzen Welt haben in den von Bellow gezeichneten Porträts amerikanischer Juden sich selber wiedergefunden, die eigenen Komplexe und Konflikte.

Den deutschen Lesern erscheint die *Comédie humaine* Saul Bellows, übrigens eines Bewunderers der deutschen Literatur und der deutschen Mystik, niemals fremd oder gar exotisch. Wie sollte sie es auch? Erzählt er doch von Menschen, die, irrend, solang sie streben, erkennen wollen, was die Welt im Innersten zusammenhält. Und deren Weisheit letzter Schluß das Bekenntnis zum Ewigweiblichen ist.

## Dolchstoß des Übersetzers

*1982*

Darf man das offensichtliche Nachlassen der schöpferischen Kraft eines älteren Schriftstellers eben mit seinem Alter erklären? Jedenfalls ist dies bei uns nicht üblich und wird, wenn sich ein Rezensent einen derartigen Hinweis erlaubt, als taktlos oder gar grausam empfunden. Heikel ist die Sache allemal, und Autoren, denen wir manch ein schönes Buch verdanken, haben es natürlich verdient, geschont zu werden. Überdies empfiehlt es sich, in solchen Fällen besonders vorsichtig zu urteilen: Nicht selten halten voreilige Beobachter eine vorübergehende Krise für den durch das Alter bedingten Verfall.

Auch lehrt die Erfahrung, daß es Schriftsteller gibt, die schon bald nach ihrem sechzigsten Geburtstag mit größten Produktionsschwierigkeiten zu kämpfen haben und nur noch Kümmerliches publizieren, während andere – ein Beispiel für leider nicht viele ist Marie Luise Kaschnitz – erst in diesem Alter ihre besten Bücher verfaßt haben. Für alle Schreibenden bleibt als Trost der große Ausnahmefall der Weltliteratur: Theodor Fontane, dessen episches Talent sich erst entfaltete, als er fast siebzig Jahre alt war.

Aber wie immer man es drehen und wenden mag, es bleibt ein Dilemma, mit dem sich jeder Kritiker früher oder später konfrontiert sieht. Darf und soll man die schwachen Arbeiten älterer Autoren gleichsam nach einem ermäßigten Tarif bewerten? Sie selber würden dagegen lauthals protestieren und die gütige Nachsicht als geradezu kränkend ablehnen.

Nur hat der Rezensent nicht bloß die (durchaus begreifliche) Verletzbarkeit des von ihm Kritisierten zu bedenken, sondern auch und vor allem seine Pflichten den Lesern gegenüber zu erfüllen. Indes führt die Rücksichtnahme auf die eine Seite leider häufig zur Irreführung der anderen. Denn oft lassen sich Höflichkeit und Deutlichkeit, Takt und Aufrichtigkeit nicht miteinander vereinen.

Weniger peinlich ist die Aufgabe, wenn es um einen Ausländer geht, zumal um einen Schriftsteller wie Saul Bellow – um einen Weltberühmten also, dessen Bücher in allen Sprachen und in Millionen von Exemplaren verbreitet sind, der die höchsten Preise erhalten hat und der schon seit bald zwanzig Jahren (sein Roman »Herzog« erschien 1964) als der legitime Erbe Hemingways und Faulkners gilt. Dies alles geht mit rechten Dingen zu, er ist unumstritten der größte lebende Epiker Nordamerikas.

Und da auch sein Buch »Der Dezember des Dekans«, der erste Roman seit der Verleihung des Nobelpreises im Jahre 1976, trotz des zwiespältigen Echos in der Heimat des Autors, sofort, wie nicht anders zu erwarten war, den Weltmarkt erobert hat, mag es Bellow ziemlich gleichgültig sein, was über ihn in einer deutschen Zeitung geschrieben wird. So fällt es weniger schwer, offen zu sagen, was man nicht verheimlichen sollte: Dieser Roman des Siebenundsechzigjährigen ist ein dürres und dürftiges Alterswerk.

Dem Ganzen liegen zwei sehr verschiedene Buchprojekte zugrunde. Hierüber sind wir aus bester Quelle informiert – nämlich von dem Autor selbst. Bellow liebt Chicago, die Stadt, in der er aufgewachsen ist und in der er auch heute noch lebt und als Universitätsprofessor wirkt, und er leidet an den dort herrschenden, allem Anschein nach ungeheuerlichen Mißständen. Er wollte sie einmal darstellen und hat zu diesem Zweck jahrelang Material gesammelt, vor allem viele Gespräche geführt – mit den Betroffenen ebenso wie mit den Verantwortlichen. Was sollte daraus werden? Eine Reportage, ein Essay, ein Tatsachenbericht, ein Stadtporträt? Wahrscheinlich eine Mischung aus alldem.

Das andere Projekt, das mit dem ersten nichts zu tun hat, hängt mit einer privaten Reise Bellows zusammen. Seine Frau, von Beruf Mathematikerin, ist eine Rumänin, die seit Anfang der sechziger Jahre in den Vereinigten Staaten lebt. Als ihre Mutter, die einst im kommunistischen Rumänien einen Ministerposten bekleidete und später in Ungnade fiel, im Sterben lag, erlaubte man der Tochter, was man ihr bisher verwehrt hatte – einen Besuch der alten Heimat. Bellow begleitete sie. Nach dem kurzen Aufenthalt in Bukarest hatte er offenbar das Bedürfnis, seine Eindrücke aufzuschreiben. Manches weist darauf hin, daß er zunächst nur an einen Reisebericht dachte, wohl in der Form eines Tagebuchs.

Beide Stoffe hat Bellow miteinander verbunden und zugleich ins Epische umgesetzt oder, richtiger gesagt, umzusetzen versucht. Im Mittelpunkt steht ein schon in seinen jungen Jahren erfolgreicher Journalist, der, mittlerweile des Schreibens überdrüssig, an einer der Universitäten von Chicago als Professor und Dekan tätig ist. Dieser Albert Corde hält sich nur wenige Wochen in Bukarest auf, nämlich als Begleiter seiner Frau, einer aus Rumänien stammenden Astronomin, deren Mutter, einst Ministerin, im Sterben liegt.

Was er dort sieht und erlebt, bildet die Haupthandlung des Romans, sofern hier von einer Handlung die Rede sein kann. Und wie wird in dem Buch die Auseinandersetzung mit den Verhältnissen in der verkommenen Stadt Chicago untergebracht? Die Lösung der eher handwerklichen Frage ist so einfach wie, leider, unbeholfen: Corde, der nicht recht weiß, womit er sich in Bukarest beschäftigen soll, meditiert über seine Heimatstadt und erinnert sich an die Einzelheiten einer düsteren Affäre, in die er verstrickt ist: Es geht um die Ermordung eines weißen Studenten, der vermutlich von zwei Schwarzen umgebracht wurde.

Daß in diesem Roman nur wenig geschieht, kann jene Leser, die Bellows Werke kennen, schwerlich überraschen: Immer schon war er ein Erzähler, dem es nicht auf die Aktion ankam, sondern vor allem auf die Reflexion. Nur zeichneten sich seine Bücher, auch die schwächeren, stets durch zweierlei aus: durch anschaulich, bisweilen virtuos skizzierte Figuren und Milieus und durch die Originalität zwar nicht der formalen Mittel Bellows, doch seiner Phantasie und seiner Gedanken, seiner Einfälle.

Das alles müssen wir im »Dezember des Dekans« vermissen: Die auftretenden Gestalten, meist mit den Augen Cordes gesehen, gewinnen keine deutlicheren Konturen, wenn sie nicht gar klischeehaft geraten; sogar Cordes Frau Minna ist kaum mehr als eine Statistin und eine Stichwortgeberin.

Auch das Bild des rumänischen Alltags macht etwas ratlos. Corde wird als ein »gieriger Beobachter« charakterisiert, doch fällt ihm immer nur das auf, worüber sich die westlichen Schriftsteller und Journalisten, die eine osteuropäische Hauptstadt besuchen, schon seit zwanzig, dreißig Jahren wundern. Viele Konsumartikel sind nicht zu haben, andere bloß in schlechter Qualität. Um Lebensmittel zu kaufen, muß man sich stundenlang anstellen. Das Badezimmer funktioniert nicht. Toilettenpapier ist nicht vorhanden oder sehr rauh. Überall gibt es Korruption und Spitzelei, von der entsetzlichen Bürokratie ganz zu schweigen. Daß amerikanische Zigaretten als Bestechungsartikel gut geeignet sind, versteht sich von selbst.

Und Chicago? Was man über den Zynismus und die Brutalität in dieser Stadt erfährt, über die Verwilderung der Sitten und die Verdorbenheit der Jugend, über die Verhältnisse an den Universitäten und in den Gefängnissen – das alles glaubt man längst schon einmal gelesen zu haben. Wo? Nicht zuletzt in Bellows früheren Büchern. Mehr noch: Je länger man sich mit dem Roman befaßt, desto klarer wird es, daß die Verknüpfung der beiden Welten nur zufällig ist und so gut wie nichts ergibt.

Die Mißstände in Bukarest haben andere Ursachen als die in Chicago – und so schlimm sie allesamt sein mögen, so ist es doch absurd, die einen mit den anderen zu vergleichen. Gewiß, Corde ist hier wie da deprimiert und glaubt, die Gründe dafür in der jeweiligen Umwelt suchen zu müssen. Aber ich habe den Eindruck, daß dieser unentschlossene und redselige Intellektuelle an jedem anderen Ort auf Erden ebenso deprimiert wäre. In seiner Brust sind seines Schicksals Sterne.

Indes sollte man nicht übersehen, daß sich auch in diesem enttäuschenden Alterswerk manch ein Abschnitt findet, der uns an die großen Romane Bellows erinnert: Wenn er etwa das Krematorium in Bukarest und eine Einäscherungszeremonie schildert oder eine Party in Chicago beschreibt und uns wenigstens für einen Augenblick die Meditationen seines Helden erspart, spüren wir sofort jene elementare epische Kraft, die in der Literatur dieser Jahre nicht so leicht ihresgleichen hat.

Ebendiese Szenen haben uns veranlaßt, den »Dezember des Dekans« allen noch so schwerwiegenden Bedenken zum Trotz in unserer Zeitung als Fortsetzungsroman zu drucken. Es mag nicht überflüssig sein, hier einmal darauf hinzuweisen, daß die in dieser Rubrik publizierten Romane den Lesern nicht etwa als Meisterwerke der Literatur empfohlen werden, sondern als Bücher, die es, wie fragwürdig sie auch sein mögen, doch verdienen, zur Kenntnis genommen und diskutiert zu werden.

Bleibt noch die Frage der deutschen Übersetzung. Das ist immer eine mißliche Angelegenheit. Denn man sollte nicht vergessen, daß die Übersetzer in der Regel schlecht entlohnt werden und daß man sie, von gloriosen Ausnahmen abgesehen, nur dann in der Öffentlichkeit erwähnt, wenn man etwas zu beanstanden hat.

Das mag für die Kritisierten bitter sein, ist aber nicht so ungerecht, wie es zunächst scheint: Es besteht kein Grund, jemanden dafür zu rühmen, daß er seine Arbeit ordentlich gemacht hat. Anders sieht es aus, wenn wir es mit besonders guten oder besonders schlechten Übersetzungen zu tun haben.

Wer lobt, hat es leicht: Niemand wird es ihm verübeln, wenn er darauf verzichtet, Beispiele anzuführen. Wenn aber dem Kritiker die Übersetzung mißfällt, muß er sein Urteil schon deshalb sorgfältig belegen, weil er sowohl dem Prestige als auch den geschäftlichen Interessen des Übersetzers und seines Verlages schadet. Soll das Zitieren Sinn haben, dann muß man den inkriminierten Satz erst im Original anführen, dann in deutscher Sprache und schließlich in der (mißbilligten) Fassung des Übersetzers.

Wie viele solcher Beispiele lassen sich in einer Rezension unterbringen? In der Regel vielleicht fünf oder sechs. Aber selbst wenn es ein ganzes Dutzend wäre, würde das nichts an den prompt eintreffenden Protesten ändern: Sie kommen vom Verleger, vom Übersetzer und von vielen seiner Freunde, die mit aufgeregten Leserbriefen zur Stelle sind. Das Urteil sei haarsträubend, denn mit fünf oder zehn Entgleisungen lasse sich nicht die Übersetzung eines 400-Seiten-Romans disqualifizieren.

Überdies solle man doch gefälligst bedenken, daß dieser Übersetzer seinen Beruf schon seit vielen Jahren ausübe, daß er neun oder neunzehn Bücher aus dem Englischen oder Spanischen übertragen habe (gewiß, aber wie?) und daß er sich um die Verbreitung dieser oder jener ausländischen Literatur verdient gemacht habe. Sollen wir ihm dafür automatisch dankbar sein, ohne prüfen zu müssen, ob er mit seiner langjährigen Tätigkeit mehr Nutzen oder mehr Schaden angerichtet hat?

Die Übersetzungen fast aller Bücher Saul Bellows stammen von Walter Hasenclever. Und es muß endlich offen gesagt werden: Sie sind schlecht. Und es macht die Sache nicht besser, daß die deutsche literarische Öffentlichkeit es unterlassen hat, gegen diese kontinuierliche Entstellung der Prosa des großen Amerikaners rechtzeitig zu protestieren. Die Übersetzung des Romans »Der Dezember des Dekans« ist insofern besonders ärgerlich, als hier einem ohnehin schwachen Roman geradezu der Todesstoß versetzt wurde.

Es geht nicht um den Tonfall und den Rhythmus der Prosa Bellows, um ihre Aura (davon ist im Deutschen nichts geblieben), und auch nicht um stilistische Finessen. Denn es stellt sich heraus, daß der Übersetzer weder des Englischen noch des Deutschen hinreichend mächtig ist, daß die Aufgabe seine Möglichkeiten weit übersteigt. Oft versteht er nicht den Originaltext. Und wenn er ihn versteht, kann er ihn nicht deutsch ausdrücken. Es wimmelt von Fehlern und Schnitzern auf nahezu allen Seiten des Romans.

Hasenclever kennt, so scheint es, nicht einmal die Bedeutung der Worte »high school«. Er übersetzt: »üppige Schule«. – Was soll heißen: »Die Polizei ist da sehr bestimmt«? Im Original lautet der Satz: »The cops are definite about it«, also etwa: »Die Bullen sind davon überzeugt« oder »...haben da keinen Zweifel«. – »Er war einer von globalen Millionen« hat keinen Sinn. (»He was one of global millions«, also etwa: »Er war einer von

Millionen auf dieser Erde«) – Corde debattiert mit einem jungen Mann, »whose head was so remote«, also: »dessen Kopf so weit weg war«. Hasenclever übersetzt: »der mit seinem Kopf so weit entlegen war«.

Von einem Chirurgen, der zugleich ein überzeugter Kommunist war, hören wir, daß er »got on his knees and prayed before he started cutting«. Etwa: »…pflegte, bevor er anfing zu schneiden, niederzuknien und zu beten«. Der Übersetzer macht daraus: »hat sich…auf die Knie niedergelassen und gebetet, bevor er…« – Wir lesen: »Menschen unter verkürzten emotionellen Umständen…« Kein Kommentar. – »You shouldn't refuse« heißt nichts anderes als »Du solltest nicht ablehnen«. Der Übersetzer macht daraus »Du solltest dich nicht verweigern« und gibt somit dem Satz eine ganz andere Wendung. – Die Formulierung »She was still decently covering up« versteht der Übersetzer nicht. Bei ihm heißt es: »Sie hielt sich noch immer geziemend bedeckt.« Nein, sie hielt sich nicht bedeckt, sondern wollte die Sache »vertuschen« oder »verbergen« oder »verschleiern«.

Jemand ist stolz darauf, ein Dichter zu sein, »full time, now«. Hasenclever übersetzt wörtlich: »jetzt ganzzeitig« (!) – »…or so Corde had heard« muß heißen: »jedenfalls« oder »wenigstens hatte es Corde so gehört«. Hasenclever übersetzt wörtlich: »Oder so hatte es Corde gehört«. – Selbst ein simpler Satz wie »Minna agreed with her aunt« wird verdorben: Nicht »Minna stimmte ihrer Tante zu« oder »war mit ihrer Tante einverstanden« heißt es in der Übersetzung, sondern in schönstem Behördendeutsch: »Minna vertrat die Meinung ihrer Tante.« – Über Minnas verstorbene Mutter müssen wir lesen, daß sie »eine Frau in der Geschichte unseres

Landes war«. Das ist barer Unsinn. Denn im Original heißt es: »...who was a figure in the history of our country«, also etwa »eine Persönlichkeit in der Geschichte...« oder eventuell: »die eine Rolle in der Geschichte unseres Landes gespielt hat«. – »Current human business« wird übersetzt: »das laufende Geschäft des Menschseins« (!). – »Sunday-best outfits« heißt »Sonntagskleidung«. Der Übersetzer macht daraus: »sonntags-beste Garnitur« – »He took comfort in her« heißt »Er fühlte sich bei ihr geborgen« und nicht »behaglich«. – »I like the man's look« ist soviel wie: »Mir gefällt der Mann« oder vielleicht: »Mir gefällt sein Äußeres«, aber auf keinen Fall: »Mir gefällt er als Erscheinung«.

»Knaben wie Vico und Hegel«. Wieso Knaben? Im Original: »guys«. Also: »Kerle wie...« – »Was ihm mißfiel, war ihre fanatische Vertiefung.« Da kann man auf unanständige Gedanken kommen. Aber »absorption« ist nicht »Vertiefung«, sondern (eventuell) »Besessenheit«. – »Vlada fragte ihn oft nach seinen amerikanischen Meinungen.« Nein, sie fragte ihn nach seinen Meinungen als Amerikaner. – »Pleasure society« ist nicht eine »Lustgesellschaft«, sondern eher schon (so im Klappentext) eine »Vergnügungsgesellschaft«. – »...his sick wife, but mercifully, warmly sleeping...« wird übersetzt: »die jedoch gnädig in warmem Schlaf lag«. Nein, sie lag nicht »gnädig« im Schlaf, sondern »Gott sei Dank«. – »A personal memoir« ist nicht ein »persönliches Gedenken«, sondern nur »eine persönliche Erinnerung«.

Zu fragen bleibt: Hat man diese Übersetzung im Verlag Kiepenheuer & Witsch kontrolliert oder auch nur gelesen? Ich kann es mir kaum vorstellen, denn es würde beweisen, daß der Lektor von seinem Handwerk ebensowenig versteht wie der Übersetzer. Und wenn man sich in diesem Haus mit dem Buch eines Nobelpreisträgers so wenig Mühe gibt, wie ist es um die Übersetzungen anderer Autoren bestellt?

Die Fairneß erfordert es hinzuzufügen, daß die in vielen anderen deutschsprachigen Verlagen (nur in der DDR ist es erheblich besser) erscheinenden Übersetzungen oft auf ähnlichem Niveau sind. Natürlich, die Verleger wollen und müssen sparen. Aber zahlt es sich aus, gerade am Lektorat zu sparen? Man sollte deutlich sagen, wer vor allem für den Verfall der Übersetzungen die Verantwortung trägt: nicht die Übersetzer und nicht die Lektoren, sondern die Verleger.

## Wohin mit der Liebe?

*1991*

Nackte Gedanken und Empfindungen seien – notierte Paul Valéry unter dem Titel »Literatur« – ebenso schwach wie nackte Menschen: »Also muß man sie bekleiden.«[1] Dies wäre wohl eine der Möglichkeiten, vereinfachend anzudeuten, worauf es in der Literatur ankommt: auf die Bekleidung von Gedanken und Empfindungen, die nicht originell sein müssen, ja schwach oder, wie es bei Friedrich Schlegel heißt, »durchaus trivial« sein können, aber, auf ungewohnte, auf überraschende Weise formuliert, uns allen vor Augen geführt werden wie am ersten Tag.

Gilt dies auch für Saul Bellow? Er ist doch ein Schriftsteller, der, zwar weltberühmt seit Jahrzehnten, nicht gerade den Ruf eines ehrgeizigen Formkünstlers genießt: Seine Stilmittel sind eher traditionell, wenn nicht hier und da konventionell. Schon wahr, nur spüren wir in allen seinen Büchern, sogar in den weniger gelungenen, eine nie auftrumpfende, eine eher schon selbstverständliche Kraft, die uns eben zwingt, das, was wir längst kennen oder zu kennen glauben, neu zu sehen.

Bellow ist ein zeitkritischer Erzähler mit Phantasie, ein poetischer Ironiker. Er verbindet die nüchterne Sachlichkeit der Amerikaner und ihren forschen Optimismus mit der temperamentvollen Skepsis der Juden und ihrem gleichwohl unbeirrbaren, ihrem vielleicht doch bewundernswerten Vertrauen zur ethischen Macht der Vernunft. Nichts hält er von der Behauptung, das Zeitalter des Individualismus habe seinen Höhepunkt überschritten oder sei gar beendet. In seinem Buch »Ein Diebstahl« unterscheidet er zwischen Literatur und Superliteratur: letztere beschäftige sich mit der Zukunft der Welt, erstere hingegen mit privaten Tragödien oder Komödien.

Eine solche »Superliteratur« war Bellows Sache nie, nicht Visionen vom möglichen Untergang unseres Erdballs interessieren ihn, sondern private, wenn nicht intime Geschichten. Wichtiger als alle Theorien sind für ihn Charaktere. Man brauche sie, behauptet er, gar nicht zu schaffen, sie seien nämlich schon vorhanden. Nur müsse man sie finden und richtig wahrnehmen.

Im Mittelpunkt seiner Romane und Erzählungen zeigt Bellow mit Vorliebe zwiespältige Menschen, die an einem nicht so leicht auszumachenden inneren Widerspruch leiden. Aber man hüte sich, anzunehmen, auch seine Helden gehörten zu den in der amerikanischen Literatur des zwanzigsten Jahrhunderts besonders beliebten Versagern. Wir haben es zwar mit Antihelden zu tun, doch mit erfolgreichen und beherzten. Sie sind durchaus robust, geschlagen jedoch mit einem zarten Gemüt. Wenn sie siegen, fürchten sie sofort, es seien bloß Pyrrhus-Siege. Gram nagt an ihrem Herzen: Sie können sich des heimlichen Verdachts nicht erwehren, daß sie, dem Anschein zum Trotz, der Welt nicht gewachsen sind, zumindest nicht den eigenen Anforderungen – und daß sie also in einem gewissen Sinne eben doch versagen.

So fühlen sie sich bevorzugt und zugleich benachteiligt. Sonntagskinder sind es, aber unglückliche, Lebensgenießer, doch melancholische. Sie passen nicht recht in den Rahmen, wobei es bisweilen nicht ganz sicher ist, um welchen Rahmen es ihnen geht. Woher rührt denn das Unglück dieser in der Regel jüdischen Intellektuellen auf Bellows epischer Bühne? Rundheraus gesagt: Das Romantische in ihnen ist es, was sie immer wieder an sich selber und an ihrer Rolle zweifeln läßt.

Seit Bellow Bücher schreibt, irritiert ihn die Liebe, genauer: die Frage nach dem Verhalten des denkenden, des intelligenten Individuums, das auf die Liebe geradezu angewiesen ist und dem das Erotische zu schaffen macht. Sie alle, von denen er erzählt, denken viel, fühlen stark und reden gern und ausführlich. Sie verdanken ihren schriftlichen und weit häufiger noch ihren mündlichen Äußerungen eine hohe Befriedigung, ja sie können gar nicht existieren, ohne sich auszudrücken – also vornehmlich über sich selbst zu sprechen.

Clara Velden in der Novelle »Ein Diebstahl« – Bellows, wenn ich mich nicht ganz irre, erste weibliche Zentralfigur – ist zwar weder eine Jüdin noch eine Intellektuelle, doch ähnelt sie ihren männlichen Vorgängern in mancher Hinsicht: Sie hat allerlei erlebt und erreicht, was sie freilich vor schwermütigen Anwandlungen nicht zu bewahren vermochte. Sie ist beides zugleich und auf einmal: resigniert und grenzenlos lebenshungrig. Auch sie sehen wir auf der Suche nach der verlorenen Zeit. Der Vergangenheit, den verpaßten Gelegenheiten nachtrauernd, sehnt sie sich unaufhörlich nach einer anderen Zukunft, nach einer besseren. Sie tut dies in langen Gesprächen, zumal mit einer amerikanisch-chinesischen Freundin, die außergewöhnliche Vorzüge hat – sie ist wortkarg und kann wunderbar zuhören.

Schon auf den ersten Seiten werden wir ganz ohne Umschweife über Claras inneren Konflikt informiert – und siehe, es ist jener, an dem die meisten Bellow-Helden immer schon sehr eloquent gelitten haben: Gute Schriftsteller bleiben eben ihren Themen treu, bisweilen ein Leben lang – und wir haben den Gewinn davon.

Diese Clara, die in einem großen New Yorker Verlag mehrere Magazine betreut und sich mit Frauenthemen beschäftigt, sie, die man »die Zarin des Modejournalismus« nennt, ist eine ebenso attraktive wie geschäftstüchtige Managerin und eine wahrlich starke Persönlichkeit, aber leider »fast zu einflußreich, um noch ein Privatleben zu haben« (davon sei, wer in Amerika eine Führungsposition hat, ohnehin dispensiert). Zwar gelingt ihr viel, nur kann sie mit einer Frage nicht zu Rande kommen: Sie weiß nicht recht, »wohin mit ihren Gefühlen«.

Zum vierten Mal ist Clara nun verheiratet, und mit dem vierten Mann, von dem sie drei Kinder hat, verbinde sie, wie sie ihrer Freundin offenherzig mitteilt, eine sexuelle Beziehung, an der »kein Eheberater der Welt etwas auszusetzen fände«. Und doch: Sogar dieser vierte Mann, dem eigentlich nichts vorzuwerfen ist, sei bloß die Antwort »auf das ganze Elend und die wilden Jahre, die ich im Liebeskampf erlebt habe«.

Das ganze Elend? Die wilden Jahre? Das klingt düster und hochdramatisch – und auf eine stille Weise dramatisch ist denn auch die traurige Geschichte, die Bellow nicht etwa breit vor uns ausmalt, die man aber seinem kleinen Buch sehr wohl entnehmen kann. Auch wenn man ganz allein ist – meditiert Clara –, könne man leben: »Aber in diesem Fall liebte man nur sich selber.« Damit wollte und will sie sich nicht abfinden. Doch weder ihre Verhältnisse noch ihre Ehen konnten und können sie von ihren Leiden erlösen. Also immer einsam in trüben Tagen? Durchaus nicht.

Hier gibt es noch einen Mann namens Ithiel Regler, ihn liebte sie einst, doch hatte er damals Angst, sie zu heiraten. Inzwischen sind viele Jahre vergangen, er ist in Washington als Gutachter für internationale Sicherheit tätig und ebenfalls verheiratet, nun schon zum dritten Mal. Und diese beiden längst nicht mehr jungen Menschen, ehrgeizig und viel beschäftigt, sie lieben sich immer noch. Sie treffen sich ab und zu, häufiger freilich telefonieren sie. Und das Sexuelle? »Es kann passieren, wenn er mit mir spricht. Oder sogar, wenn ich ihn im Fernsehen sehe oder einfach nur seine Stimme höre.« Noch nach zwanzig Jahren ist es eine »herrliche Verbindung«, aber auch ein Desaster.

Was sich sonst in der Novelle abspielt – und es ereignet sich in der zweiten Hälfte recht viel und führt auch zu allerlei Verwicklungen –, braucht hier nicht wiedergegeben zu werden. Nur soviel: Im Haushalt dieser Managerin arbeitet als Au-pair-Mädchen eine Wienerin, frühgereift und zart und traurig, wohlerzogen und verletzbar. Sie erregt ein rasch wachsendes Interesse der reifen Frau, die nicht weiß, wohin mit der Liebe. Wenn ihr, Clara, das Glück, von dem sie zu träumen nicht aufhören kann, versagt blieb, so möchte sie es wenigstens der anderen, der viel Jüngeren ermöglichen. Der Vorschlag, den sie ihr macht, läßt sich überhaupt nicht realisieren, aber er zeigt, deutlich und dennoch diskret, was in Claras Seele vorgeht. Am Ende hastet sie die Madison Avenue hinunter – wie eine Obdachlose, wie eine, die kein Asyl mehr findet.

Wodurch zeichnen sich Alterswerke aus? Wohl vor allem durch ein verändertes, ein gelegentlich etwas leichtfertiges Verhältnis der Autoren zu ihrem Stoff und Thema. Viele werden mit den Jahren nachsichtiger gegen sich selbst, lässiger und auch nachlässiger, manche freilich weiser und souveräner. Bellow, jetzt Mitte Siebzig, hat, so will es mir scheinen, nie knapper und prägnanter geschrieben, nie griffiger und anschaulicher. Damit allerdings bedarf seine Prosa, von gelegentlicher Redseligkeit befreit, mehr als früher der Mitarbeit des aufmerksamen Lesers. Aber *das* spricht nicht gegen das neue Buch.

Es habe einmal – erzählt Bellow – ein amerikanischer Sänger an einer italienischen Oper debütiert. Nach seiner ersten Arie rief das Publikum: »Ancora, da capo!« Er sang sie ein zweites Mal und, da das Publikum wieder tobte, auch noch ein drittes Mal. Doch die Italiener waren offenbar unersättlich. Als er, ziemlich erschöpft, fragte, wie oft er denn diese Arie noch singen sollte, bekam er zu hören: »Bis Sie sie richtig singen werden.«

Auch er, Saul Bellow, habe ein Leben lang das Gefühl, er mache es noch nicht richtig. Daher singe er immer weiter. Recht so – und über den Ozean hinweg rufen wir dankbar: Bravo, Maestro, bravo!

# Arthur Miller

## Ein amerikanisches Welttheater

*1988*

Ob Molière, Goldoni oder Nestroy, ob Wedekind, Brecht oder Dürrenmatt – Dramatiker sind in der Regel Komödianten oder zumindest verhinderte Schauspieler: Für sie ist, wie einer von ihnen gesagt hat, die ganze Welt eine einzige Bühne. Doch wenn sie etwas älter werden, dann sind sie des unentwegten Trubels und ihres meist etwas unseriösen Geschäfts überdrüssig. Sie verstummen (wie Shakespeare), sie wenden sich der Mystik zu (wie Gogol), sie schießen sich in den Kopf (wie Raimund), sie werden fromm (wie Handke), sie gehen zum Fernsehen (wie Kroetz). Oder sie schreiben eine Autobiographie – wie Arthur Miller, geboren 1915 in New York City.

Dieses Buch handelt vom Werdegang eines amerikanischen Selfmademan, von seinem harten Kampf um Bildung und Anerkennung, von seinem Weg zum internationalen Erfolg. So haben wir es mit einem Erziehungs- und Entwicklungsroman zu tun. Erzählt wird hier ferner von der Liebe und der Ehe, die einige Jahre lang zwei ungewöhnliche Individuen miteinander verbunden haben: einen mittlerweile weltberühmten Schriftsteller und eine von unzähligen Menschen bewunderte und begehrte Frau. So haben wir auch einen erotischen, einen psychologischen Roman erhalten. Die Rede ist überdies von politischen und sozialen Angelegenheiten in den Jahren vom Zweiten Weltkrieg bis zur unmittelbaren Gegenwart. So finden wir hier zugleich einen zeitgeschichtlichen Bericht. Schließlich werden wir über Bühnenwerke und Drehbücher informiert und über die stets heikle Zusammenarbeit ihres Autors mit Produzenten, Regisseuren und Schauspielern. So gibt es in diesem Buch auch noch ein Kompendium über Theater und Film. Der Titel des Ganzen: »Zeitkurven«.

Der hier zu Wort kommt, spricht, wie ihm der Schnabel gewachsen ist. Und er schreibt bloß darüber, was ihn interessiert, er denkt nicht daran, auf die Erwartungen des Publikums Rücksicht zu nehmen. Er will niemandem etwas vormachen, der »unziemlichen Maskerade« – mit diesem Ausdruck bedachte er schon Ende der sechziger Jahren seine Arbeit als Dramatiker – ist er nun gründlich satt. Aber kann einer, dessen Passion und Profession es war, seine Erfahrungen und Ansichten ins Szenische umzusetzen, kann der sich selber und seine Umgebung denn anders sehen als mit den Augen eines Theaterautors?

Die Personen, die er beschreibt und zitiert, versieht er, auch wenn er ihnen nur wenig Platz einräumt, mit scharfen Konturen; sie sind unverwechselbar wie Chargen in guten Aufführungen. Was sie sagen, ist so prägnant und pointiert, wie es Bühnendialoge sein sollten. Die erwähnten Kleidungsstücke, Gegenstände und Lokalitäten erinnern an Kostüme, Requisiten und Dekorationen – jedenfalls erfüllen sie beinahe immer (und dabei unaufdringlich) eine charakterisierende Funktion.

Die geschilderten Situationen, auch die auf den ersten Blick belanglosen, sind dramatisch zugespitzt und gehen unmerklich ins Anekdotische und bisweilen ins Parabolische über. Kurz und gut: Ob er es will oder nicht – Arthur Miller inszeniert sein Leben und seine Epoche. Und wir, seine Leser, haben davon den Gewinn und den Genuß.

Er habe, berichtet der Autor der »Zeitkurven«, nur einen einzigen Schriftsteller gekannt, dessen Anschauungen über die Aufgabe des Dramas den seinigen glichen: Tennessee Williams. Dies führt er auf dessen Veranlagung zurück. Denn Williams sei in einer Zeit aufgewachsen, in der es für einen Prominenten unmöglich war, sich öffentlich zur Homosexualität zu bekennen: Er habe gespürt, »welche brutale Bedrohung die Mehrheit sein konnte, wenn man sie gegen ihn aufhetzte«. Wie beiläufig fügt Miller hinzu: »Ich lebte mit einem ähnlichen Gefühl der Entfremdung – allerdings aus ganz anderen Gründen.« Er meint seine Zugehörigkeit ebenfalls zu einer Minderheit, zur jüdischen.

Es bestehe – sagt er an einer anderen Stelle, doch abermals im Zusammenhang mit einem Homosexuellen – »eine Art Verwandtschaft« zwischen Außenseitern. Arthur Miller ein Außenseiter? Das mutet sonderbar an. In ihm, dem überaus Erfolgreichen, der einige Jahre hindurch auch noch Präsident des Internationalen PEN-Clubs war und den, wie man seinen »Zeitkurven« bei verschiedenen Gelegenheiten entnehmen kann, die Mächtigen dieser Welt in Washington ebenso wie in Moskau zu schätzen wissen, sehen wir weit eher einen Repräsentanten, ja eine Zentralfigur. Das hat schon seine Richtigkeit: Die Vokabeln »Außenseiter« und »Zentralfigur« deuten indes nichts anderes an als den Weg, den er zurückgelegt hat – und es ist offensichtlich, daß hier etwas im Spiel war, was die Biographien bedeutender Juden (wohl auch jenes, der am Kreuze starb) geprägt hat und prägt: Trotz gegen die Umwelt.

Millers Vater war als kleines Kind aus Polen nach Amerika gekommen und mußte sogleich schwer arbeiten und Geld verdienen. Lesen und Schreiben hatte er nie gelernt, in keiner Sprache – und derartiges gab es bei Juden schon im neunzehnten Jahrhundert äußerst selten. Aber er war wohl auf seine Weise hochbegabt: Es gelang ihm, eine riesige Textilfirma aufzubauen und ein reicher Mann zu werden. Millers Mutter – auch ihre Familie war aus Polen eingewandert – gehörte zu den wenigen Menschen in seiner Umgebung, die ein Buch in die Hand nahmen: Sie sehnte sich nach Bildung und Kultur.

Dennoch mag es sein, daß er eher seinem Vater als seiner Mutter ähnelt. Er schildert ihn als einen alles in allem imponierenden Mann, er rühmt ihm Format nach und Souveränität. Von ihm, dem Analphabeten, hat er wohl viel geerbt: die Robustheit und die Widerstandskraft, den Gleichmut und die Ausdauer. Mehr noch: Während die Mutter von den Juden stets eine höhere Sensibilität und Moralität erwartete (und immer wieder enttäuscht wurde), weigerte sich der Vater sein ganzes Leben lang, die Juden sentimental zu sehen. Diese Nüchternheit, dieser leise, aber beharrliche Widerwille gegen die häufig verbreitete Neigung, die Mitmenschen, ob nun Juden oder nicht, gerade in moralischer Hinsicht zu überfordern, ist charakteristisch für den Schriftsteller Arthur Miller.

Während der Dramatiker Miller unentwegt an das Gewissen der Zuschauer appelliert, während in seinen Stücken die Szene zum Tribunal wird, hütet sich der Autobiograph, als Staatsanwalt oder als Richter zu fungieren. Seine Sache ist es vielmehr, als Zeuge, als Beobachter auszusagen. Daher zeichnet sich dieses Buch eines engagierten Zeitgenossen durch die Gelassenheit und die Distanziertheit eines Chronisten aus: Der Sicht des Dramatikers entspricht der Gestus des Historikers – und das scheint mir die schlechteste Verbindung nicht.

Ist also Miller auf seine alten Tage ein bedächtiger, gar ein abgeklärter Mann geworden? »Ich hab das Gefühl«, ließ er den unglücklichen Helden seines Stückes »Der Tod des Handlungsreisenden« sagen, »als wär mein Leben immer noch – irgendwie provisorisch.« Als er 1948 diesen Satz geschrieben habe, sei er sich nicht dessen bewußt gewesen, daß er für ihn selber gilt, damals und heute. Auch jetzt, da er 72 Jahre alt ist, könne sich Miller nicht von dem Gefühl freimachen, sein Leben sei immer noch »irgendwie provisorisch«, ja, er müsse sich zwingen, nicht wie ein Mann von fünfzig zu denken, der noch viele Jahre vor sich hat. Er kann nicht aufhören, über unsere Welt zu staunen und sich über die Menschen zu wundern, er hat sich seine nahezu beispiellose Unbefangenheit bewahrt. Das eben kommt dem Buch »Zeitkurven«, diesem amerikanischen Welttheater, zugute: Es ist so unfeierlich wie unmittelbar und frisch, es hat gar nichts von einem Vermächtnis, es macht nie den Eindruck einer endgültigen, sondern stets den einer vorläufigen Autobiographie. Aber auf dieser Erde ist, wie die Franzosen zu sagen pflegen, nichts dauerhaft – nur das Provisorium.

Frisch, unmittelbar und auf fabelhafte Weise anschaulich ist Millers mit vielen Porträts seiner Familienangehörigen angereicherte Darstellung des ostjüdischen Milieus im New York der zwanziger und auch noch der dreißiger Jahre. Sie ist niemals (wie bisweilen bei Bernard Malamud) in der Nähe einer nostalgisch gefärbten Idylle. Und sie ist andererseits frei von Akzenten der Anklage. Mit dem bis zur Hysterie reichenden jüdischen Selbsthaß eines Philip Roth hat Miller nichts gemein. Sind ihm etwa die Leiden eines Juden inmitten der nichtjüdischen Welt erspart geblieben?

Der Jude – schrieb Sartre 1948 – befinde sich »in der Situation des Juden, weil er inmitten einer Gesellschaft lebt, die ihn als Juden betrachtet«.[1] Wer würde es wagen, diese Definition als nur noch historisch, als mittlerweile überholt zu bezeichnen? Bestimmt nicht Miller. Im Gegenteil: Manche Abschnitte seiner »Zeitkurven« lesen sich nahezu wie Belege der These Sartres. Dabei ist, was ihm in seiner Kindheit und Jugend angetan wurde, letztlich, zumal aus europäischer Sicht, geringfügig. Auch sind seine Erinnerungen frei von Selbstmitleid oder Larmoyanz, es ist unverkennbar, daß er sich gerade bei diesem Thema um ein kühles Understatement bemüht.

Er wollte, versteht sich, studieren. Doch die Wirtschaftskrise hatte das Geschäft seines Vaters ruiniert, vom Wohlstand der Familie war buchstäblich nichts mehr geblieben. Der Sohn schlug sich zunächst als Lastwagenfahrer durch, dann gelang es ihm, von einer Autoersatzteilfirma als Lagerarbeiter beschäftigt zu werden. Der Achtzehnjährige, der dort der einzige Jude ist, möchte als Gleichberechtigter akzeptiert werden. Er nickt jedem höflich zu, »der sich als Kandidat für ein freundliches Hallo anzubieten schien«. Das bekommt ihm durchaus nicht, es wird als Liebedienerei ausgelegt. Um nicht den Eindruck zu erwecken, als wolle er »ihre Freundschaft oder auch nur Duldung erbetteln«, zieht er es vor, den Mund zu halten. Das empfindet man als Hochmut, man fragt ihn, ob er vielleicht die Absicht habe, die Firma einmal zu übernehmen. Nach einiger Zeit wird er von den Kollegen etwas besser behandelt. Doch dann unterläuft ihm ein arger Fehler: Er gesteht einer älteren Buchhalterin, daß er spare, um auf das College gehen zu können. Daraus zogen seine Kollegen den für ihn fatalen Schluß, »daß Juden ihren Lohn nicht vertranken – und das trennte uns wieder einmal«.

Alle sehen in ihm vor allem den Juden, aber für ihn selber ist das Judentum bald nur noch »tote Geschichte«, er gerät in den Bann einer anderen geistigen Welt, er ist entschlossen, sich »mit der ganzen Menschheit zu identifizieren und nicht nur mit einem winzigen Bruchteil«.

So spricht Miller von jenem »höheren Bewußtsein, das uns die Hoffnung auf eine sozialistische Entwicklung des Planeten schenkte« und von der »erlösenden Befreiung der gefesselten Kräfte der Vernunft«. Indem man für ein System kämpfte, das neu und gerecht war und das »unvermeidlich siegen mußte«, hatte man gleich »eine Art Ausweis der Rechtschaffenheit« erworben, was allerlei Vorteile mit sich brachte: Er erlaubte es einem, rasch jeden Widerspruch zu verdrängen und den Zweifel am Sozialismus und an der eigenen moralischen Haltung gar nicht erst aufkommen zu lassen. Die Sowjetunion? Sie »hielt das Licht der Vernunft hoch, indem sie das tat, was für die Mehrheit das beste war«. Und das sowjetische Einparteiensystem, das doch »von zweifelhafter Demokratie zu sein schien«? Es gab genug Gutes, um von solchen Schönheitsfehlern (oder vielleicht Kinderkrankheiten) den Blick abzuwenden. »Für mich hatte die Vorstellung von einer klassenlosen Gesellschaft wie für Millionen anderer junger Menschen damals und heute eine entwaffnende Schönheit, die für den Großmut der Jugend unwiderstehlich war.« Wie heißt es so schön bei Heine? »Ich kenne die Weise, ich kenne den Text,/ Ich kenn' auch die Herren Verfasser.«

Ohne Wehmut und ohne Masochismus erzählt Miller von der Faszination, die marxistische Gedanken auf ihn in den vierziger Jahren ausgeübt haben, und auch von der (meist nur vermeintlichen) Geborgenheit in einem Kollektiv von Gleichgesinnten. Er glaubte, einem gelobten Land entgegenzustreben und schon zumindest die Umrisse der Küste wahrnehmen zu können. Etwa Mitte der fünfziger Jahre kam dann die bittere Ernüchterung. Die Utopie, die ihn berauscht hatte, büßte ihre Kraft ein, er erkannte, daß jenes gelobte Land nur eine Fata Morgana war. Nicht ohne Resignation stellt Miller fest: Es »bedeuten Fakten für alle, die sich nach links wenden – heute wie damals –, so wenig.«

Kein Zweifel jedoch, daß Judentum und Marxismus, genauer: die Zugehörigkeit zu einer Minderheit und die Vision einer neuen Gesellschaftsordnung, seine Ansichten von der Literatur, zumal vom Drama, in hohem Maße geprägt haben. Er war überzeugt, »daß es keine ästhetische Form ohne eine moralische Welt« geben konnte (es wären »Noten ohne Notenlinien«), eine amoralische Kunst hielt er für einen Widerspruch in sich selbst, unvorstellbar war für ihn, daß ein »ernstzunehmendes Theater nicht die Welt verändern wollte«.

Und heute? Miller meint, der Marxismus sei »als Hilfsmittel der künstlerischen Wahrheit weder besser noch schlechter als Katholizismus, Buddhismus und jedes andere Bekenntnis«. Immerhin hat er damals, als er jung war und von der gerechten Gesellschaft träumte, seine besten Stücke geschrieben: »Alle meine Söhne« (1947), »Der Tod des Handlungsreisenden« (1949), »Hexenjagd« (1953).

In seinem Werk vereint sich das Vertrauen der Juden zur Macht der Logik und zur Kausalität mit dem Glauben der Sozialisten an den Fortschritt und an die Erziehbarkeit der Menschen. Miller ist ein unermüdlicher Sinnsucher und, wie er selber einmal sagte, »ein sehr ungeduldiger Moralist«, ein Aufklärer und ein Pädagoge, der sich zwar nicht einbildet, die Welt erretten zu können, der aber im Namen aller sprechen möchte, die gescheitert sind. Er ist ein Intellektueller und ein Artist zugleich, doch eher ein Theaterprofi als ein Bühnenpoet. Und er scheint sich seiner Grenzen bewußt zu sein. Sein Stück »Alle meine Söhne« habe »für das wortlose Dunkel, das unter aller verbalen Wahrheit liegt, zu wenig Raum und Zeit« gelassen. Gilt das nicht auch für die anderen Dramen Millers? Und ist nicht damit der Unterschied zwischen einem guten, einem glänzenden Theaterstück und einer großen Dichtung angedeutet?

Übrigens brachte dieses Drama, »Alle meine Söhne«, dem jungen Miller viel Geld ein: »Einunddreißig Jahre hatte ich mir die Nase von außen an der Scheibe plattgepreßt, jetzt tat ich es von innen.« Doch wollte er auf keinen Fall den Kontakt mit dem »normalen Leben« verlieren. Somit sah er sich in jener heiklen, aber nur bedingt bemitleidenswerten Situation, in der schon viele sozialkritische Autoren – von Hauptmann bis Kroetz – waren und die nur Erfolglosen erspart bleibt. Er findet hierfür die lapidare Formulierung: »Ich wurde reich und versuchte, arm zu denken.«

Und Miller war der erste nicht, der mitten im Glückstaumel fürchtete, er sei als Schriftsteller schon am Ende, er werde nichts mehr zu sagen haben. Sein nächster und noch größerer Triumph (»Der Tod des Handlungsreisenden«) wirkte auf ihn ähnlich. Auf dem Rückweg von der Premiere hörte er im Autoradio schon die Besprechungen der New Yorker Kritiker: »Mein ganzes Leben hatte ich darum gekämpft, den Sieg dieses Abends zu erringen.« Aber »ich spürte die Angst, in das Schußfeld schwerer Artillerie geraten zu sein...Ruhm ist die andere Seite der Einsamkeit.«

Indes brauchte Miller nach Themen und Motiven nicht lange Ausschau zu halten. Die Nachkriegsgeschichte der Vereinigten Staaten, genauer: der Senator McCarthy und sein »Ausschuß für unamerikanische Aktivitäten« haben ihn nicht nur zu seinem Stück »Hexenjagd« inspiriert, sondern ihn auch noch höchst persönlich in die Rolle des Helden eines fatalen nationalen Dramas gedrängt.

Wir sind über die damaligen Vorgänge gut informiert, an Materialien (auch in deutscher Übersetzung) fehlt es nicht. Gleichwohl liest man es immer wieder schaudernd: Der mächtigste Staat der Welt hielt es für nötig, viele seiner Bürger, darunter Schriftsteller, Künstler und Wissenschaftler, öffentlich zu erniedrigen. Miller konstatiert sachlich: »Die USA hatten die kleinste kommunistische Partei der Welt, aber das Land benahm sich, als stehe es am Rand einer blutigen Revolution.« Argwohn und Mißtrauen beeinträchtigten freie Meinungsäußerungen und lasteten wie eine »erstickende Wolke« auf der Presse, dem Rundfunk, dem Fernsehen und auch der Filmproduktion.

Aber soviel Unrecht Miller damals angetan wurde, so sehr widersetzt er sich einer einseitigen Beurteilung. Er weist darauf hin, daß die demokratisch gewählten Ausschußmitglieder keineswegs die Macht an sich reißen wollten und daß zumindest einige unter ihnen alarmiert waren – vom Sieg der Roten in China, von der russischen Atombombe und der Etablierung der sowjetischen Herrschaft in Osteuropa. Er wirft dem Ausschuß Demagogie und Gewissenlosigkeit vor, doch weiß er, daß auch Naivität im Spiele war und, vor allem, eine tatsächlich vorhandene und richtig erkannte Gefahr.

Wie immer in solchen Fällen ist es das konkrete und individuelle Beispiel, das die Atmosphäre jener Zeit und die Komplexität der Verhältnisse am besten erkennbar macht. Mit dem großen Regisseur Elia Kazan, der die Uraufführung seiner wichtigsten Stücke inszeniert hatte, verband Miller eine »brüderliche Liebe«. Kazan war fünfzehn Jahre vor seinem Verhör kurz Mitglied der Kommunistischen Partei gewesen. Nach anfänglicher Weigerung bestätigte er dem Ausschuß die Namen einer Anzahl von Personen, die damals der Partei angehörten. Es handelte sich nur um einen symbolischen Akt, da diese Namen ohnehin den Behörden bekannt waren.

Warum hat sich Kazan dem Ausschuß unterworfen? Miller kommentiert: »Ohne ein Geständnis hätte er, der nun auf dem Höhepunkt seiner schöpferischen Kraft war, nicht hoffen können, er werde in Amerika noch einmal einen Film drehen können oder einen Paß erhalten, der ihm die Arbeit im Ausland ermöglicht hätte.«

Miller war nie Mitglied der Partei, hatte jedoch früher einmal an einigen Versammlungen von kommunistischen Schriftstellern teilgenommen: »Meine brüderliche Liebe war so schmerzlich lebendig wie eh und je; zugleich aber mußte ich der unleugbaren Tatsache ins Auge sehen, daß Kazan auch mich vielleicht geopfert hätte, wenn es nötig gewesen wäre.« Nicht über den Freund ist Miller empört, sondern über sein Land: »Die Regierung hatte kein Recht zu fordern, daß jemand stärker war, als er sein konnte.«

Im Unterschied zu vielen Prominenten, die das schmähliche Ritual akzeptierten, lehnte es Miller ab, die entscheidende Frage zu beantworten: Man erwartete von ihm, daß er den Namen eines Schriftstellers nenne, den er vor vielen Jahren auf einer Versammlung gesehen hatte. Wiederum spielte sich die Sache auf einer nur symbolischen Ebene ab, weil der Ausschuß auch diesen Namen kannte. Man verurteilte Miller zu fünfhundert Dollar Strafe und einem Jahr Gefängnis auf Bewährung. Er spricht von seiner Rolle in der ganzen Angelegenheit nur beiläufig. Doch deutete er an, daß er des Aufsehens wegen, das sein Fall erregte, eher eine strengere als eine nachsichtigere Behandlung zu fürchten hatte. Dieses große Aufsehen wiederum hatte nicht bloß mit seinem literarischen Ruhm zu tun, sondern auch mit der Popularität der Frau, die er 1955 geheiratet hatte: Marilyn Monroe.

Ähnlich wie einst die Garbo kann auch die Monroe schwerlich als eine bedeutende Schauspielerin gelten. Aber sie wurde als das erotische Sinnbild einer ganzen Epoche empfunden, sie verkörperte die sexuelle Sehnsucht von Millionen. Alle, die davon träumten, einmal verführt zu werden, sahen in ihr die perfekte und permanente Verführerin. Man kann ihr viel nachrühmen: Charme und Schönheit, Grazie und Eleganz, Vitalität und Temperament. Wie keine andere Filmdiva strahlte die Monroe aus, was sich nur mit einem einzigen Wort andeuten läßt: Glück.

Man habe sie – berichtet Miller – wie ein animalisches Wesen behandelt, als wäre sie »eine preisgekrönte Gazelle oder ein genialer Schimpanse«. Der Verband der Orthopäden bat um einen Gipsabdruck ihrer Füße, weil sie so vollkommen seien, ein zahnmedizinisches Institut wollte einen Abdruck ihrer (angeblich makellosen) Zähne und Kiefer haben. Das Publikum kam nicht einmal auf den Gedanken, daß diese junge Frau hätte leiden können: »Sie war das *Golden Girl*, die ewig junge Göttin der Sexualität, fern von Schmerz und Angst, das mythisch narkotisierte Wesen jenseits von Sterblichkeit.« Und: »Wenn sie erschien, verschwand die Zukunft.« Sogar scharfsinnige Beobachter hätten an der Echtheit des Glücks, das sie darstellte, nicht gezweifelt, sie wurde zu einem »Symbol der Authentizität«.

Es scheint, daß Miller ebenfalls einer dieser zwar scharfsinnigen, doch letztlich oberflächlichen Beobachter war. Er schildert seine unterschiedlichen Bemühungen, die isolierte, die einsame Existenz eines Schriftstellers zu überwinden: »Wann, so fragte ich mich, hört man auf zu arbeiten, und wann fängt man an zu leben?« Wenig später lernte er Marilyn Monroe kennen. Auch in seinen Augen personifizierte sie Unbekümmertheit und Fröhlichkeit und vor allem jene elementare Daseinsbejahung, jenes pralle Leben, nach dem es ihn geradezu dürstete – also das Andersartige, zu dem er sich hingezogen fühlte.

Die enorme Teilnahme der Öffentlichkeit am Leben Marilyn Monroes und Arthur Millers hat damit zu tun: Sie war nicht nur durch ihre und seine Popularität verursacht. Wodurch also? Noch nie hatte Amerika ein Paar gekannt, das auf so deutliche und repräsentative Weise die Synthese aus Moral und Sinnlichkeit, aus Intellektualität und Sexualität veranschaulichte oder zu veranschaulichen schien. Diese Attraktivität steigerte noch ein zusätzlicher Umstand: Durch die Liebe des weithin anerkannten Schriftstellers wurde die Frau, die das Sexideal von Millionen war, gleichsam nobilitiert, und er, der strenge Gesellschaftskritiker, erschien in einem sympathischeren, einem menschlicheren Licht.

Aber das Scheitern dieser Ehe war unvermeidbar. Wie lange konnte ein typischer Intellektueller wie Miller an der Seite einer Frau aushalten, die nicht die geringsten geistigen Interessen hatte und deren Bildung, um es vorsichtig auszudrücken, minimal war? Die Frage eines Reporters, ob sie gelegentlich auch lese, empörte zwar Miller, war aber nicht so abwegig. Jedenfalls gibt er zu, daß sie noch nie etwas von Anfang bis zum Ende gelesen hatte. Seine *Gesprächs*partnerin konnte sie mit Sicherheit nicht sein.

Freilich waren die äußeren Umstände dieser Ehe die denkbar ungünstigsten. »Marilyn konnte kaum den Kopf aus der Tür stecken, ohne fotografiert zu werden.« Wo immer sie sich blicken ließ, entstand sofort ein Menschenauflauf. Bei ihrer Ankunft in England wurde sie am Flughafen von vierhundert Journalisten und einem reichlichen Polizeiaufgebot erwartet. Die Post hat man ihr täglich in mehreren Säcken zugestellt. Als sie auf die Idee kam, sich einmal das Warenhaus Marks & Spencer anzusehen, ließ die Polizei alle Eingänge des Hauses schließen – man befürchtete einen Ausbruch von Massenhysterie.

Wenn Miller mit der Monroe in London ausgehen wollte, war jedesmal »eine größere logistische Operation« nötig. Ein Theaterbesuch: Die beiden werden von der Polizei durch den Bühneneingang ins Haus gebracht und erst in dem ganz dunklen Zuschauerraum, unmittelbar vor Beginn der Vorstellung, auf ihre Plätze geführt. Zum Vergleich eine persönliche Reminiszenz: Wenige Jahre später bemerkte ich im (keineswegs dunklen) Zuschauerraum eines Londoner Theaters Marlene Dietrich. Sie fiel auch anderen auf, aber es gab keine Unruhe und keinen Auflauf, niemand brauchte die Polizei zu rufen.

Der eigentliche Triumph der Marilyn Monroe war mehr als die Summe ihrer Erfolge in mehreren Filmen – es war vielmehr der Mythos, den sie angestrebt und geschaffen hat. Die ständige Bewunderung ihres Körpers hielt sie, Miller zufolge, für eine Bedrohung ihrer Persönlichkeit. Aber sie wurde von Panik befallen, wenn man ihren Körper nicht hinreichend wahrnahm. Mit Genugtuung beobachtete sie die ungeheuerliche Wirkung, die sie auf die Menschen ausübte, sie genoß ihre Macht. Doch war sie dieser Macht nicht gewachsen.

Miller schreibt von ihrem Überdruß an dieser alle Rahmen sprengenden Existenz, von ihrer wachsenden Angst vor jenen, die sie – wie sie fürchtete – lächerlich machen könnten: vor den Regisseuren, Drehbuchautoren und Kameramännern. Er vergleicht sie mit einem »selbstzerstörerischen Kind, das im Wald sitzt und sich gedankenverloren mit einer geladenen Pistole durch die

Haare fährt«. An einer anderen Stelle heißt es: »Sie war halb Königin, halb ausgestoßenes Kind.« Es ist nicht ausgeschlossen, daß Miller mit solchen Formulierungen andeuten möchte, was er zu sagen vermeidet – daß Marilyn Monroe infantil war.

In der späten Phase wurde ihr Persönlichkeitsbild durch Barbiturate und andere Mittel stark entstellt, sie litt an Verfolgungswahn, ihre Zurechnungsfähigkeit war reduziert. Sie empfand seine Anwesenheit als Qual. Warum eigentlich? »Ich erinnerte sie daran, daß es ihr nicht gelungen war, sich aus ihrem alten Leben zu befreien, selbst dann nicht, als sie schließlich wirklich jemanden geliebt hatte.« Dem Leser bleibt es überlassen, diese Anspielung (»altes Leben«) zu entziffern. 1961 wurde die Ehe geschieden (»Ich war erschöpft und hatte die Hoffnung aufgegeben, sie noch einmal zu erreichen«), 1962 setzte Marilyn Monroe ihrem Leben ein Ende.

Ist das Bild, das von ihr in den »Zeitkurven« entworfen wird, gerecht, kann man diese Darstellung als zutreffend bezeichnen? Ich weiß es nicht. Und es gehört nicht zu den Pflichten des Kritikers, hierüber zu urteilen. Aber sicher bin ich, daß Miller diese Geschichte aus unserer Epoche so erzählt hat, daß sie beides auf einmal ist – in sich schlüssig und ergreifend. Er hat sie mit Takt, mehr noch: mit Liebe erzählt.

Dem Zusammenhang von Kunst und Eros mißt Miller höchste Bedeutung bei. Er meint sogar, daß ein Theaterstück, selbst ein zorniges, unter anderem immer auch ein Liebesbrief sei, gerichtet an die Welt, von der sehnsüchtig eine liebevolle Antwort erhofft wird. Das gilt erst recht für eine Autobiographie, zumal für die von Arthur Miller.

# John Updike

## Das Leben – eine Falle
*1972*

Die Bücher John Updikes trafen bisweilen – sowohl diesseits als auch jenseits des Ozeans – auf heftigen Widerstand. Verwunderlich ist das nicht. Denn dieser 1932 geborene und doch schon längst berühmte Amerikaner gehört zu den Virtuosen der Prosa, zu den Artisten der Erzählkunst; und es liegt im Wesen schriftstellerischer Bravourleistungen, daß sie selten Gleichgültigkeit hervorrufen und meist entschiedene Zustimmung oder entschiedene Ablehnung.

So meinte 1963 der amerikanische Kritiker Norman Podhoretz, Updike sei einer »jener vielen, künstlerisch hochgespielten literarischen Namen..., die in den letzten Jahren gemacht worden sind«. Und: »Seine Kurzgeschichten – die ich gewöhnlich voll Widerwillen beiseite lege, ehe es mir gelungen ist, bis zum Ende vorzudringen – wirken auf mich alle wie Lärm um nichts, und ich bin abwechselnd gelangweilt und verärgert...«[1]

Ich hingegen zähle Updike, der in der Bundesrepublik leider vor allem durch ein besonders schwaches und fragwürdiges Werk, den Roman »Ehepaare«, bekannt geworden und in Verruf geraten ist, zu den bedeutenden Erzählern unserer Tage. Doch zeugen davon nicht unbedingt seine Romane (unter denen es immerhin ein so schönes Buch wie »Hasenherz« gibt), sondern jene Arbeiten, die meinen Kollegen Podhoretz, den ich übrigens sehr schätze, erzürnt haben – seine Geschichten.

Sie wurden deutsch in der von Maria Carlsson glanzvoll übersetzten Sammlung »Glücklicher war ich nie« (1966 bei S. Fischer) veröffentlicht, die 1971 durch den ebenfalls gut übersetzten Band »Gesammelte Erzählungen« ergänzt wurden. Der Titel freilich ist irreführend: Denn die »Gesammelten Erzählungen« enthalten zwar 32 Geschichten Updikes, doch darunter nur zwei von den einundzwanzig, die in der Fischer-Ausgabe gedruckt sind. Wer seine besten Arbeiten kennenlernen will, kann auf keinen der beiden Bände verzichten.

Was zunächst auffällt, ist ein simpler Umstand, der zwar dem Kritiker das Leben sauer macht, indes mitnichten gegen den Autor spricht: Updikes Geschichten lassen sich gut lesen und schwer beschreiben.

Manche steuern zielbewußt auf effektvolle Pointen zu, die sicher und lässig serviert werden. Aber andere Geschichten Updikes beziehen ihre stärksten Wirkungen gerade aus dem Verzicht auf die Pointe. Man hat ihm Schönschrift und falschen Glanz vorgeworfen. In der Tat ist seine Diktion von preziösen Wendungen und erlesenen, allzu erlesenen Metaphern nicht ganz frei. Zugleich jedoch finden sich in seiner Prosa Abschnitte von betonter Schlichtheit und fast schon kokettem Understatement. Updike liebt sprachliche Askese nicht weniger als stilistischen Prunk.

Ihm ist viel daran gelegen, die reale Umwelt seiner Personen anschaulich werden zu lassen. Oft mag die Szenerie sogar eine Spur zu deutlich sein – als hätte sie ein Bühnenbildner entworfen, der jedem Requisit, jeder sichtbaren Einzelheit unbedingt eine charakterisierende Funktion abgewinnen will. Aber manche Geschichten kommen fast ohne Milieuschilderung aus und büßen dennoch nichts an Qualität ein.

Überdies verbindet Updike die unterschiedlichsten Elemente der Prosa miteinander: Visionen und Reflexionen, Reportagen und Apostrophen, Anekdotisches und Philosophisches, essayistische Exkurse und dramatische Szenen, kühle Berichte und hochgestimmte Monologe, tagebuchartige Notizen und lyrische Passagen.

So bieten die Geschichten Updikes, will es scheinen, ein höchst disparates Bild. In Wirklichkeit charakterisiert sie nichts mehr als ihre erstaunliche, ja grandiose Einheitlichkeit. Nur daß sie jenseits des Handwerklichen, jenseits des Formalen und des Stilistischen zu suchen ist.

Auf die Frage, wen er im »Don Quijote« porträtieren wollte, soll der sterbende Cervantes geantwortet haben: »Mich.« Flaubert verblüffte die Welt mit dem Bekenntnis: »Emma Bovary – das bin ich.« Bei Thomas Mann heißt es knapp: »Autobiographie ist's immer.« Man könnte sagen: Literatur, die etwas taugt, erweist sich immer als Selbstdarstellung; aber Literatur, die bloß Selbstdarstellung ist, taugt nicht viel.

Keiner weiß das besser als John Updike. Er hat, wenn ich richtig informiert bin, bisher keine autobiographischen Schriften veröffentlicht. Doch seine wichtigeren Arbeiten sind auf direkte und gleichwohl diskrete, auch trotzige und dennoch taktvolle und dezente Weise eben autobiographisch.

Im Mittelpunkt fast jeder Geschichte steht ein junger Amerikaner: ein High-School-Schüler oder College-

Student, ein Graphiker oder Theologe, ein Lehrer oder Schriftsteller, ein Junggeselle oder ein Ehemann und Familienvater. Irgendeine dieser Personen mit dem Autor Updike zu verwechseln, wäre zumindest fahrlässig. Aber sie alle sind Projektionen und Möglichkeiten desselben Ichs, Variationen über das gleiche Thema. Wir haben es mit Bruchstücken eines großen Selbstporträts zu tun.

Die Schauplätze der Geschichten sind so alltäglich wie nur möglich: Schulklassen und Hörsäle, Studentenbuden und bürgerliche Wohnzimmer, Bars, Restaurants und Hotels (doch eher bescheidene als exklusive), Badestrände und Supermarkets, Sprechzimmer von Ärzten und überhaupt Arbeitsräume jeglicher Art. Auch das, was sich dort abspielt, ist – und nicht nur auf den ersten Blick – keineswegs sonderlich aufregend und meist vollkommen banal: Flirts in Autos und Gespräche auf Partys, Zimmersuche, ein Familientreffen, ein Skiausflug, Eheidylle und Ehekrach, Sorgen mit alten Eltern und Glück und Kummer mit kleinen Kindern, Besichtigung einer fremden Stadt, Wiederbegegnung mit einer früheren Geliebten, Unterhaltungen in der Sprechstunde eines Zahnarztes oder eines Psychoanalytikers.

So alltäglich die von ihm skizzierten Situationen und so geringfügig oder belanglos die meisten Vorfälle, so ernst nimmt sie Updike. Weder degradiert er die Personen zu Demonstrationsfiguren, noch behandelt er die Geschehnisse als bloße Vorwände für die epische Darstellung: Er erzählt sie um ihrer selbst willen und nicht als Symptome. Nur daß sie eben doch, ob er es will oder nicht, zugleich auch Symptome sind.

Denn was er erzählt, weist über sich selbst hinaus. Es signalisiert unentwegt und trotzdem unaufdringlich etwas sehr Allgemeines: »Er dachte, daß die Welt – wie alle Musik – auf Spannung beruhe« – heißt es in einer der Geschichten. Mit anderen Worten: Updike berichtet von gewöhnlichen Erlebnissen und kreist dabei immer um ein einziges, das in seiner Sicht gar nicht mehr gewöhnlich, vielmehr ungeheuerlich und unfaßbar, bestrickend und berauschend ist und das sich noch am ehesten mit einer tautologisch anmutenden Formel umschreiben läßt – um das Erlebnis des Lebens.

Weil er auch und gerade im Beiläufigen und im Nebensächlichen stets Manifestationen des Daseins erkennt und ihm alles wie von selbst zum Zeichen gerät, bildet den Kern seiner Geschichten das Motiv der Vergänglichkeit. Damit mag es auch zusammenhängen, daß dieser Erzähler mit besonderer Vorliebe und besonderer Sorgfalt jene beobachtet, deren Existenz ihn offenbar am meisten beglückt und am meisten beunruhigt: kleine Kinder und sehr alte Menschen.

Und weil ihn das Leben fasziniert, ist in seinen Geschichten der Tod, auch wenn er diese Vokabel nur zögernd verwendet, stets gegenwärtig. Zweierlei kann Updikes Held nicht verstehen: daß er wird sterben müssen und daß es unzählige Menschen gibt, die leben können, ohne an den Tod zu denken.

Von einer »Falle, aus der es keinen Ausweg gibt« ist in seinem Roman »Hasenherz« die Rede. Das Elternhaus, die Universität, der Arbeitsplatz, die Liebe, die Ehe, eine Wohnung, ein Hotel, eine zufällige Bekanntschaft – alles kann sich in diesen Prosastücken als Falle erweisen. Das Individuum fühlt sich umstellt und bedroht, es sieht sich Mächten ausgeliefert, die es letztlich nicht begreifen kann. Das Leben ist schön. Aber es hat keinen Sinn.

Wie alle guten Erzähler kurzer Geschichten geht also Updike aufs Ganze. Doch anders als in der Epik mancher seiner deutschsprachigen Generationsgenossen – man denke etwa an Thomas Bernhard – ist bei dem Amerikaner Eschatologisches frei vom Obsessiven und Monomanischen, vom Insistierenden und Hochdramatischen. Das Exorbitante mag er nicht, vielmehr liebt er das Leichte und Anmutige und auch das Kuriose und das Anekdotische. Sein trauriger Humor kennt keinen Sarkasmus, seine Ironie keine Aggressivität.

Er spricht nie mit beschwörender Stimme, meist entscheidet er sich für einen gedämpften oder plaudernden Tonfall. Nur daß Zurückhaltung und Deutlichkeit sich bei Updike nicht ausschließen. Er protestiert, aber er attackiert nicht. Er ist vom Geschlecht der Provokateure, doch nicht dem der Rebellen. Seine exakten Erlebnisgeschichten gehören zu dem Bereich der kammermusikalischen Epik. Bisweilen erinnern sie mich – um einen anderen Namen der deutschen Literatur dieser Generation zu nennen – an die zarten Etüden und die dunklen Idyllen Gabriele Wohmanns.

Nicht die (meist eher dürftige) Aktion bleibt im Gedächtnis, sondern das Klima der Prosa Updikes; und wichtiger als die (ohnehin sich meist ähnelnden) Charaktere ist ihr Ambiente. Wo immer er diese Geschichten spielen läßt – in den Kleinstädten Pennsylvanias, in New York oder Boston, in Oxford, Rom oder Sofia, in armen oder wohlhabenden Milieus –, ihm gelingt in der Regel mit kleinem Aufwand eine außergewöhnliche Konkretheit und Intensität der Atmosphäre.

Auf welche Weise eigentlich? Natürlich mit Hilfe der Details. Aber das gilt für alle Kurzgeschichtenerzähler – wo wenig Platz ist, kommt es auf jede Einzelheit an. Updikes Erzählstil zeichnet jedoch eine besondere Perspektive aus, die ermöglicht wird durch das makellose Gleichgewicht von Sensibilität und Intellektualität, von Sinnlichkeit und Erkenntnis, von Naivität und Urbanität.

Er ist ein ebenso gelassener wie reizbarer Beobachter. So sieht er die Welt mit skeptischer Distanz und trotzdem mit unmittelbarer Teilnahme, mit unerbittlicher Genauigkeit und zugleich doch mit jener Barmherzigkeit, die in der guten Epik nie fehlt. Das alles zeigt sich am schönsten in seinen erotischen Geschichten.

Daß deutsche Schriftsteller dieser Jahre nur selten und offenbar ungern von der Liebe erzählen, ist bekannt und bedauerlich und, meine ich, sehr aufschlußreich, um nicht zu sagen: verräterisch. Für Updike indes ist sie – wie es in der herrlichen Geschichte »Die bulgarische Dichterin« heißt – »eines der wenigen Dinge, die noch immer des Nachdenkens wert sind«. Mehr noch: die Liebe erweist sich in seiner Prosa als das große Thema, in das alle anderen münden, in dem alle gipfeln und sich spiegeln können.

Es ist sehr viel Sexualität in diesen Geschichten. Aber anders als in seinen Romanen, zumal in den »Ehepaaren«, in dem Updike einen Koitus nach dem anderen zu schildern für nötig hielt, werden physische Vorgänge hier nur kurz erwähnt oder ganz ausgespart. Nicht die körperlichen Funktionen scheinen ihm darstellenswert, sondern ihre psychischen Begleitumstände.

Diskret und subtil und sehr zärtlich erzählt er von der Erotik der Halbwüchsigen. Und er zeigt – das findet man in der zeitgenössischen Literatur merkwürdigerweise nur sehr selten – die Liebe der Intellektuellen, ihre Skrupel, Hemmungen und Komplexe, ihr Glück und Unglück. »Nach einer Frau sich zu sehnen, das bedeutet, sich danach zu sehnen, sie zu erretten...Jede Verführung ist eine Bekehrung.« Solchen Sätzen mag man entnehmen, wie Updike die Liebe versteht.

Die Grenze zwischen dem Begreiflichen und dem Unbegreiflichen ist es wohl, an der die neugierigen und doch zögernden, die immer nachdenklichen und meist etwas weltfremden Helden Updikes ihren Platz haben. Daß er stets und konsequent von dem Greifbaren und dem Begreiflichen ausgeht und es in seinen Geschichten nie vernachlässigt, gibt ihnen ein solides und vertrauenerweckendes Fundament. Daß er sich damit nicht begnügt und auch das Ungreifbare und das Unbegreifliche mit den Mitteln des Erzählers wenn nicht zu erkunden, so doch abzutasten, wenn nicht zu zeigen, so doch anzudeuten vermag, trägt zur Größe dieser Prosa bei und zu ihrer Poesie.

## Liebe ist unbarmherzig

*1982*

Thomas Mann, der Meister der raffiniert-sublimen Formulierung, liebte gelegentlich, zumal gegen Ende seines Lebens, den verblüffend einfachen, den dank seiner Schlichtheit fast schon kokett anmutenden und auf andere Weise wiederum raffinierten Ausdruck. So schrieb er 1954: »Erzählen heißt spannen, und des Erzählers Kunst ist, zu unterhalten noch mit dem, was eigentlich langweilig sein müßte, zu spannen selbst mit dem der Sache nach Altvertrauten, dessen Verlauf und Ausgang jeder schon kennt.«[1]

Das schöne Diktum, an das man gerade die deutschen Schriftsteller unserer Zeit nicht oft genug erinnern kann, läßt sich auch auf diese Kunst John Updikes anwenden, dieses bewundernswerten amerikanischen Epikers, den man hierzulande noch immer unterschätzt – deshalb vielleicht, weil es von ihm auch einige schwächere Bücher gibt.

Was Updike in seinen vielen Geschichten erzählt – sie sind übrigens den meisten seiner Romane überlegen –, ist in der Regel ziemlich banal: Weder seinen Figuren noch den dargestellten Situationen kann man Außerordentliches nachrühmen, die Handlung bietet nur selten Überraschungen, und wer sich nach starken Effekten sehnt, wird eher enttäuscht sein. Denn diesen Autor interessiert das Alltägliche, ihn irritiert das Unscheinbare und das Beiläufige. Nichts zeigt er lieber als das der Sache nach Altvertraute, dessen Verlauf jeder schon kennt oder zumindest ahnt.

Aber seine Prosa, die also »eigentlich langweilig sein müßte«, gehört zum Unterhaltsamsten, was sich in der Weltliteratur dieser mageren Jahre finden läßt. Und von Updikes Buch »Der weite Weg zu zweit« kann man ohne weiteres sagen, daß es, frei von Sensationen jeglicher Art, gleichwohl sensationell ist – nämlich dank seiner Qualität.

Vereint sind hier siebzehn Erzählungen, geschrieben innerhalb von rund zwanzig Jahren. Die meisten waren zunächst im »New Yorker« veröffentlicht. In jeder hören wir von denselben Personen (von dem Ehepaar Maple und dessen Kindern), und alle diese Geschichten sind in dem Band in chronologischer Reihenfolge gedruckt. Das bezieht sich auf zweierlei – auf die Zeit ihrer Entstehung sowie auf die (ihr stets ungefähr entsprechende) Zeit der Handlung.

Die in sich geschlossenen und kunstvoll gebauten Prosastücke wachsen, obwohl das ursprünglich gewiß nicht geplant war, wie von selbst zu einem Ganzen zusammen, zu einem wiederum in sich geschlossenen epischen Gebilde, das – und darauf vor allem kommt es an – weit mehr ist als die Summe seiner Teile. Mit anderen Worten: Diese siebzehn Geschichten ergeben eine einzige Geschichte.

Als sie 1954 heiraten, sind sie beide, Richard und Joan, Studenten, kaum 21 Jahre alt und eher schüchtern als selbstsicher. Verlegen und verwirrt ertragen sie die Trauungszeremonie: »In seiner Verwunderung über das weiße Geschöpf, das neben ihm vor dem Altar zitterte,... hatte er vergessen, das Gelöbnis mit einem Kuß zu besiegeln.« 22 Jahre später lassen sich die Maples scheiden. Am Ende der kurzen Gerichtsverhandlung stehen sie etwas ratlos da: »Bis Richard sich endlich darauf besann, was er zu tun hatte: er küßte sie.«

Dieser nachgeholte Kuß ist ebensowenig nur eine höfliche oder konventionelle Geste, wie es jener gewesen wäre, auf den Joan einst vergeblich gewartet hat. Gewiß, die Ehe, deren einzelne Etappen Updike so anschaulich zeigt, geht schlecht aus. Mehr noch: Ihr schmerzhaftes Ende war offensichtlich unvermeidbar und bahnte sich schon seit Jahren an. Aber allen Krisen und Fehlschlägen zum Trotz ist es – die Maples selber wissen dies auch – doch eine glückliche Geschichte.

Nie, so will es mir scheinen, wurde in der zeitgenössischen Literatur der allmähliche Verfall einer Ehe herzlicher, nie deren endgültiger Untergang zärtlicher beschrieben. Man übertreibt nicht, wenn man sagt: Diese epische Chronik einer immer wieder gefährdeten Beziehung ist ein poetisches Plädoyer für die Erotik. Oder auch: eine Liebesgeschichte.

Obwohl die beiden eine »nicht-schuldhafte Scheidung« beantragt haben, möchten die umsichtigen Anwälte dem Gericht lieber konkrete Gründe angeben. »Wir hatten politische Differenzen« – sagt Richard – »...Abgesehen von der Politik kamen wir sexuell nicht recht miteinander aus.« Hiervon stimmt kein Wort: Woran ihre Ehe in Wirklichkeit gescheitert ist, wollen sie niemandem erklären, und vielleicht würden es die tüchtigen Juristen auch gar nicht verstehen.

Was stand denn dieser Ehe im Wege? Zunächst einmal: nichts. Sie waren verliebt ineinander, die Kinder, die rasch zur Welt kamen, bereiteten ihnen viel Freude, und materielle Sorgen kannten sie nie. Joan ist Kunsthistorikerin mit einem Teilzeitjob in einem Museum, und Richard, was macht er eigentlich? Wir werden über seinen Beruf nicht informiert, doch ist es nicht unwahrscheinlich, daß wir es mit einem freien Schriftsteller zu tun haben, der vielleicht Kurzgeschichten für den »New Yorker« schreibt.

Aber sind sie glücklich? Sie waren ja noch so jung, als sie heirateten, sie hatten auch keinerlei Erfahrungen. Erst während der Ehe erkennen sie, wie sehr sie sich nach Liebe sehnen, wie sehr sie nach Leben hungern – und damit sind nicht nur Abenteuer oder Affären gemeint. Im Grunde passen sie gut zueinander, sie möchten auch zusammenbleiben, nur glauben sie, daß ihnen die Ehe nicht genügen kann. Sie möchten mehr Glück.

So werden in diesem Buch zärtliche und rührende, doch gänzlich unsentimentale Familienidyllen abgelöst von Eheauseinandersetzungen, deren lautlose und diskrete Dramatik frei ist von allem Melodramatischen. Wenn die beiden Maples an Trennung denken und davon reden, spürt man, was sich mit einem alten, leider in Mißkredit geratenen deutschen Wort andeuten läßt: Innigkeit.

Jahrelang bleiben diese Auseinandersetzungen und Erwägungen ohne jene Folgen, die sie ebenso anstreben wie befürchten. Weil sich Joan und Richard nicht entscheiden können? Nein, es ist da noch ein anderer Umstand, und er bildet das Ostinato dieser Ehegeschichte. Ihre Gespräche über eine eventuelle Trennung – heißt es einmal – »knüpften sie letztlich in einer schmerzhaften, hilflosen, demütigenden Intimität nur noch enger zusammen... Wenn ihre Zungen endlich schwiegen, vereinigten sich ihre Körper – gleichsam zwei stumme Armeen, die sich zusammentun, endlich erlöst von den absurden Feindseligkeiten, die zwei verrückte Könige verfügt haben.«

Nach zwölf Jahren der Ehe glaubt Joan einen Ausweg aus ihrer Krise gefunden zu haben: Sie schließt sich der Bürgerrechtsbewegung an und nimmt an einem Protestmarsch durch Boston teil. Nun ist sie – so will es scheinen – glücklich. Warum? Kaum nach Hause zurückgekehrt, sagt sie es knapp: »Ich war immer in einer Gruppe.« Richard, der Individualist, mißtraut dieser Euphorie. Bald zeigt sich auch, daß es Joan eben nicht um irgendwelche Bürgerrechte ging, sondern daß sie, immerhin Ehefrau, Mutter und Museumsangestellte, suchte, was man mit einer modischen Vokabel als »Selbstverwirklichung« zu bezeichnen pflegt.

Aber der Schutz, den die Zugehörigkeit zu einem großen Kollektiv bietet, erweist sich als illusorisch. Schließlich gibt es für beide nur ein einziges wahres Glück: die Liebe. Indes ist es nicht bloß ihre Liebe zueinander. Bisweilen sehnt sich Joan nach der Zuneigung eines anderen Mannes, bisweilen benötigt Richard eine andere Frau. Sie betrügen sich gegenseitig, zuerst heimlich und ängstlich und später immer weniger um Geheimhaltung bemüht.

Natürlich, nicht Updike hat entdeckt, was das vollkommenste Wortspiel der deutschen Sprache lapidar ausdrückt: Die Eifersucht ist eine Leidenschaft, die mit Eifer sucht, was Leiden schafft. Unpathetisch, aber nicht weniger qualvoll ist die Eifersucht, die der amerikanische Erzähler mit leiser Suggestivität und herausforderndem Understatement vergegenwärtigt.

Nach langer Ehe geben sich die Maples jetzt nachsichtig: Man gönnt dem Partner die erotische Episode am Rande des gemeinsamen Lebens. Doch zeigt es sich wieder einmal, daß da, wo Liebe im Spiel ist, es leicht sein mag, etwas zu beschließen, daß es aber schwer ist, dies auch im Alltag zu verwirklichen. Es genügt, daß das Telefon läutet und sich niemand meldet (»Dein Liebhaber hat eben angerufen... Er hat aufgelegt. Er war erstaunt, daß ich zu Hause bin.«) oder daß Joan einen Anruf auffallend lakonisch beantwortet (»Ja... nein... nein... gut«) – und schon sind sie wieder da, die angeblich altmodischen Gewohnheiten, die Befürchtungen und Verdächtigungen, die nur mühselig unterdrückten Vorwürfe, die gereizte Atmosphäre. Entfremdung ist unvermeidbar, doch auch nicht unüberwindbar. Und das hat mit dem Sexuellen zu tun.

Man spricht in der Ehe der Maples über Sexuelles offen: »So, sagt Joan zu ihm, du hast also mit dieser kleinen Büromaus geschlafen.« Aber hinter der etwas angestrengten Sachlichkeit und dem gelegentlich forschen Ton verbirgt sich nichts anderes als die allen Umständen zum Trotz kaum nachlassende Intensität ihrer gegenseitigen Gefühle. Als Richard von einem Verhältnis erfährt, das Joan schon seit einiger Zeit hat, ahnt sie, »daß seine Erkundung des von ihr preisgegebenen Terrains sehr gründlich sein wird«. Denn: »Liebe ist unbarmherzig.« Nachher heißt es: »Sie schlafen miteinander, selbstkritisch.«

Nach achtzehn Jahren des Zusammenlebens glauben sie, es sei nun Zeit, den Sex aufzugeben. Indes schätzen sie die Situation falsch ein, sie können sich gar nicht voneinander lösen. Die Tatsache, daß Joan bisweilen mit anderen Männern schläft und hierüber, wenn die jeweilige Beziehung beendet ist, Richard informiert, macht sie für ihn erst recht reizvoll. Er sieht zu, wie sie sich auszieht. Sie fragt ihn, etwas unwillig: »Hast du nichts Besseres zu tun? Als mich zu beobachten?« Richard »antwortet wahrheitsgetreu: Nein.« Das ist eine der vielen Liebeserklärungen, die Updike in diesem Buch versteckt hat. Eine andere findet sich in einem erregten Gespräch zwischen Joan und Richard. Nach einigen bitteren Vorwürfen sagt sie unvermittelt: »Aber ich bin mit dir nie einsam gewesen.«

Ihr Liebeshunger und ihre Liebesfähigkeit sind es, die das Glück der Maples ermöglichten und die später, über die Grenzen der Ehe hinausgehend, zur gegenseitigen Entfremdung beitragen. Auf ein anderes, offenbar glücklicheres Ehepaar anspielend, fragen sie sich einmal, was jene denn hätten, das ihnen sehr fehlte. Und Richard gibt die Antwort, in der sich die Pointe des Buches »Der weite Weg zu zweit« verbirgt: »Vielleicht hatten sie weniger und erwarteten darum nicht mehr.«

Mit jenen Romanen, deren Ehrgeiz es ist, eine menschliche Beziehung ganz zu durchleuchten und sie uns gleichsam auf einem Röntgenbild zu präsentieren, haben Updikes »Szenen einer Liebe« (so die Gattungsbezeichnung auf der Titelseite) nichts gemein. Weniger bieten sie und doch ungleich mehr. In diesen Geschichten geschieht nicht viel. Dennoch sind sie voll dramatischer Spannung. Sie zeichnen Zustandsbilder. Doch sind es Bilder voll Dynamik.

Gewiß ist die aus solchen prägnanten Episoden und vielsagenden Momentaufnahmen komponierte Erzählung von Liebes-Leid und -Lust des Ehepaars Maple zwar nicht fragmentarisch, wohl aber sprunghaft und nicht frei von Lücken. Ein Fehler ist das keineswegs. Von der Qualität der epischen Prosa zeugt ja nicht nur das, was ihr Autor berichtet, sondern auch das, was er verschweigt, genauer: was er zu verschweigen sich leisten kann.

Die Pause, gerade die Pause kann ein Ausdrucksmittel von höchster Wirksamkeit sein. Es ist das Prinzip des Andeutens und Aussparens, das sich hier glanzvoll bewährt. Updikes Verschwiegenheit geht jedoch nie auf Kosten der Deutlichkeit. Vielmehr beweist er, daß man diskret und zugleich unmißverständlich erzählen kann. Hierzu ist freilich nötig, was die Leser seiner Geschichten schon längst zu bewundern Gelegenheit hatten – eine artistische Perfektion, die sich Selbstgefälligkeit nicht zuschulden kommen läßt.

Wer gewohnt ist, immer wieder zeitgenössische deutsche Romane und Geschichten zu lesen, genießt um so mehr die Meisterschaft, die (fast immer unauffällige) Virtuosität des amerikanischen Erzählers. Kein Zweifel, auch jenseits des Atlantiks wird nur mit Wasser gekocht, aber die dortigen Schriftsteller beherrschen ihr Handwerk sicherer und besser als die meisten der unsrigen.

Ob es sich um die Atmosphäre eines Hotels oder einer Klinik handelt, um einen Familienabend oder eine Protestdemonstration oder gar (ein Standardmotiv der amerikanischen Literatur) um eine Party und deren in der Regel heikle Folgen – Updike erreicht stets mit einem Minimum an Mitteln ein Maximum an Anschaulichkeit. Wie schafft er das? Natürlich weiß er mit den Details vorzüglich umzugehen: Mit ihrer Hilfe macht er alles sichtbar, was er sichtbar machen will – Menschen, Stimmungen, Örtlichkeiten. Aber das kann man manch einem anderen Erzähler ebenfalls nachrühmen.

In Schopenhauers berühmter Arbeit »Über Schriftstellerei und Stil« findet sich der Satz: »Man brauche gewöhnliche Worte und sage ungewöhnliche Dinge: aber sie (die deutschen Schriftsteller) machen es umgekehrt.« Der einst oft zitierte Ausspruch hat, fürchte ich, von seiner Aktualität noch nichts eingebüßt. Viele unserer Autoren bemühen sich um originelle, um extreme oder extravagante Mittel, aber sie haben nur zu sagen, was wir schon längst wissen. Die Verpackung soll darüber hinwegtäuschen, daß hier versucht wird, einen Hohlraum zu garnieren.

Von Updike ließe sich sagen, daß er mit gewöhnlichen Mitteln Ungewöhnliches zeigt. Das soll heißen: Seine künstlerischen Ausdrucksmittel sind (in der Regel) traditionell, seine Reaktion auf die Umwelt ist modern. Sinnliche Wahrnehmung und bohrende Intelligenz halten sich in seiner Prosa die Waage. Sie kontrollieren und ergänzen sich gegenseitig. Nichts charakterisiert diese Epik mehr als geistreiche Empfänglichkeit für alles Sinnliche, als die Synthese aus Sensualität und Intellektualität.

Damit mag es auch zusammenhängen, daß in diesem Buch über den »weiten Weg zu zweit« die Menschen immer skeptisch und ironisch und zugleich stets mitfühlend und mit barmherziger Nachsicht gesehen werden. In einer früheren Geschichte John Updikes heißt es, die Liebe sei und bleibe »eines der wenigen Dinge, die noch immer des Nachdenkens wert sind«. Ja, so ist es – und wozu sollte man über die Liebe nachdenken und schreiben, wenn nicht mitfühlend mit den Leidenden?


## Der Sexroman dieser Jahre

*1983*

Wir wissen es längst: Was ein Roman ist, was er darf und was er nicht darf, bestimmt nur der, der ihn schreibt. Um die Theorien und Doktrinen braucht er sich nicht zu kümmern, keine Regel und keine Vorschrift vermag seine Freiheit einzuschränken.

Und doch gibt es zwei Elemente, auf die, so will es mir scheinen, ein Romancier unter keinen Umständen verzichten kann. Denn sie gehören, obwohl wir es nicht eben mit ästhetischen Kategorien zu tun haben, zu den gleichsam konstituierenden Faktoren des epischen Kunstwerks – heute nicht anders als vor hundert Jahren. Das Mitleid meine ich, das es dem Autor ermöglicht, sich seinen Geschöpfen zu nähern, ohne über sie zu richten, und die Ironie, die ihn befähigt, von ihnen Abstand zu gewinnen, ohne sie aus dem Auge zu verlieren.

John Updike, der die wohl schönsten Geschichten verfaßt hat, die man in der angelsächsischen Literatur der sechziger und siebziger Jahre finden kann, und dem wir nun, nach mehreren sehr unterschiedlichen und nicht immer überzeugenden Versuchen, auch einen außerordentlichen Roman verdanken, ist, ähnlich wie unser Joseph Roth, zwar ein unbestechlicher und wahrhaft unerbittlicher Beobachter und doch ein barmherziger Erzähler: Zu sehr leidet er mit seinen Figuren, um über sie je den Stab zu brechen. Und wie diesem Chronisten des amerikanischen Alltags Selbstgerechtigkeit und Überheblichkeit fremd sind, so kennt auch seine Ironie weder Spott noch Hohn. Die Menschen, über die er schreibt, mögen meist etwas lächerlich sein, verdammenswert sind sie nie: Updikes Ironie ist voll Verständnis, Sympathie und Zärtlichkeit. Man kann es auch kürzer sagen – voll Liebe.

Sein Roman stammt aus dem Jahre 1981. Er zeigt »Bessere Verhältnisse« in der Stadt Brewer, die in Pennsylvania liegen soll, doch auch in jedem anderen Bundesstaat liegen könnte und die sogar einem westeuropäischen Leser, selbst wenn er nie jenseits des Ozeans war, keineswegs sonderlich fremd vorkommt.

Eine wahre »Orgie aus Eisen und Backstein« wurde einst in Brewer gefeiert – und sie hat massive Spuren hinterlassen. Aber die vielen Depots stehen leer, die Rangierbahnhöfe sind überflüssig, in den Fabrikbauten befinden sich nur noch Ramschläden, und aus den hohen Schornsteinen steigt seit einem halben Jahrhundert kein Rauch mehr auf. In den wenigen neuen Gebäuden sind die Arbeitslosenvermittlungsstellen und die Rekrutierungsbüros der Armee untergebracht – sowie die Bestattungsunternehmen. Die Parkanlagen im Zentrum haben die Penner, die Halbstarken und die Drogensüchtigen okkupiert. Man schreibt das Jahr 1979. Das Land lebt im Zeichen der Ölkrise, unentwegt ist von der Depression und der Inflation die Rede.

Die Leute merken – so heißt es gleich im ersten Absatz des Romans –, »daß die große amerikanische Autofahrt zu Ende geht«. Dem Mann indes, der hier im Mittelpunkt steht, kann die Wirtschaftsmisere nichts anhaben, im Gegenteil: Gerade ihr verdankt er seinen Wohlstand. Denn Harry Angstrom leitet in Brewer die Filiale einer japanischen Autofabrik, deren Produkte billiger sind als die amerikanischen und auch weniger Benzin verbrauchen und deshalb immer häufiger gekauft werden.

Diesen Harry Angstrom, der Rabbit genannt wird, kennen wir schon aus jenem Roman, der den damals erst 28 Jahre alten Amerikaner Updike sofort weltberühmt gemacht hat: »Hasenherz« (1960), und auch aus seinem späteren, freilich zwiespältigen Buch »Unter dem Astronautenmond« (1972). Eine rührende Wiederbegegnung? Das wäre übertrieben. Sprechen wir lieber von einer gewissen Anhänglichkeit – und wir brauchen uns ihrer nicht zu schämen.

Natürlich ist Harry inzwischen älter und auch vernünftiger geworden. Er fängt an, Fett anzusetzen, seine dramatischen Ehekrisen sind längst überwunden. Doch trotz seines Alters (er ist jetzt 46) »erregt es ihn immer noch, wenn er Frauen an ihrer Unterwäsche herumfingern sieht«. Vor allem aber: Er gehört zu den wohlhabenden, also zu den angesehenen Bürgern seiner Stadt. Der Originaltitel lautet: »Rabbit is rich«.

Allerdings hatte Updike in den vorangegangenen Teilen des Rabbit-Zyklus seinen unheroischen Helden (ähnlich wie viele andere Figuren) leider überfordert: Sie alle durften nicht sein, was sie waren oder zu sein schienen, sondern mußten stets repräsentieren – ihre Gesellschaftsschicht, ihr Land, wenn nicht gar ihre Epoche. Beide Romane lieferten zwar unzählige Beweise hoher schriftstellerischer Virtuosität, indes ließ es sich nicht übersehen, daß hier, zumal im zweiten Band, die großen, die auffallend ehrgeizigen Aufgaben bisweilen etwas gewaltsam gelöst wurden, also in Wirklichkeit ungelöst blieben.

In den »Besseren Verhältnissen« ist Harry endlich geworden, was er bisher nur bedingt war – ein Individuum, an dessen Existenz wir keinen Augenblick zweifeln. Dabei hat Updike ein nicht zu unterschätzendes Wagnis auf sich genommen: Harry und seiner Frau Janice und deren vielen Freunden und Bekannten verweigert er jegliche Originalität. Übertroffen wird das Banale ihrer Charaktere höchstens von der Trivialität ihrer Existenz.

Ihnen allen läßt sich nicht viel nachrühmen und nicht viel vorwerfen. Sie sind und sollen sein: mittelmäßig. Immerhin haben sie alle erreicht, was sie erreichen wollten, sie können sich leisten, was sie für Luxus halten. Sie haben moderne Häuser und gepflegte Gärten und raffiniert ausgestattete Swimming-pools. Sie gehören exklusiven Clubs an, spielen regelmäßig Golf und verbringen ihren Urlaub in der Karibik. Es sind ganz gewöhnliche amerikanische Bürger. Und es geht ihnen gut.

Nein, es geht ihnen nicht gut. Denn sie leben – Updike sagt es nie und zeigt es immer – mit der Angst im Nakken. Sie fürchten die Langeweile und die Impotenz, die Einsamkeit und die Geldentwertung, den Krebs, den Krieg und den Tod. Hektik und Genußsucht sind die unvermeidlichen Folgen ihrer Angst vor der Zukunft.

Aber gibt es etwas, woran diese Bürger von Brewer glauben? Eine Religion ist es jedenfalls nicht und auch keine Ideologie. Die Kunst existiert für sie kaum und die Philosophie überhaupt nicht. Und doch haben sie eine Bibel, die sie nahezu andächtig studieren, deren Empfehlungen und Warnungen sie aufmerksam beachten und ohne die sie sich ihr Dasein gar nicht mehr vorstellen können. Diese Bibel heißt »Consumer Report«. Von ihm lassen sie sich unentwegt belehren – über die Qualität von Sonnenöl, Whisky oder Zahnpasta, über die Vorzüge und Mängel von Dosenöffnern und Fernsehgeräten, von Präservativen und Rasierapparaten, von Kühlschränken und Abführmitteln.

Bisweilen kann man den Eindruck gewinnen, Harry verdanke der regelmäßigen Lektüre dieses »Consumer Reports« ungleich mehr Freude als dem Konsum selber. Seinen Sohn Nelson indes, einen zweiundzwanzigjährigen Studenten, der gerade aus dem College ausgerückt ist, interessiert das eine sowenig wie das andere. Haben wir es mit zwei Gegentypen zu tun? Wird also der tüchtige und erfolgreiche Bürger mit einem jugendlichen Versager und Verlierer konfrontiert? Der Arrivierte mit einem, der auf dem besten Wege ist, ein *Outcast* zu werden?

Eine so simple Antithese kann Updikes Sache nicht sein: Er mißt höher und tiefer. Bei ihm haben Vater und Sohn, deren Konflikt eines der zentralen Motive dieses Romans bildet, mehr miteinander gemein, als sie selber wissen. Beide werden sie, so unterschiedlich ihre Positionen innerhalb der Gesellschaft auch sind, von Minderwertigkeitsgefühlen geplagt, und beide sind sie enttäuscht, beiden macht die Lebensangst zu schaffen.

Nur fürchtet der Vater, es könnte sich alles plötzlich ändern, und der Sohn, es könnte alles bleiben, wie es ist. Dem Vater ist die Trägheit, die Gleichgültigkeit des Sohnes so unbegreiflich wie dem Sohn der Ehrgeiz, die Betriebsamkeit des Vaters. »Warum wirst du nicht endlich erwachsen?« – fragt Harry. Aber wen meint er? Natürlich seinen Sohn, doch vielleicht insgeheim auch sich selber. Jedenfalls glaubt er, Leben sei »genau das, was wir anfangs dachten: Erwachsensein spielen«.

Was immer sie sein mögen, die tüchtigen und fröhlichen Amerikaner, mit deren Alltag sich der Roman unentwegt beschäftigt – reif, erwachsen sind sie wohl kaum. Und es ist das Bild ihrer Sexualität, das solche Zweifel eher bestätigt als zerstreut. Die Epoche »der Versöhnung mit unseren Körpern« hat die Mentalität dieser Menschen geprägt. Die »sexuelle Revolution«? Was man in den sechziger Jahren so nannte, empfinden sie als eine schon abgeschlossene Vergangenheit. Darüber verlieren sie kein Wort mehr, das versteht sich von selbst. Wirklich? Der Schein trügt: Wer so darauf erpicht ist, von der neuen Freiheit womöglich alltäglich und allnächtlich zu profitieren, der hat sich noch nicht an sie gewöhnt.

Einer, der ihn gut kennt, sagt unserem Harry: »Dein Problem ist, alter Freund, daß du ständig nur ans Vögeln denkst.« Von Sex besessen sind sie alle, diese braven Bürger von Brewer in Pennsylvania, aus ihrer Sicht ist die ganze Welt mit Sexualreizen überflutet. Und da sie alle irgendwann schon miteinander geschlafen haben, halten sie die Vereinigten Staaten von Küste zu Küste für »ein einziges Freudenhaus«.

Eine mächtige Obsession kommt hier zutage – und sie wird immer wieder und mit den unterschiedlichsten Mitteln veranschaulicht und beglaubigt. Indes: wessen Obsession? Harry Angstroms und seiner Freunde? Oder des Autors John Updike? Oder vielleicht doch dieser Epoche? Wer dem Roman »Bessere Verhältnisse« etwa vorwerfen wollte, er sexualisiere unsere Welt, sei an das russische Sprichwort erinnert, das Gogol seinem »Revisor« vorangestellt hat: »Zerschlage nicht den Spiegel, der dir deine Fratze zeigt.«

Je häufiger und je deutlicher uns Updike sehen läßt, was sich in den Betten seiner Helden abspielt – und wahrlich, er bleibt uns in dieser Hinsicht nichts schuldig –, desto nachdenklicher und elegischer wird sein Buch. Denn hinter der forschen Jagd nach immer neuen Sexualobjekten verbirgt sich mehr als Neugier und Unruhe, als Leere oder Langeweile. Diese fast schon manische Gier signalisiert die Ratlosigkeit von Menschen, die das Leben nicht mehr begreifen können und es ebendeshalb um jeden Preis genießen wollen. So demonstriert Updike in und mit der Sexualität seiner Gestalten die existentielle Not der Zeitgenossen, die am Wohlstand der Industriestaaten partizipieren.

Nur sollte man sich hüten, aus dem Roman tragische oder apokalyptische Züge herauszulesen. Updike ist kein Untergangsprophet: Er läßt die Kirche im Dorf. Er weiß also sehr wohl, daß die Jahrhunderte, nein, Jahrtausende währende Unterdrückung und Verketzerung des Eros und der natürlichsten Instinkte des Menschen nicht innerhalb von Jahrzehnten überwunden werden kann. Der sichtbar gewordenen Obsession entspricht der nach wie vor (jetzt freilich in umgekehrter Richtung) wirksame Druck der Konvention.

Das soll heißen: Jene, die sich ihrer Libertinage rühmen und die allen Ernstes meinen, sie hätten sich von den gesellschaftlichen Übereinkünften ein für allemal befreit, sind Produkte und Opfer eines Zeitgeistes, der die »Schrankenlosigkeit verordnet«. Wieder sind sie von Konventionen abhängig, denn sie haben nur die einen gegen die anderen ausgetauscht. In dem Milieu, das Updike schildert, betrügt man den Ehepartner vor allem deshalb, weil es so üblich ist und weil man sich im Bekanntenkreis lächerlich macht, wenn man es nicht tut. Während eines gemeinsamen Ausflugs in die Karibik entscheiden sich drei Ehepaare aus Brewer rasch zum Partnertausch, weil sie überzeugt sind, daß bei ihnen zu Hause ohnehin alle glauben, daß sie nur zu diesem Zweck den Urlaub gemeinsam verbringen.

Aber diese epische Auseinandersetzung mit der amerikanischen Gesellschaft von heute kommt weder von oben noch von außen – sie rührt vielmehr von innen her, aus dem Zentrum der dargestellten Welt. Daher ist der beliebte Vergleich Updikes mit Sinclair Lewis – eine literarhistorische Parallele, die er selber offenbar nicht ungern sieht und die er mit dem Motto zu dem neuen Roman abermals herausfordert – allen Analogien zum Trotz doch falsch.

Es geht nicht einmal darum, daß Lewis seine berühmten Romane aus den frühen zwanziger Jahren, also vor allem »Die Hauptstraße« und »Babbitt«, über und für ein Amerika schrieb, das erfolgreich und mit sich selber zufrieden war, während Updike von einem Amerika erzählt, das sein Selbstvertrauen eingebüßt hat und sich damit nicht abfinden kann.

Wichtiger ist ein ganz anderer Aspekt: Den Büchern von Lewis liegt immer eine unmißverständliche, eine bisweilen schon aufdringlich realisierte erzieherische und ideelle Absicht zugrunde. Updike hingegen ist kein Aufklärer und kein Polemiker, über ein Programm verfügt er nicht, seine Epik kennt keine Tendenz. So hat denn auch das Buch »Bessere Verhältnisse« keine sonderlich überraschenden Einsichten zu bieten und keine Enthüllungen, wohl aber eine schon verschwenderische Fülle von Impressionen und Beobachtungen.

Daß Updike ein Meister des Details ist, wissen seine Leser längst. Doch scheint es, als habe seine bewunderungswürdige Detailkunst in diesem Roman ihren bisherigen Höhepunkt erreicht. Unermüdlich fixiert dieser amerikanische Erzähler Nuancen und Winzigkeiten jeglicher Art, ohne uns je zu ermüden. Sein Sensualismus und seine Rationalität halten sich die Waage, die toten Gegenstände sind zugleich Erkennungszeichen, die Details gewinnen wie von selbst den Rang von Chiffren und Signalen: Die Deskription der Welt ist deren Interpretation.

Gewiß, die Suche nach neuen künstlerischen Mitteln hält Updike nicht für seine vordringlichste Aufgabe. Aber es trifft keineswegs zu, dieser Roman hätte – was das Formale betrifft – auch um 1910 geschrieben werden können. Updike ist ein gründlicher Kenner der Prosa des zwanzigsten Jahrhunderts, der freilich deren Errungenschaften ebenso souverän wie vorsichtig verwertet. Die permanente und ganz natürliche Synthese von Beobachtung und Reflexion – das vor allem charakterisiert seine Erzählweise und macht deren Modernität aus. Wo gibt es in dieser Epoche einen Romancier, dessen Sinnlichkeit so durchgeistigt und dessen Intellektualität so sinnlich wäre? Ebendeshalb hat er den Sexroman dieser Jahre zu schreiben vermocht.

Freilich erinnern uns alle literarischen Darstellungen des Sexuellen an die begrenzten Möglichkeiten, wenn nicht an die Ohnmacht des Wortes. Gewiß, nur darf man fragen: Wem ist es je gelungen, für den Duft einer Rose, den Geschmack einer Birne oder das Timbre einer Stimme einen einigermaßen exakten sprachlichen Ausdruck zu finden? Die Benennung sexueller Regungen und Empfindungen ist zumindest genauso schwierig und vielleicht noch wichtiger. Denn nur darauf kommt es an: nicht auf die Beschreibung physiologischer Vorgänge (das schaffen auch mittelmäßige Schriftsteller), sondern auf die Bewußtmachung und die Verdeutlichung ihrer seelischen Begleitumstände und Reaktionen.

Damit ist auch angedeutet, was wir diesem Roman vor allem verdanken. Niemals wird hier die Sexualität verklärt oder dämonisiert. Die mythische und mystische, die romantisierende Sicht Henry Millers muß einem Erzähler wie Updike fremd bleiben und fragwürdig erscheinen. Gleichwohl gerät sein Roman (und das sei mit Nachdruck gesagt) weder in die Nähe eines belletristisierten Kinsey-Reports noch in die Gefahr, den Sex etwa zu entzaubern.

Die hier über Intimstes mit provozierender Sachlichkeit reden – als erörterten sie die Qualität von Reifen oder Kugelschreibern –, sind leidende, aber bisweilen auch vor Glück trunkene Kreaturen. Und man sollte nicht meinen, daß sie, die Frauen ebenso wie die Männer, frei von Scham seien: Sie schämen sich zumindest ihrer Sehnsucht nach dem großen, dem alles andere an den Rand oder ins Abseits verweisenden Gefühl.

Harry, der sich, sobald er eine nicht unattraktive Frau sieht, Gedanken über die Farbe ihrer Schamhaare macht, erinnert sich an eine Freundin, mit der er vor zwanzig Jahren ein Verhältnis hatte: »Er weiß nicht, ob er sie geliebt hat oder nicht, aber mit ihr hatte er Liebe erlebt, dieses wolkige Anschwellen des Ichs, das uns wieder zu kleinen Kindern macht und jeden Augenblick mit einem reinen erregten Sinn krönt...«

Friedrich Schlegel, das Genie der deutschen Kritik, schrieb 1797: »Jeder vollkommene Roman muß obszön sein; er muß auch das Absolute in der Wollust und Sinnlichkeit geben.«[1] Schlegel wies damit, seiner Epoche um weit mehr als ein Jahrhundert vorauseilend, auf eine der zentralen Aufgaben der modernen Literatur hin, eine Aufgabe übrigens, der die zeitgenössischen deutschen Autoren bisher kaum gewachsen waren.

Die »Wollust und Sinnlichkeit« der Menschen unserer Tage zeigt und erforscht der obszöne, der unterhaltsame und scharfsinnige Roman »Bessere Verhältnisse« mit »einem heitern, einem nassen Auge«, mit barmherziger Ironie. So leuchtet John Updike in Bereiche, über die wir immer noch wenig, viel zu wenig wissen und die kein Mediziner und kein Psychologe bewußt machen kann – sondern nur der Schriftsteller, der Dichter.

## Helden, die die Liebe lieben
*1987*

Romanen verdankt er seine größten Erfolge, Romane haben ihn weltberühmt gemacht. Aber anders als jene Erzähler, die von Literatur kaum mehr verstehen als Vögel von Ornithologie, ist John Updike ein Kenner, der über die Bücher seiner Kollegen von gestern und heute, übrigens auch der deutschen, sachkundig und geistreich zu schreiben vermag. Mehr noch: Er weiß über ein Werk Bescheid, von dem sich beinahe jeder Schriftsteller ein unzutreffendes Bild macht – über das eigene.

Obwohl ich den dritten Teil seiner Rabbit-Trilogie (»Bessere Verhältnisse«, 1981, deutsch 1983) bewundere und ziemlich sicher bin, daß es der bedeutendste amerikanische Roman der achtziger Jahre ist, stimme ich doch Updike zu, der meint, »sein Bestes im Sprint über zehn Seiten gegeben zu haben«. Ja, wie Hemingway, der oft nachgeahmt und nie übertroffen wurde, wie Heinrich Böll, den wir nicht vergessen, und wie Siegfried Lenz, den wir nicht unterschätzen sollten, bewährt sich auch Updike am stärksten in kleinen epischen Formen.

Von seinen Geschichten waren den deutschen Lesern bisher die frühen zugänglich – in dem Buch »Glücklicher war ich nie« (1966 im S. Fischer Verlag) und in einem anmaßend und irreführend betitelten Band »Gesammelte Erzählungen« (1971 bei Rowohlt) – sowie von den späteren nur wenige, die in dem wunderbaren Buch »Der weite Weg zu zweit« (1982 bei Rowohlt) zu finden sind und einige in dem Band »Henry Bech«, der bei uns nur als Taschenbuch erschienen ist (1984) und deshalb von der Kritik kaum wahrgenommen wurde. So konnte man den Eindruck gewinnen, daß Updike in den siebziger Jahren von der kleinen Form nicht mehr viel wissen wollte. Die Wahrheit ist, daß nicht er diese Form, sondern daß sein deutscher Verlag ihn vernachlässigt hat. Denn die von Updike selber unter dem Titel »Der verwaiste Swimmingpool« zusammengestellte Auswahl aus seinen Bänden »Museums and women« (1972) und »Problems« (1979) erreicht uns erst 1987. Da der Rowohlt Verlag es sich alljährlich leistet, viele gänzlich überflüssige Bücher auf den Markt zu bringen, ist diese Verspätung, um es gelinde zu sagen, ebenso verwunderlich wie bedauerlich.

Das Tempo eines Geleitzuges wird stets vom schwächsten, vom langsamsten Schiff bestimmt. Bei Sammlungen von Gedichten oder Geschichten, die alle vom selben Autor stammen, ist es umgekehrt: Über den Wert des Buches entscheidet die Qualität der besten darin vereinten Stücke. So gesehen, gebührt dem »Verwaisten Swimmingpool« das höchste Lob. Daß sich hier auch nicht ganz überzeugende oder gar mißratene Arbeiten finden, hat einen einfachen Grund: Updike gehört zu jenen Künstlern, die wissen, was sie wollen, die aber nicht nur wollen, was sie schon können.

Gewiß ist er vielen Figuren und Motiven, Schauplätzen und Konstellationen, die wir längst aus seinen vorangegangenen Erzählungsbänden kennen, treu geblieben. Doch was im ersten Augenblick als Wiederholung anmuten mag, ist in Wahrheit die Fortsetzung des Altvertrauten in einer späteren Lebensphase und auf höherer Ebene. Balzac war wohl der erste, der erkannt hat, daß er zwar unentwegt neue Bücher schreibe, daß sie aber alle zusammen eine einzige Geschichte bilden; er erhob diese Einsicht zum Programm. Das gleiche gilt für Thomas Bernhard – und eben auch für den sonst mit dem monomanischen Österreicher nicht vergleichbaren John Updike. Beide arbeiten sie seit vielen Jahren an einer *Comédie Humaine*.

Während aber Bernhard ein Poet der Krankheit, der Auflösung und des Untergangs ist, hat sein Generationsgenosse Updike die Kühnheit, das Gewöhnliche und Alltägliche, das Triviale zu besingen. Von der Vergänglichkeit erzählen sie beide, freilich mit unterschiedlichen Vorzeichen: die Prosa des einen hat wenn nicht der Tod, so doch der Haß gegen das Leben geprägt, die des anderen das Leben selbst. So sind die Bücher Thomas Bernhards Bruchstücke der Litanei eines Besessenen, wohingegen Updikes Diktion einem urbanen Parlando gleicht: Die unheimliche Kraft des einen rührt vom Obsessiven und vom Insistierenden, dem anderen ist alles Übersteigerte fremd, er erzielt seine stärksten Wirkungen mit Hilfe jener Ausdrucksform, für die wir im Deutschen kein Wort haben – mit Hilfe des Understatements.

Wovon erzählt Updike in den Geschichten des Bandes »Der verwaiste Swimmingpool«? Vom Eheleben, also von Ehekrisen und Scheidungen. Von Liebesverhältnissen, also von Komplikationen. Von Kindern, also von Freude und Kummer mit Kindern. Von Familienvätern, die von der Unabhängigkeit der Junggesellen träumen, und von Junggesellen, die sich nach dem Familienleben sehnen. Ob mehr oder weniger ehrgeizig, ob erfolglos oder vom Erfolg verwöhnt, ob beinahe arm oder fast wohlhabend – ein bißchen unzufrieden sind sie immer. Sie alle bedürfen der Liebe; aber selbst wenn sie sich gerade verliebt haben und auch noch geliebt werden – ganz glücklich scheinen sie nicht zu sein.

Warum? Diese amerikanischen Intellektuellen und Pseudointellektuellen, diese Bürger und Kleinbürger, sie stehen mit beiden Beinen auf der Erde, sie arbeiten in Werbeagenturen oder in Versicherungsgesellschaften, sie sind Journalisten oder Bibliothekare, Fachleute für Autos oder für Computer. Es geht ihnen doch, alles in allem, recht gut. Freilich sind diese Updike-Helden mittlerweile nicht nur älter geworden, sondern auch reifer. Aber was heißt das schon? In einer der schönsten dieser Geschichten (»Als alle schwanger waren«) fragt der Ich-Erzähler, was das vielzitierte Shakespeare-Wort »Reif sein ist alles« bedeuten solle – ob hier mit Reife das gemeint sei, was übrigbleibt, oder das, worauf es ankommt. Die erste Antwort wäre skeptisch, um nicht zu sagen: pessimistisch, die zweite zuversichtlich, um nicht zu sagen: optimistisch. Reife, so verstehe ich Updike, ist eine höchst zwiespältige Gabe.

Zwiespältig und widersprüchlich ist auch das Verhältnis seiner Figuren zum Dasein. Am Ende der Geschichte »Als alle schwanger waren« heißt es knapp: »Ich bin immer noch ängstlich. Immer noch dankbar.« So sind sie alle, diese tüchtigen Männer und Frauen, die meist robust und selbstbewußt auftreten und sich als empfindlich und verletzbar erweisen: Sie haben Angst vor dem Leben und sind dem Leben dankbar. Sie leiden und genießen. Melancholiker sind sie nicht, und doch müssen sie sich bisweilen gegen Anwandlungen der Schwermut wehren. Sie benötigen dringend Betäubungsmittel – und letztlich gibt es nur ein einziges, auf das sie sich einigermaßen verlassen können. Von der Lebensangst bedrängt, suchen sie Schutz bei der Liebe. Man könnte sagen, sie lieben die Liebe.

Aber es ist nicht ihre Art, über Gefühle zu reden – es sei denn auf indirekte Weise. Einer der Ich-Erzähler erinnert sich, wie es einst mit einer Studentin der Kunstgeschichte begann. Sie hatte eine Eigenschaft, die manche Männer sehr schätzen: Sie konnte gut zuhören und lange schweigen. Einmal, »nachdem sie einen ganzen Abend lang nebeneinander gelegen hatten«, sagte sie ihm ganz ruhig: »Weißt du, noch liebe ich dich nicht.« Wollte sie ihn provozieren? Mißfiel ihr vielleicht das große, das oft mißbrauchte Verbum? Oder sollte das kleine Wort »noch« gerade das signalisieren, wovor das Mädchen sich scheute und das es zu umgehen versuchte – nämlich die Liebeserklärung?

Besonders gern erzählt Updike vom scheinbar Nebensächlichen, vom banalen Alltag. Er möchte ihm auf die Spur kommen, er versucht aufzudecken, was sich hinter diesen Banalitäten verbirgt. Und was kommt zum Vorschein? Gabriele Wohmann, die schon mehrfach nachdenklich und liebevoll über Updikes Bücher geschrieben hat, behauptet in einer Rezension des Bandes »Der verwaiste Swimmingpool«: »Triviale Mißhelligkeiten kränken den mit dem Hoffen auf das Transzendentale konkurrierenden Existenzentwurf.« O Freundin, nicht diese Töne! Man sollte sich hüten, Updikes Bilder und Episoden aus der amerikanischen Provinz mit philosophischen Interpretationen zu befrachten. Von dem »Hoffen auf das Transzendentale« spüre ich hier kaum einen Hauch und von dem »Existenzentwurf«, ob nun mit irgend etwas konkurrierend oder nicht, noch weniger.

Das Gegenteil trifft zu: Updike zeigt das Leben von Menschen, die keinen »Existenzentwurf« haben und sich einen solchen wohl auch nicht vorstellen können. Nicht das Übersinnliche irritiert den Autor dieser Geschichten, sondern das Sinnliche, nicht auf Philosophisches zielt er ab, sondern auf Psychologisches.

Trotzdem gibt es in dieser Prosa keine psychologischen Porträts. So wichtig hier die Personen und die Dialoge auch sind: Das Entscheidende findet sich gleichsam in den Zwischenräumen, nicht in den Charakteristiken der Figuren, vielmehr in den zwischen ihnen bestehenden Beziehungen, nicht in dem, was sie mitzuteilen haben, vielmehr in den Spannungen zwischen diesen Aussagen.

In der Geschichte »Ich lasse dich nicht, du segnest mich denn« veranstalten die Bridesons, die die Stadt verlassen, eine Abschiedsparty. Unter den Gästen ist auch Maggie, die der Hausherr nicht ohne Herzklopfen begrüßt und der es offensichtlich auch nicht leichtfällt, Gleichgültigkeit zur Schau zu tragen. Einige Jahre zuvor haben die beiden ein Verhältnis gehabt. Jetzt ist sie gerade stark erkältet. Und doch wollte Maggie nicht absagen, seinetwegen. Sie tanzen miteinander, wohl zum letzten Mal. Von der Vergangenheit möchten sie nicht sprechen, aber ihre Erinnerungen lassen ihnen keine Ruhe. Sie sagt ihm, was er ihr einst bedeutet habe. Indes sei davon nichts, gar nichts geblieben – beteuert sie mit Nachdruck. Es ist klar: Sie lügt.

Als alle Gäste gegangen sind, fragt Lou, seine Ehefrau, ob Maggie ihn zum Abschied geküßt habe. Nein, sagt er der Wahrheit gemäß, sie habe sich eher abweisend verhalten. Das habe er, deutet Lou an, doch nicht anders verdient – und fügt hinzu: »*Mich* hat sie geküßt.« Gabriele Wohmann hält diesen Kuß für die »späte Miniaturrache« der Exgeliebten. Mir aber will es scheinen, daß er etwas ganz anderes ausdrücken soll: den Dank, den Maggie der Frau jenes Mannes schuldet, mit dem sie einst glücklich war.

Es sind die schlechtesten Geschichten nicht, die man auf derart unterschiedliche Weise verstehen kann. Und Updike läßt sich auf derart unterschiedliche Weise lesen, weil er das berühmte (und ihm vielleicht unbekannte) Goethe-Motto beherzigt, das dem Künstler empfiehlt, zu bilden und nicht zu reden. Updike ist ein Erzähler, der darstellt, indem er feststellt, der deutet, indem er verdeutlicht. Er will nicht mit den Menschen rechten, er möchte ihnen vielmehr gerecht werden. Ein Beispiel hierfür bietet die Geschichte »Familienleben in Amerika«.

Ein Mann kommt in das Haus, in dem er viele Jahre mit der Frau gelebt hat, von der er sich nun, einer anderen wegen, scheiden läßt. »Als die Kinder gegangen waren und der Chartreuse getrunken, bat er: Ich muß gehen. Bitte. Wer hindert dich daran? fragte Jean. Sie nicht, bemerkte er überrascht. Das Hindernis war in ihm selbst. Ich lasse dich nur ungern allein in dem leeren Haus. Sie zuckte die Achseln. Ich bin daran gewöhnt. Kenny wird auch irgendwann zurück sein. Das erinnerte sie an etwas: Wie willst du denn ohne Auto dort hinkommen? Zu Fuß, sagte er und erhob sich.... Ich begleite dich ein Stück die Straße hoch, sagte Jean. Schnee küßte ihre Gesichter in der Dunkelheit. Die Hunde kamen mit, liefen in Kreisen um sie herum. Da die Straße glatt war, nahm sie seinen Arm.«

In einer anderen Geschichte (ihr Titel lautet »Museums and Women«, also »Museen und Frauen«, aber die Übersetzer machen daraus »Museen und Musen«, ein vollkommen überflüssiges und Updikes Intention entstellendes Wortspiel) – in dieser Geschichte also gehen ein Mann und eine Frau jene spiralförmige Schräge abwärts, die Frank Lloyd Wright für das New Yorker Guggenheim-Museum ersonnen hat. Die Frau stolpert und greift nach dem Arm ihres Begleiters – und läßt ihn nicht mehr los, bis sie unten angekommen sind: »Unsere Körper trennten sich und berührten sich nicht wieder. Doch der Bann war nur unzulänglich gebrochen, wie die Tür zu einer Grabkammer, die, einmal entsiegelt, nie wieder richtig geschlossen werden kann...«

Wie alle Epiker ist auch Updike auf der Suche nach der verlorenen Zeit, immer wieder macht er die Vergänglichkeit am Beispiel der Liebe bewußt – aber eben nicht nur der Liebe. Wer die eine Seite gelesen hat, auf der er die Beerdigung eines alten Hundes beschreibt, wird sie nicht mehr vergessen. Die perfekteste, wenn auch nicht die wichtigste Geschichte des Buches (»Transaktion«) schildert den Sexualakt mit einer Prostituierten. An derartigem ist in der Weltliteratur dieser Epoche kein Mangel. Aber wo hat es je eine so genaue, so unerbittliche und zugleich so barmherzige Beschreibung gegeben?

Die Personen, die Updike in seiner menschlichen Komödie auftreten läßt, leben in einer anderen Welt als wir, der Alltag in Nevada oder New England spielt sich anders ab als in Bayern oder Schleswig-Holstein. Warum können wir uns dennoch in ihnen ohne Mühe wiedererkennen? Unter anderem wohl deshalb, weil er, wie gute Erzähler eh und je, im Geringfügigen die Spirale des Zentralen, des Wesentlichen bewußtzumachen vermag.

Bleibt nur zu hoffen, daß die deutschen Leser bald die Möglichkeit haben werden, sich von der Qualität der Geschichten John Updikes zu überzeugen. Denn das können sie vorerst noch nicht. Warum?

So geht das nicht weiter. Die vorzüglichsten angelsächsischen Schriftsteller unserer Zeit erscheinen bei uns in skandalösen Fassungen: Man könnte glauben, manchen Verlagen sei geradezu daran gelegen, die Übersetzungen Analphabeten anzuvertrauen, die kaum des Englischen und noch weniger des Deutschen mächtig sind.

Das Werk Graham Greenes wird in deutscher Sprache vom Paul Zsolnay Verlag in Wien betreut. Betreut? Sagen wir lieber: verhunzt. Mittlerweile hat man dort nicht weniger als vierzig Bände dieses Autors publiziert: Romane, Erzählungen, Essays, Autobiographien, Reiseberichte, Kinderbücher, Gespräche – und beinahe alles in kümmerlichen, ja erbärmlichen Übertragungen. 1967 habe ich – aus Anlaß des Erzählungsbandes »Leihen Sie uns Ihren Mann?« – darauf hingewiesen und mein Urteil mit zehn Beispielen belegt.[1] Was hat das genützt? Nichts. Die zum Himmel schreienden Fehler wurden weder in der Taschenbuch-Ausgabe dieses Bandes noch in den gesammelten »Erzählungen« (1977) Graham Greenes korrigiert.

Höchst ärgerlich sind auch die Übersetzungen beinahe aller Bücher Saul Bellows. Hierüber habe ich aus Anlaß seines Romans »Der Dezember des Dekans« in der »Frankfurter Allgemeinen Zeitung« vom 4. Dezember 1982 ausführlich geschrieben und dabei seitenlang haarsträubende Fehler zitiert. Kein Zweifel, daß der Mann, der die meisten Bücher Bellows übersetzt hat, seiner Aufgabe nicht gewachsen ist. Und was ist geschehen? Nichts natürlich. Nur wundert man sich im Verlag Kiepenheuer & Witsch, daß die deutschen Leser wenig Lust zeigen, die Bücher des amerikanischen Nobelpreisträgers zu kaufen.

Jetzt haben wir die nächste Katastrophe und eine gänzlich unerwartete. Denn John Updike, ein glänzender Stilist, wurde bisher gut, teilweise sogar hervorragend übersetzt. Sein Erzählungsband »Der verwaiste Swimmingpool« enthält 25 Geschichten. Je eine von ihnen haben Hans Wollschläger und Dieter E. Zimmer (einwandfrei) übersetzt, die verbliebenen dreiundzwanzig wurden von Uwe Friesel und Monica Michieli ins Deutsche gebracht, nein, nicht ins Deutsche, sondern in ein Kauderwelsch sondergleichen.

Updike schreibt: »It seemed a simple matter of position; I was never in a position to declare ... my lose.« Das lautet deutsch: »Es schien einfach eine Frage der Position zu sein; nie fand ich mich in der Position, meine Liebe zu erklären.« Am liebsten übersetzen die beiden wörtlich. »In this museum I was more the guide« heißt prompt »In diesem Museum war ich mehr der Führer.« Auf derselben Seite lesen wir: »Daß ich wußte, wie sie im Schlaf aussah, verlieh ihrem aufmerksamen Wachsein eine zärtliche Schläfrigkeit.« Ferner: Linda »verließ ihn in die Arme eines Mannes.« Und jeder Leser hat allmählich Lust, dieses Buch zu verlassen in die Seiten eines anderen. In derselben Geschichte: »Sie noch einmal gepackt zu haben, zu spüren, wie sie mit ihm rang, war einfach lustig.« Und: »Wenn er diesen quälenden Fluchtungsfehler korrigieren könnte, vielleicht, indem er ihre fiebrige Hand näher an seine Schultern brachte, wäre das Zusammenpassen wieder perfekt, nach einer Kluft von Jahren.«

Genügt das? Nein, es genügt nicht, denn wir werden zu hören bekommen, den Übersetzern seien eben einige Fehler unterlaufen, und das sei so schlimm noch nicht. Also müssen wir weiter zitieren. »Dann, nach Jimmys Geburt, war es halb unser Versuch, ihm einen Bruder zu geben, damit er zwischen all den Schwestern nicht schwul würde, halb fehlte uns beiden, wie neugeborene Babys sind.« Etwas weiter: »So viele Kinder zu haben funktioniert in der Stadt.« Aus derselben Geschichte: »... wohingegen irgendwo eine magere Schnitte, die mir völlig unbekannt ist, in den Zeitschriften wie meine ganz persönliche Version des Eros rüberkommt.«

Reicht das nun? Nein, man wird uns antworten, eine nicht ganz geglückte Übersetzung sei noch kein Grund zur Aufregung. Also weiter: »Doch dann, bei der Beerdigung, trat dieses vergossene Leben wieder in den Tränen der Fremden ans Licht...« Und: »Ich habe einen ganzen Sommer gebraucht, um mich das zu trauen.« Ferner: »Das Haus in seiner ganzen Ausdehnung pflegte ihn, sich setzend, gluckend in seiner Stille, kunstvoll gearbeitete Fassung für das Juwel seiner Gesundheit.« Diese Übersetzer wissen nicht einmal, was das englische Wort »blanket« bedeutet, nämlich »Decke« oder, meinetwegen, »Bettdecke«. Sie glauben, ein neues Wort erfinden zu müssen: »Zudecke«. Das dürfte endgültig genügen. Zu fragen bleibt: Wenn so der zur Zeit prominenteste Autor des Rowohlt Verlages behandelt wird – was taugen dann die Übersetzungen weniger berühmter Schriftsteller?

## Sag mir, wo die Blumen sind
*1992*

Diesen Roman, »Rabbit in Ruhe« von John Updike, habe ich unlängst im »Literarischen Quartett« ausgiebig gelobt. Ich bedauere es nicht, ich nehme kein Wort zurück. Aber was wir Kritiker über ein Buch sagen, läuft, handelt es sich um einen ernsten Gegenstand, so gut wie immer auf eine Vereinfachung, auf eine Reduktion dessen hinaus, was der Autor geleistet hat. Das liegt in der Natur der Sache. Und reden wir über ein Buch im Fernsehen, dann müssen wir erst recht vereinfachen und noch mehr reduzieren. Es ist unvermeidbar.

Updike verdient es, daß man ihn immer wieder rühmt, zumal in Deutschland, wo es solch leichte und dennoch gewichtige Erzähler leider nur selten gibt – man könnte zum Vergleich Hans Fallada heranziehen. Auch dieser Roman verdient hohe Anerkennung. Gleichwohl hinterläßt er einen zwiespältigen Eindruck, um nicht gleich von Enttäuschung zu sprechen. Doch lohnt es sich, über das Mißgeschick nachzudenken, das Updike widerfahren ist.

»Alle glücklichen Familien ähneln einander, jede unglückliche aber ist auf ihre eigene Art unglücklich.« Dieser oft zitierte Satz, mit dem Tolstoi seine »Anna Karenina« einleitet, ist sehr schön. Nur stimmt er nicht. Denn auch das Unglück zahlloser Ehen und Familien ähnelt sich in so hohem Maße, daß jeder, der es darzustellen weiß, mit dem Verständnis und dem Interesse eines großen Publikums rechnen kann. Ganz Europa erkannte sich im Unglück der Karenins und der Bovarys, ganz Deutschland im Unglück der Effi Innstetten, geborene Briest, oder in der Geschichte der Treibels. Diese Romane waren und sind Identifikationsangebote – und jene von John Updike ebenfalls.

Die amerikanischen Leser haben sofort begriffen oder zumindest gespürt, daß die Erlebnisse, die Sorgen und die Aufschwünge der Familie Angstrom, zumal ihres Oberhaupts Harry Angstrom, genannt Rabbit, ihre eigenen Erlebnisse sind, daß die kleine Stadt Brewer nicht nur im Bundesstaat Pennsylvania zu finden ist, sondern überall in ihrem Land. Die Banalität der Figuren Updikes und die Trivialität ihrer kleinbürgerlich-provinziellen Existenz haben seine Erfolge (auch in Europa) nicht gemindert, vielmehr ermöglicht – die Erfolge also der Romane »Hasenherz« (1960), »Unter dem Astronautenmond« (1972) und »Bessere Verhältnisse« (1983).

Im letzten Absatz des dritten Bandes betrachtet Harry liebevoll ein neugeborenes Baby. Es ist »eine Enkeltochter. Seine.« Ein »Unterpfand des Glücks«? Gewiß doch, aber auch »noch ein Nagel zum Sarg. Seinem.« Das nenn ich mir einen Schlußakkord, und er bezieht sich offensichtlich nicht nur auf die »Besseren Verhältnisse«, er beendet zusammen mit diesem Roman den ganzen Zyklus. Eine Trilogie sollte es sein und nicht mehr. Über den lebenslustigen und genußfreudigen Harry Angstrom, der seine Pubertät nie ganz überwinden kann, war schon alles gesagt – glaubten wir, die Leser und Bewunderer John Updikes. Jetzt hat er uns also überrascht – mit einem vierten Band. Und da dachte ich im stillen an den vorlauten Bauernknaben in »Wallensteins Lager«: »Vater, es wird nicht gut ablaufen.«

Als Richard Strauss im vorgerückten Alter noch einen internationalen Triumph erzwingen wollte, bat er Hofmannsthal um das Libretto für eine unbedingt walzerselige und womöglich an seine berühmteste Oper erinnernde Wiener Komödie. Aber daraus wurde nun doch nicht das, was Strauss vorschwebte, nämlich noch ein »Rosenkavalier«, wenn auch immerhin die »Arabella«.

Auf der Suche nach dem Ausweg aus einer Krise verfiel der alte Thomas Mann auf die Idee, eine vor mehreren Jahrzehnten geschriebene Geschichte fortzusetzen. Ein gutes Gefühl hatte er bei diesen »Bekenntnissen des Hochstaplers Felix Krull« doch nicht, vielleicht deshalb, weil er spürte, daß es nicht ratsam sei, nach dem Zweiten Weltkrieg dort wieder anzusetzen, wo man vor dem Ersten Weltkrieg die Arbeit abgebrochen hatte.

Als der Erzähler Günter Grass in den achtziger Jahren nicht aus noch ein wußte, holte er sich in seiner Not aus der ein Vierteljahrhundert früher entstandenen »Blechtrommel« den kleinen Oskar Matzerath. Er verwandelte diese Märchengestalt in einen nüchternen Geschäftsmann und machte damit seine Figur kaputt. Die Katastrophe trägt den Titel »Die Rättin«.

Kurz und gut: Wenn Schriftsteller oder auch Komponisten fürchten, ihre beste Zeit sei vorbei, behelfen sie sich gern mit dem Rückgriff auf Stoffe, Motive und Gestalten, die ihnen einst Glück und Glanz gebracht haben. Gilt das auch für John Updike? Ja und nein. In dem neuen Roman gibt es keinen handwerklichen Mißgriff, keine künstlerische Unredlichkeit. Wir können sogar die Behauptung riskieren, besser habe Updike nie erzählt – freilich nur der Romancier, denn der Kurzgeschichtenautor gleichen Namens steht auf einer viel höheren Ebene. Auf den ersten Blick läßt sich also nichts argwöhnen, seine kreativen Kräfte seien schon – er ist erst sechzig Jahre alt – im Schwinden begriffen. Woher nun aber das Unbehagen, das sich während der Lektüre bemerkbar macht? Hätten wir es gar mit einem virtuosen Fiasko zu tun?

Der geschäftstüchtige Autohändler Harry Angstrom hat jahrzehntelang hart gearbeitet, um sich leisten zu können, was er für das Schönste auf Erden hält – Sex und Luxus. Jetzt ist er fünfundfünfzig Jahre alt und im Ruhestand, müde, aber weder resigniert noch abgestumpft, todkrank, aber nicht gewillt, sich damit abzufinden oder dies wenigstens einzusehen. Er verbringt die Wintermonate in seinem Appartement in Florida, meist allein. Und so hat er Zeit genug, um über die verflossenen Jahrzehnte nachzudenken. Sein schlichtes Fazit: Wenn jemand von ihm verlangte, er solle Teile seines Lebens wieder hergeben, dann wäre das Allerletzte, auf das er verzichten könnte, der Sex.

Sehnsüchtig kehren seine Gedanken zu jener kurzen Zeitspanne zurück, als den Menschen die Sexualität so leichtgemacht wurde wie noch nie – als es schon die Pille gab und man Aids noch nicht zu befürchten brauchte. Von den vielen Nachmittagen, die er einst in den Betten seiner Freundinnen verbrachte, sei – glaubt er – keiner dahin, nein, alle seien sie in seinem Gedächtnis aufgehoben. Das trifft nun nicht zu, aber je mehr er der Vergangenheit nachtrauert, desto deutlicher wird die Vergänglichkeit zum zentralen Motiv dieses Romans oder doch seiner besten Kapitel. *Owê war sint verswunden alliu mîniu jâr!* Ja, wohin sind sie entschwunden, alle seine Jahre? Das möchte Herr Harry Angstrom wissen, auch wenn er noch nie von Herrn Walther von der Vogelweid' gehört hat. Moderner ausgedrückt: »Sag mir, wo die Blumen sind, wo sind sie geblieben?«

Das sei doch, belehrte mich unlängst ein Kollege, ein Standardmotiv der Weltliteratur, ein alter Hut. Sehr richtig, aber solange wir den Tod nicht abgeschafft haben, wird dieser uralte Hut nicht aus der Mode kommen. Die Vergänglichkeit – das ist das Thema, das »Rabbit in Ruhe« von den vorangegangenen Bänden des Zyklus unterscheidet. Und sonst? Was uns Updike hier erzählt, haben wir schon von ihm gehört, das kennen wir längst, zumal aus den »Besseren Verhältnissen«.

Wieder ist die ganze Welt mit sexuellen Reizen überflutet. Harry kann die kleinen Strumpfhalter, die die Mädchen in seiner Jugend trugen, nicht vergessen. Die Erinnerung an die mehr oder weniger dichten, rötlichbraunen oder schwarzbraunen Schamhaare seiner Partnerinnen will nicht verblassen, und immer noch irritiert ihn ein unter einem Bademantel sichtbar werdender »pechschwarzer« Bikinislip. Schon hatte ich den Eindruck, daß für Harry Frauen nur dann begehrenswert sind, wenn sie sich in schwarzer Wäsche sehen lassen, da belehrte mich Updike doch eines anderen: Gelegentlich verdankt sein Held auch dem Anblick einer Dame in einem weißen Badeanzug mit hohen Beinausschnitten beglückende Anregungen. So bemüht sich der Autor des Rabbit-Zyklus, mit der Zeit Schritt zu halten.

Wohlgemerkt: Was immer Sexuelles betrifft, ist scharf beobachtet und genau formuliert, und wann immer Updike das Elend des Familienlebens zeigt und Misere des Ehealltags, ist er in seinem Element. Die Angstroms haben viel Kummer miteinander, Dramatisches spielt sich ab. Harrys Sohn, zweiunddreißig Jahre alt, ist auf Sex nicht versessen, hingegen drogenabhängig. Er vernachlässigt das väterliche Geschäft und seine »langgliedrige« Frau. Diese wiederum steigt in das Bett des Schwiegervaters und beichtet es prompt ihrem Mann und ihrer Schwiegermutter, was, wie man sich denken kann, die Gemütlichkeit in der Familie stark beeinträchtigt. Da aber Harry ein großer Angeber ist, möchte er die beteiligten Personen informieren, daß er der Schwiegertochter immerhin zu zwei Orgasmen verholfen habe. Die deftigen Dialoge und die knappen Genrebilder, diese bündigen, meist vielsagenden Beschreibungen oder auch nur Erwähnungen von Kleidungsstücken und Gegenständen, von Fahrzeugen und Lokalitäten – das stammt alles aus der Feder eines großen Könners.

Ja, er trifft den Nagel auf den Kopf. Aber ob uns hier nicht zuviel des Guten geboten wird? Da gibt es Abschnitte und sogar ganze Episoden, die zwar hervorragend sind, deren Notwendigkeit aber nicht recht einleuchtet: Früher, als Updike strenger mit sich umging, hätte er solche Passagen, die auf Wiederholungen hinauslaufen, unbarmherzig gestrichen. Jetzt läßt er sie stehen, vielleicht weil es ihn freut, daß ihm nach wie vor solche Seiten glücken. Und wer wollte ihm das verargen? Aber das hat zur Folge, daß dieser Band leider und ohne ersichtlichen Grund zum umfangreichsten des ganzen Zyklus wurde.

Ein passionierter Tabubrecher ist Updike ebenfalls geblieben. Da hat er es aber nicht leicht, denn die einst von ihm bekämpften Sexualtabus existieren längst nicht mehr. Und so richtet sich seine erzählerische Energie auf Phänomene, die nicht eben von allerhöchster Bedeutung sind. Um es kurz zu machen: Kein menschlicher Laut, kein menschlicher Geruch wird uns erspart. Ich weiß schon: Auch die Folgen der Verdauung gehören zu unserem Dasein. Nur kann ich mich des Verdachts nicht erwehren, daß Updike sich hier vor allem von einem etwas infantilen Trotz leiten läßt, einem Trotz, der demjenigen seiner Hauptfigur nicht unähnlich sein mag.

Beiden, dem empfindsamen und hochintelligenten John Updike und dem plumpen und primitiven Harry Angstrom, fällt es schwer, ganz erwachsen zu werden. Es ist nicht ausgeschlossen, daß die Treue, die der Romancier ihm auch nach dem Abschluß der Trilogie gehalten hat, insgeheim mit der geradezu verblüffenden Verwandtschaft zwischen den beiden zusammenhängt. Mit der Zeit, so will es scheinen, hat sich Updike in seine berühmteste Gestalt beinahe so verliebt wie einst der Bildhauer Pygmalion in die von ihm geschaffene schöne Galatea – und hier liegt der Hase im Pfeffer.

Denn der in den fünfziger Jahren konzipierte Harry Angstrom ist mittlerweile eine historische, eine schon anachronistische Figur. Ein Roman, der sie in den Mittelpunkt stellt und vieles aus ihrer Perspektive sieht, kann der amerikanischen Welt unserer Tage schwerlich gewachsen sein, ja, er muß sie mehr oder weniger deutlich verfehlen. So möchte Updike zeigen, wie sich die aktuellen politischen Vorgänge, die zeitgeschichtlichen Ereignisse im Alltag der Kleinbürger spiegeln. Daher muß sein Held häufiger als früher Nachrichten im Rundfunk und in den Zeitungen zur Kenntnis nehmen und sogar ein wenig kommentieren.

Nein, dieser einfältige Harry Angstrom genügt nicht mehr unseren Ansprüchen und auch nicht jenen John Updikes. Und es macht die Sache natürlich nicht besser, daß er ihm Impressionen, Äußerungen und Reflexionen zuschreibt, die dem so mittelmäßigen Autohändler aus der Provinz nun doch nicht zuzutrauen sind. Ist es denn denkbar, daß Harry sich nach seiner Militärzeit zurücksehnt, weil er damals keinerlei Entscheidungen treffen mußte? Es ist doch gerade umgekehrt: Als er selbständig entscheiden konnte, hat er sich gesichert, wovon er träumte – den Wohlstand. Man kann sich auch kaum vorstellen, daß Harry zu dem Ergebnis kommt, ohne den kalten Krieg habe es keinen Sinn, ein Amerikaner zu sein. Und wenn er sagt, durch den Gedanken an den Tod würden die Dinge »so dünn, so fadenscheinig, daß man durch sie hindurchsieht«, und wenn er gar behauptet, seit er gesundheitliche Schwierigkeiten habe, sei ihm, als habe er sein ganzes Leben »in einem Zustand der Benommenheit verbracht« – da glauben wir ihm kein Wort, da hören wir die Stimme Updikes. Aber vielleicht hören wir sie in diesem vierten Rabbit-Roman eher zu selten? Wie man es auch nimmt: Mit dem dümmlichen Harry Angstrom kann die Rechnung nicht mehr aufgehen.

Nur sollten wir uns hüten, die Tatsache aus den Augen zu verlieren, daß wir um einen welthaltigen Roman bereichert wurden, der – allen Bedenken und Einwänden zum Trotz – in diesem armen Jahren nicht so leicht seinesgleichen hat, zumal in Deutschland.

# Jerzy Kosinski

Obszön, brutal, poetisch

*1970*

Ein unheimlicher Poet oder nur ein vorzüglicher Kunstgewerbler? Ein Getriebener und Besessener oder vielleicht einer, der einen Getriebenen und Besessenen geschickt und erfolgreich mimt? Ein außergewöhnliches Talent der amerikanischen Literatur im zwanzigsten Jahrhundert oder etwa ein raffinierter und hochbegabter Scharlatan?

Halt: Was soll diese Polarisierung? Kommen hier nur die diametral entgegengesetzten Möglichkeiten in Frage? Ja, in der Tat meine ich das. Wer nämlich wie dieser Autor aufs Ganze geht, wer offensichtlich und vielleicht sogar um jeden Preis brüskieren und schockieren will, wer das, was er zu sagen und zu zeigen hat, immer wieder und ohne Pardon auf die Spitze treibt, wer mit beängstigender Konsequenz und geradezu wollüstig die Grenzbereiche des menschlichen Daseins sucht, das Monströse zumal und das Animalische, der setzt alles auf eine Karte: Sein Buch gehört zu jenen extremen Herausforderungen, die eine extreme Antwort erzwingen und somit auch verdienen.

Jerzy Kosinski, von dem hier die Rede ist, stammt aus Polen, kam 1957 – damals schon vierundzwanzig Jahre alt – nach den USA und schreibt jetzt englisch. Ähnlich wie sein vorangegangenes Buch »Der bemalte Vogel« (1965), das in der Bundesrepublik teils enthusiastisch (so Gerhard Zwerenz in der »Zeit«) und teils entschieden negativ (so Wolfdietrich Schnurre im »Spiegel«) rezensiert wurde und mittlerweile in 29 Sprachen erschienen ist, hat auch sein folgendes Werk »Aus den Feuern« zwar viel mit Polen zu tun, doch, soweit ich sehe, nichts mit der polnischen Literatur.

Überhaupt halte ich die Frage nach den Vorbildern – der Name Kafka wurde bereits mehrfach genannt – in diesem Fall schon deshalb für unergiebig, weil Kosinskis Prosa vor allem von bestimmten konkreten Erlebnissen geprägt wurde, aber wohl kaum von literarischen Eindrücken. Ich würde mich nicht wundern, sollte es sich erweisen, daß diesen hochgebildeten Mann, der auch häufig mit so beredten wie überflüssigen Selbstkommentaren zur Stelle ist, die Literatur nicht sonderlich interessiert.

Was ihn hingegen irritiert und fasziniert, was ihn bis zum Exzeß reizt und erregt, was er mit einer gelegentlich schon manisch anmutenden Unbedingtheit zu erkunden und aufzudecken versucht, das ist nichts anderes als – um es ganz simpel zu sagen – das Tier im Menschen.

Um dieses Thema kreisen die rund fünfzig Prosastücke, aus denen Kosinski sein Buch komponiert hat: Es sind kleine Geschichten, lapidare Skizzen und knappe Dialoge. Geographische Bezeichnungen werden konsequent vermieden, dennoch fällt es nicht schwer, die beiden generellen Schauplätze der meisten Geschichten zu identifizieren: Wie für den Polizeistaat, in dem die Partei regiert, das kommunistische Polen Modell stand, so für die andere Welt, die hier die Kundenkreditkarte symbolisiert, das heutige Amerika.

Indes ist die Kritik dieser oder jener Gesellschaftsordnung nicht beabsichtigt, wo sie sich doch findet, scheint sie nicht mehr als ein beiläufiges Ergebnis zu sein. Und nichts wäre irriger als die Annahme, Kosinski habe etwa die eine Welt gegen die andere ausspielen wollen. Im Gegenteil: Ohne sich auf einen direkten Vergleich einzulassen, gibt er uns zu verstehen, daß die hier wie da existierenden Verhältnisse, wie sehr sie sich auch voneinander unterscheiden mögen, dazu angetan sind, die Neigungen der Menschen zur Grausamkeit und zur Gewalttätigkeit noch zu steigern.

Ähnlich wie Kosinski niemals den Hintergrund schildert und das, was man Lokalkolorit nennt, schlechterdings verpönt, so liefert er uns auch über die Personen, die er auftreten läßt, lediglich die allernotwendigsten Informationen. Seine Figuren haben keine Namen und keine Gesichter, nichts erfahren wir über ihre Vergangenheit. Reale Menschen sind es bestimmt nicht – aber auch nicht leblose Schemen oder gar pure Demonstrationsobjekte. Was also?

Nabokov behauptet im Nachwort zu seiner »Lolita«, den Anstoß zu diesem Roman habe eine Zeitungsmeldung gegeben, derzufolge es einem Wissenschaftler gelungen sei, einem Affen das Zeichnen beizubringen. Die von ihm verfertigte Skizze stellte jedoch nur die Gitter seines Käfigs dar. Nichts anderes, wollte Nabokov sagen, beschreibe der Liebhaber Lolitas: den Käfig seiner Leidenschaften. Dies gilt auch für den Mann, der im Mittelpunkt des Buches »Aus den Feuern« steht.

Denn wer immer hier als Ich-Erzähler fungiert – ein Student oder ein Soldat, ein Journalist oder ein Lastwagenfahrer, ein Skilehrer oder ein Büroangestellter –, es handelt sich um denselben Mann, um einen ruhelosen und ichbesessenen Intellektuellen, der ebenso von Verzweiflung wie von Lebensgier getrieben wird.

Er erzählt von Irren und Verbrechern, Mördern und Selbstmördern, Sadisten und Desperados, Entrechteten und Ausgestoßenen, Henkern und Opfern. Wir hören von Erpressungen und Vergewaltigungen, von Inzest und Sodomie, von wahrhaft diabolischen Grausamkeiten und ungeheuerlichen Perversitäten. Es sind meist hanebüchene und haarsträubende Geschichten.

Eine geisteskranke Bäuerin wird von ihrem Mann, der die Krankenhauskosten sparen will, in einem in einer Scheune befindlichen Käfig gehalten und dort von den männlichen Einwohnern des Dorfes regelmäßig aufgesucht und mißbraucht. Ein Junge mordet auf systematische und raffinierte Weise die Kinder seiner Verfolger.

Um den Parteiversammlungen zu entgehen, sperrt sich ein Student in Toilettenabteilen ein (»Was für ein Glück, endlich alleingelassen zu werden, sich nicht darum sorgen zu müssen, was die anderen sagen, wie sie dich ansehen, und was sie von dir halten...«) und hängt sich dort schließlich auf. Jemand muß zusehen, wie seine Freundin von mehreren Männern bestialisch vergewaltigt wird. Zwei abstoßende, dicke und alte Frauen stürzen sich auf einen jungen Mann.

Ob sich in diesen Prosastücken etwas ereignet oder nur Situationen skizziert werden, es sind im Grunde stets Projektionen der Leiden und Qualen, die den Ich-

Erzähler bedrängen, seiner Befürchtungen, Alpträume und Zwangsvorstellungen ebenso wie seiner Ahnungen und Hoffnungen.

Was er uns mitzuteilen hat, ist nicht mehr und nicht weniger als die poetische Umschreibung des Gitters, von dem er sich umgeben sieht. Oder auch: die epische Vergegenwärtigung der Dämonen, die ihn am meisten bedrohen, weil sie in ihm selber stecken. Kosinskis Geschichten erweisen sich als nur scheinbar objektivierte Bekenntnisse eines entschiedenen Egoisten.

Natürlich ist die hartnäckige Vorliebe für düstere Farben immer – zumindest in der Prosa – mit einem Risiko verbunden, und wer unentwegt Ungeheuerlichkeiten und Grausamkeiten, Obszönitäten und Sadismen aneinanderreiht, kann schwerlich der Eintönigkeit entgehen. Aber soviel Wut und Haß und Verzweiflung aus Kosinskis Buch auch spricht, sowenig hat er mit jenen Berserkern unter den Schriftstellern gemein, die am liebsten alles kurz und klein schlagen möchten.

Gewiß läßt sein Ich-Erzähler keine ethische Norm gelten, er kennt keine moralische Autorität, eine Instanz, die er respektieren würde, kann man sich überhaupt nicht vorstellen. Er zeigt eine Welt ohne Gnade.

Gleichwohl ist dieses Buch nichts weniger als zynisch, und die hier und da, zumal in den Dialogen, deutlich werdende Sehnsucht nach Liebe gibt ihm einen fast schon romantischen Anstrich.

Ihren poetischen Reiz verdankt Kosinskis Prosa vor allem dem konsequent angestrebten und äußerst scharfen Gegensatz zwischen dem Thema und seiner Behandlung. Je mehr Kosinski im Makabren und Infernalischen schwelgt, desto strenger und härter erzählt er, je exzessiver seine Motive, desto asketischer ihre Darstellung. Er erinnert uns an die seit Edgar Allan Poe bekannte Erfahrung, daß man dem Abgründigen und dem Monströsen am ehesten mit einer sachlichen und nüchternen Sprache beikommen kann.

Die Klarheit dieser schmucklosen Diktion, die immer und vor allem auf die direkte Mitteilung aus ist, läßt freilich auch die Schwächen des Buches deutlich zum Vorschein kommen: die mitunter vordergründigen Symbole und manche allzu simplen Effekte.

Gerade solche Schwächen und die in dem Buch »Aus den Feuern« dominierende Verquickung extremer Horror-Motive mit einer so kruden wie krassen Sexualität haben möglicherweise zu seinem großen Erfolg beigetragen. Ein erfreulicher Erfolg ist es aber auf jeden Fall. Denn worauf einige dieser Geschichten abzielen und was sie auf lapidare Weise lesbar machen, ist nicht weniger als der Kern unserer Existenz.

# Philip Roth

## Selbsthaß als Bestseller

*1970*

Dieses amerikanische Buch, »Portnoys Beschwerden«, dem der Ruf und der Ruhm eines skandalösen literarischen Produkts vorangeht, war wohl am wenigsten für deutsche Leser bestimmt. In der Tat nimmt es sich in den bundesrepublikanischen Buchhandlungen, wenn nicht unheimlich, so doch kurios aus. Und gerade hier ist es schwer, ihm gerecht zu werden.

Wer etwa meint oder, richtiger gesagt, zu meinen vorgibt, dies sei ein flott erzählter, vorwiegend komischer und alles in allem harmloser Roman, einer der vielen literarischen Importe aus den USA, nur eben etwas besser oder schlechter geschrieben, etwas mehr oder weniger obszön, der versucht, sich selber zu täuschen: Er bagatellisiert den unbequemen Gegenstand, um sich von ihm beruhigt abwenden zu können. Er entledigt sich seiner, statt ihm zu antworten.

Wer indes kurzerhand erklären wollte – und diese Reaktion liegt ebenfalls nahe –, dieses Buch sei, mag der Autor ein Jude sein, im Grunde nichts anderes als ein billiges und gehässiges antisemitisches Pamphlet, der macht es sich wiederum allzu leicht und weicht dem, was Philip Roth erzählt, nach der anderen Seite aus.

Und er verkennt einen Schriftsteller, den man, was immer von seinem Takt und seiner künstlerischen Leistung zu halten ist, böser Absichten bestimmt nicht verdächtigen darf.

Aber aus der Tatsache, daß sich diesem Roman mit simplen oder auch einseitigen Kategorien auf keinen Fall beikommen läßt, sollte man nicht folgern, wir hätten es etwa mit einem subtilen, komplizierten oder diffizilen literarischen Gebilde zu tun. Kompliziert und diffizil ist lediglich sein Thema.

Philip Roth wird bei uns meist zusammen mit Saul Bellow und Bernard Malamud, Jerome D. Salinger und Norman Mailer genannt. Denn auch er ist ein amerikanischer Jude, dessen Eltern einst aus Osteuropa eingewandert sind, auch seine Prosa zielt auf eine direkte und möglichst scharfe Gesellschaftskritik ab, auch in seinen Romanen und Erzählungen spielen jüdische Figuren und Motive eine sehr große Rolle.

Alle diese Autoren haben erkannt, daß die jüdische Minorität in den USA als literarisches Thema besonders ergiebig ist, weil sie sich zur Zeit in einer Übergangsperiode befindet: In ihrer Mehrheit sind die Juden Amerikas zwar längst emanzipiert, aber noch nicht integriert. Noch haben sie die vielen Eigentümlichkeiten, die sie von der Umwelt abheben, nicht eingebüßt, und schon geraten sie in Situationen, die typisch sind für die Epoche schlechthin. Noch stehen ihre Leiden und Konflikte in unmittelbarem und unverkennbarem Zusammenhang mit ihrer Herkunft, und schon haben sie eine allgemeine und geradezu exemplarische Bedeutung gewonnen.

In einem Brief vom Jahre 1921 definiert Thomas Mann sein, wenn man so sagen darf, literarisch-handwerkliches Verhältnis zum Judentum: Einerseits sehe er in ihm »eine pittoreske Tatsache, geeignet, die Farbigkeit der Welt zu erhöhen«, andererseits aber auch »eines jener Symbole der Ausnahme und Erschwerung, nach denen man mich als Dichter des öfteren auf der Suche fand«.[1]

Das trifft genau eines der entscheidenden Merkmale der jüdisch-amerikanischen Prosa der fünfziger und sechziger Jahre: Diese Schriftsteller beziehen aus dem Leben der jüdischen Minorität expressive Details und Nuancen, konkrete Milieus, Kolorit und Atmosphäre und nützen zugleich die Chance, ihre markantesten Vertreter als »Symbole der Ausnahme und Erschwerung« im weitesten, also über alles Jüdische und Amerikanische hinausgehenden Sinne zu präsentieren oder auch zu stilisieren. Saul Bellows Professor Moses Herzog, der, wie einst ein deutscher Intellektueller, erkennen will, was die Welt im Innersten zusammenhält, und zugleich nach dem Strumpfband eines Mädchens schmachtet, ist ja nur ein Beispiel für viele.

Was aber Philip Roth von den hier genannten Autoren unterscheidet, ist zunächst einmal – und derartiges wird aus der Entfernung gern übersehen – sein Alter. Zehn bis zwanzig Jahre jünger als jene anderen, hat er mit ihnen, sieht man genauer hin, nun doch nicht viel mehr gemein als etwa Uwe Johnson, Hubert Fichte oder Günter Herburger mit Böll, Andersch und Schnurre.

Er ist vor allem ungleich robuster und primitiver als seine Vorgänger. Salingers Charme und Tristesse, Bellows Intellektualität und Sensitivität, Mailers leidender Moralismus – das alles wird man in Roths Prosa vergeblich suchen. Gewiß, auch er hat seine Skrupel und Hemmungen. Aber er kennt keine Skrupel und Hemmungen, sie zu zeigen.

Seine frühen, um 1960 entstandenen und übrigens auch deutsch erschienenen Bücher – der Prosaband »Goodbye, Columbus« und der Roman »Anderer Leute Sorgen« – ließen keinen Zweifel zu, daß er fest entschlossen war, das amerikanische Publikum zu verblüffen und aufzuschrecken, dies jedoch vor allem mit schockierenden Details und drastischen Motiven zu erreichen gedachte und nicht etwa mit der Art ihrer Darstellung.

Es sind in der Tat harte und bittere Bücher, die niemanden schonen, am wenigsten ihre zentralen Gestalten. Doch machte Roths Härte bisweilen den Eindruck einer modischen Pflichtleistung; und seine Bitterkeit und Schonungslosigkeit erinnerten auf etwas fatale Weise, daß diese Attribute immer schon zum Habitus der professionellen Satiriker gehörten.

Radikal und routiniert, die Kombination, die schon die ersten Versuche Roths geprägt hatte, mag nicht sonderlich sympathisch sein, aber jenen, die Bestseller schreiben oder managen wollen, ist sie nach wie vor zu empfehlen. Auf eine solche Mischung kann man sich stets verlassen und nicht nur auf dem amerikanischen Buchmarkt. Radikal und routiniert ist denn auch der Roman »Portnoys Beschwerden«.

Die Umrisse der Geschichte des Juden Alexander Portnoy, eines dreiunddreißig Jahre alten Juristen, der einen höheren Posten in der Stadtverwaltung von New York bekleidet, sind denkbar banal. Sowenig jedoch die einzelnen Etappen dieses Lebenslaufs von der Norm abweichen, so exorbitant ist das, worauf Philip Roths Roman beharrlich abzielt: das psychologische Porträt seines Helden.

Portnoys Charakter, seine Gefühle und Träume, Komplexe und Hemmungen, Wünsche und Befürchtungen bereiten den Lesern kein Kopfzerbrechen, auf Mutmaßungen sind sie niemals angewiesen, sie brauchen nichts zu erraten. Er sagt ihnen alles selbst, deutlich und nachdrücklich, in jedem Kapitel und auf jeder Seite des Buches.

Denn was uns hier so mundgerecht vorgesetzt wird, ist Portnoys Klagelied und Beichte auf der Couch eines Psychoanalytikers. Ihm und uns erzählt er also, er stecke voller Haßgefühle und Rachegelüste, sei »lebensunfähig, hysterisch und schwach«, ein »Hypochonder, Melancholiker und Klugschwätzer«, ein Sexbesessener mit »unflätigen Neigungen und dreckigen Begierden«, ein »klägliches Bündel mit Ressentiments«.

Zugleich erklärt Portnoy sehr genau, worauf sein offenbar katastrophaler Zustand zurückzuführen sei – auf den Einfluß der Eltern und des Milieus, dem er entstammt. Die jüdische Erziehung ist es, die an allem schuld sein soll.

Während manchen seiner Vorgänger die Figuren jüdischer Mütter sentimental geraten waren, bedient sich Philip Roth recht drastischer Mittel, um aus Portnoys Mutter nahezu ein Scheusal zu machen, eine überaus geschäftige Frau, deren unentwegte und aufdringliche Fürsorge den Sohn in Wut und Verzweiflung treibt.

Der Vater wiederum, ein fleißiger, aber erfolgloser Versicherungsagent, wird weniger mit dem Haß als mit dem Widerwillen und der Verachtung des Ich-Erzählers bedacht. Da der alte Mann an hartnäckiger Verstopfung leidet – Roth widmet diesem Motiv viel Aufmerksamkeit –, heißt es gelegentlich, die Kotsäule stoße ihm bereits ans Kleinhirn, er sei »ein Körper voller Scheiße, und sonst gar nichts«. Als Anhänger des angelsächsischen Understatements kann also dieser Romancier schwerlich gelten. Zwischentöne sind seine Sache nicht, von diskreten Anspielungen will er nichts wissen, subtile Zusammenhänge und Unterscheidungen werden den Lesern nie zugemutet.

So erweisen sich in Alexander Portnoys Sicht ausnahmslos alle Phänomene auf dieser Erde entweder als »jüdisch« oder als »gojisch«. Sein erster Besuch in einem nichtjüdischen Haus gibt Anlaß zu der erstaunten Wahrnehmung: »Junge, jetzt siehst du zum erstenmal eine richtige *gojische* Klosettschüssel! Authentisch! Wohinein der Vater deiner Freundin seine *gojischen* Haufen fallen läßt.«

Aber ob Juden oder Nichtjuden, widerlich sind sie allesamt, wenn auch aus verschiedenen Gründen. Wird die mosaische Religion mit einem derben Haßausbruch bedacht, so das Christentum mit einem auch nicht gerade freundlichen Seitenhieb: Die *»gojim«*, lesen wir, hätten »einen Glauben, der selbst einen Gorilla beschämen würde«.

Monströs und bizarr ist auch Portnoys Sexualität, deren Schilderung das Buch den Ruf der einzigartigen und sicherlich verkaufsfördernden Unanständigkeit verdankt. Die Werbung hat jedoch wieder einmal sehr übertrieben.

Gewiß wird uns oft berichtet, wo und wann Portnoy onaniert, und die Mitteilung, daß sich hierbei auch Baseballhandschuhe als nützlich erweisen, mag zumindest für den europäischen Leser neu sein. Roth registriert einigermaßen groteske Situationen und nennt die Lokalitäten, die den Hintergrund für die intime Beschäftigung abgeben. Mehr hat er nicht zu bieten, zu seinen stärkeren Effekten verhelfen ihm Vulgärausdrücke, an die man sich, da er sie unentwegt anwendet, schnell gewöhnt. Schließlich sind auch die schlimmsten Wörter aus denselben fünfundzwanzig Buchstaben zusammengesetzt.

Daß Portnoys Masturbation zugleich als Protest gegen seine Umwelt, gegen die »Scheiß-Konventionen«, gemeint ist, macht die Aufzählungen und die flüchtigen Beschreibungen nicht spannender. Ähnlich ist seine fieberhafte Jagd nach den nichtjüdischen Mädchen zu verstehen, vor denen ihn die strenggläubige Familie beschwörend gewarnt hat. Auch bei ihnen, die den schwierigen Kunden gelegentlich als »krummnäsigen Itzig«, »beschissenen Knoblauchfresser« und »miesen, dreckigen, räudigen Juden« beschimpfen, wird er nicht glücklich.

Für das Finale hat sich Roth einen überraschenden Kulissenwechsel einfallen lassen. Portnoy fliegt nach Israel, »um aus einem verstörten Flüchtling wieder einen Mann zu machen«. Hier darf er erkennen, wonach er sich im Grunde sehnt: »Ich will keine sexuelle Ausstattungsrevue fürs Leben oder eine Fortsetzung dieser masochistischen Extravaganzen, in denen ich mich auslebte. Nein, ich will Schlichtheit und Unkompliziertheit, ich will Gesundheit...« Wie man sieht, ist Ernst Wiecherts Traum vom »einfachen Leben« so unverwüstlich wie international.

Zweimal tritt es ihm im Lande der Verheißung entgegen, zunächst in der Gestalt eines israelischen Leutnants weiblichen Geschlechts (»Ihre kleine, wollüstige Figur, in der Taille von einem breiten Khakigürtel eingeschnürt, erregte mich«), dem es an gastfreundlicher Bereitschaft nicht mangelt. Jetzt indes trifft das Schicksal den Helden Roths hart: Er versagt real und symbolisch zugleich.

Die andere Repräsentantin der Schlichtheit und Unkompliziertheit ist die derbe Naomi, die aus einem Kibbuz kommt. »Als ich versuchte, sie ans Bett zu drängen, gab es ein kleines Handgemenge. Ich griff nach ihrer Brust, sie ließ ihren Kopf blitzartig hochschnellen und traf mich am Unterkiefer – stahlhart.« Gleichwohl kommen die beiden ins Gespräch, nur daß sich Portnoys kühner Ruf »Runter mit diesen patriotischen Khakishorts« abermals als leichtfertig erweist – und wieder liegt es nicht an dem Mädchen. So bleibt als Zuflucht nur noch die Couch des Psychoanalytikers, auf der ja das Ganze erzählt wird.

Dieser keineswegs schlechte Einfall ist hier nur ein Trick, der dem Autor das Leben erleichtert. Denn Roth mißbraucht die Erzählsituation als Vorwand, der, wenn man es will, nahezu alles in dieser Prosa rechtfertigen kann: die vielen Kindheits- und Jugenderinnerungen, die plumpen Selbstanklagen und die direkten Selbstcharakteristiken, die exhibitionistischen Enthüllungen, die manisch wiederholten Vulgarismen und die infantilen Obszönitäten, die Unverbindlichkeit zahlreicher Passagen, die Beliebigkeit der Zeitsprünge und schließlich die komplette Formlosigkeit dieses Romans, der sich als eine einzige Plauderei erweist.

Sogar Roths bereits aus dem Buch »Anderer Leute Sorgen« bekannte und offenbar unwiderstehliche Neigung, gerade das Schmutzige und Abstoßende minuziös darzustellen, erscheint nunmehr gerechtfertigt, ohne deshalb sympathischer zu sein. Jeder Autor mag seinen Ekel vor der Welt ausdrücken, wie es ihm paßt, und bestimmt kommt es nicht darauf an, ob das, was er erzählt, auch unbedingt appetitlich wirkt. Mein Interesse jedoch für den Grad der Verunreinigung der Unterhosen Portnoys und für seinen und seines Vaters Stuhlgang hält sich in Grenzen, die hier entschieden überschritten werden.

Dabei kann Roth schreiben, jedenfalls weit besser als dies die hier angeführten Beispiele vermuten lassen. Die scharfen Momentaufnahmen aus dem Alltag einer orthodoxen jüdischen Familie legitimieren ihn als einen Meister der kleinen Beobachtung, und die prägnanten, meist sarkastischen Genrebilder erreichen bisweilen die Qualität düsterer Miniaturidyllen. Auch an Humor fehlt es ihm nicht. Daß sich dieser oft auf die Verdauungssphäre bezieht, mag in den USA, wo man derartiges offenbar für unerhört komisch hält, kein Fehler sein.

Nein, die wesentlichste Ursache der Peinlichkeit dieses Romans und zugleich seines phänomenalen Erfolgs liegt weit jenseits des Handwerklichen. Und nicht darum geht es – das sei mit allem Nachdruck gesagt –, daß hier viel Schlechtes über die Juden zu lesen ist und daß die in der Tat außergewöhnlich aggressive Karikatur eines jüdischen Intellektuellen im Mittelpunkt steht.

Die Juden haben sich seit ihrer Emanzipation nie gescheut, die eigene Problematik vor aller Augen auszubreiten und mit maximaler Strenge abzuhandeln; und sie haben sich in der Regel nicht viel darum gekümmert, ob ihnen aus derartigen Abrechnungen und unbarmherzigen Autoporträts Schaden erwachsen werde. Nichts banaler auch als die Feststellung, daß die Menschheit den Leiden der Juden an ihrem Judentum und ihrer ausgeprägten, gelegentlich schon masochistischen Neigung zur Selbstkritik viele große Werke verdankt. Aber so gewiß Selbstentblößung und Selbsterniedrigung erschütternde Dimensionen sein können, so rasch können sie bloß degoutant und abstoßend wirken.

Was hat das überhaupt mit »Portnoys Beschwerden« zu tun, einem mehr oder weniger unterhaltsamen Roman, den man doch nicht überfordern sollte? Sehr viel schon deshalb, weil dieses Buch, so leicht und frivol es sich auch gibt, einen ungeheuerlichen Anspruch erhebt. Die zentrale Stelle lautet: »Warum bin ich, allein in New York auf meinem Bett liegend, immer noch ein hoffnungsloser Onanist? Doktor, wie nennen Sie meine Krankheit? Ist es das jüdische Leiden, von dem ich so viel gehört habe? Haben die Pogrome und Verfolgungen das bei mir bewirkt? Spott, Hohn, Schmähungen und Übergriffe der *gojim* durch diese zweitausend lieblichen Jahre?«

Was dieser sexbesessene und unaufhörlich plappernde Alexander Portnoy auf der Couch des Psychoanalytikers erzählt, wird von Philip Roth konsequent zur Geschichte des jüdischen Leidens stilisiert; der flotte und kesse Ton tarnt ihre billige Larmoyanz, macht sie aber andererseits bequem konsumierbar. Die rücksichtslose Selbstentblößung dient zu Darbietungen auf kabarettistischer Ebene; die Selbstzerfleischung artikuliert sich als schnodderige Conférence, als Bravourstück eines exzessiven Alleinunterhalters. Eine Art Passionsgeschichte wird als Alibi mißbraucht – für Anekdoten und

Plaudereien, für Seitenhiebe nach verschiedenen Richtungen und, vor allem, für handfeste Sauereien.

Den jüdischen Intellektuellen im heutigen Amerika, an dessen Konflikten im Grunde nichts anderes gezeigt wurde als der uralte und nach wie vor höchst aktuelle Gegensatz zwischen dem Außenseiter und der Gesellschaft, hat Philip Roth nicht etwa persifliert, sondern zur Witzfigur degradiert. Und jüdische Witze sind ja überall beliebt.

Allein in den USA wurden von diesem Roman innerhalb von knapp vierzehn Monaten nicht weniger als 3,7 Millionen Exemplare verkauft. Die Juden Amerikas finden in dem Buch viele authentische Details und beobachten und amüsieren sich über ihre hier nicht ungeschickt kopierte Redeweise. Nicht nur die unverbesserlichen Antisemiten, sondern vor allem jene unzähligen Leser, denen die Juden bloß auf die Nerven gehen, sehen in der Geschichte Portnoys die Rechtfertigung vieler ihrer Vorurteile, Ressentiments oder Abneigungen. Jene Leser schließlich, denen die Juden vollkommen gleichgültig sind, können sich wenigstens an dem reichlichen Angebot an Ferkeleien ergötzen.

So kann dem Schriftsteller Philip Roth bescheinigt werden, daß er die Kunst, einen Bestseller zu präparieren, perfekt beherrscht.

## Die Sehnsucht nach den Blauäugigen

*1978*

»Was für mich zählt, sind die Bücher – meine eigenen nicht ausgeschlossen –, in denen der Schriftsteller *sich selbst* anklagt.« Der amerikanische Epiker Philip Roth, der eine Nebenfigur seines Romans »Professor der Begierde« dies sagen läßt, braucht eine so weitgehende Maxime keineswegs zu fürchten.

Seit seinem ersten Buch, dem Geschichtenband »Goodbye, Columbus!« (1959), widmet er sich mit nicht nachlassender Beharrlichkeit einem einzigen Thema: der kritischen Auseinandersetzung mit der jüdischen Welt der USA, zumal mit den Milieus der Kleinbürger und der Intellektuellen. Dies aber ist zunächst und vor allem eine Selbstabrechnung und eben eine Selbstanklage. Denn wie Saul Bellow und Isaac Bashevis Singer, wie Bernard Malamud und Arthur Miller, Jerome D. Salinger und Norman Mailer gehört auch Roth zu jenen Juden osteuropäischer Herkunft, die das Bild der amerikanischen Literatur nach 1945 so nachdrücklich verwandelt haben, daß man es schon für angebracht hielt, von deren Judaisierung zu sprechen.

Alle diese Schriftsteller (und mehrere andere, die bei uns vorerst weniger bekannt sind) folgen bewußt oder unbewußt einer höchst bezeichnenden Tradition: Die Juden haben sich nie gescheut, ihre eigenen Schwierigkeiten und Verstrickungen vor aller Augen auszubreiten und mit äußerster Strenge, ja bisweilen sogar mit masochistischer Lust abzuhandeln, und sie haben sich in der Regel nicht darum gekümmert, ob ihrem Ansehen unter den Nichtjuden aus derartigen schmerzhaften Abrechnungen und unbarmherzigen Selbstporträts auch Schaden erwachsen werde, was übrigens oft der Fall war. Wer will, kann diese bittere Tradition bis auf die großen Propheten des Alten Testaments zurückführen.

Innerhalb der Gruppe der natürlich sehr unterschiedlichen amerikanisch-jüdischen Autoren nimmt Roth eine extreme Position ein: Jünger als die anderen (er wurde 1933 geboren), geht er noch ungleich weiter als sie, sowohl in der persiflierenden Darstellung als auch in der schonungslosen Verurteilung seiner jüdischen Umwelt. Den Höhepunkt auf diesem Weg erreichte er mit dem satirischen Roman »Portnoys Beschwerden« (1969), einem Buch, das so heikel wie aggressiv ist und das rasch zum Welterfolg wurde, zugleich jedoch seinen Verfasser in ein fatales Zwielicht rückte.

Der Roman bewies zwar, daß Roth ein überaus witziger und scharfsinniger Beobachter menschlicher Schwächen und ein Meister des sarkastischen Genrebilds ist, ließ aber auch erkennen, daß er die nur bedingt schätzenswerte Kunst, einen internationalen Bestseller zu präparieren, vollkommen beherrscht. Und die kesse Fixigkeit, mit der er die lustvoll-makabre Selbstentblößung eines auf der Couch des Psychoanalytikers beichtenden Intellektuellen präsentierte, hat ihm den Ruf eines allzu skrupellosen Erzählers eingebracht. Gewiß, der Humorist und Karikaturist Roth triumphierte lachend in den flotten Plaudereien und kabarettistischen Darbietungen des Portnoy-Romans. Indes war es, so mußte es jedenfalls scheinen, nur ein Pyrrhussieg.

Vor diesem Hintergrund bereitet der »Professor der Begierde« eine nicht geringe Überraschung. Der Roman wirkt weniger routiniert: Perfektion kann man ihm keineswegs bescheinigen. Aber man braucht sie ihm auch nicht vorzuwerfen. Eher fällt in diesem Buch eine Unausgeglichenheit auf, die oft die Geduld des Lesers überfordert. Doch gerade hier, wo sich Virtuoses und Schwaches in enger Nachbarschaft findet, besticht Roth durch Aufrichtigkeit und Authentizität.

Mehr noch: Seine früheren Bücher zeichneten sich durch eine so hartnäckige Vorliebe für die Schilderung des Abstoßenden und Ekelhaften aus, zumal für allerlei Phänomene im Zusammenhang mit der Verdauung des Menschen, daß man schon von einer Obsession sprechen konnte. Ihr gibt Roth auch jetzt noch nach, aber nur im ersten Kapitel des »Professors der Begierde«.

Im Mittelpunkt des neuen Romans steht wiederum ein jüdischer Intellektueller auf der Suche nach der Selbstverwirklichung. Oder kürzer: nach Glück. Es ist diesmal der Literaturprofessor David Kepesh, der, wie alle Helden Roths, einer rückständigen kleinbürgerlichen Familie entstammt. Seinem Dasein fehlt ein Zentrum, doch hat es, der Ellipse gleich, zwei Brennpunkte: Die Literatur ist es und die Liebe. In allem, was ihm das Leben zu bieten hat, sieht er den Abglanz der Literatur, deren Bestätigung und Erfüllung. Und in der Literatur entdeckt er stets sein eigenes Leben, zumal seine nicht unkomplizierte Erotik.

Während er in London mit einer Hure im Bett liegt, macht er sich Gedanken über ihr Alter und kommt zum Ergebnis, daß sie »vor der Veröffentlichung des ›Ulysses‹« geboren wurde. Als ihm eine seiner Freundinnen rät, sich endlich, statt alles nur zu lesen, auf das »volle Menschenleben« einzulassen, antwortet er, gerade dies sei ja das Thema eines Romans von Henry James. Andererseits lassen ihn die Äußerungen eines Gesprächspartners in Prag, der Kafkas Werk auf den totalitären Staat bezieht, eher gleichgültig: Kepesh meint nämlich, Kafka habe sich vorwiegend mit »sexueller Verzweiflung« befaßt, im »Schloß« gehe es »auf jeder Ebene« – dies ist eine wahrhaft kühne Deutung – um Orgasmusschwierigkeiten.

David Kepesh repräsentiert jene mittlerweile assimilierte Generation jüdisch-amerikanischer Intellektueller, die den überlieferten Bindungen, den familiären ebenso wie den konfessionellen, um jeden Preis zu entkommen versucht und die, gegen die mehr oder weniger orthodoxen Eltern rebellierend, an die Stelle der mosaischen Religion und der jüdischen Tradition die Literatur und die Psychoanalyse setzen möchte – statt Thora und Talmud also Kafka und Freud.

Vom Alten sich lösend und das Neue herbeisehnend, ist Kepesh schon als Student ein Einzelgänger, der sich nicht ohne Zärtlichkeit und Scharfsinn am intensivsten mit der eigenen Person beschäftigt: Liebevolle Egozentrik und eine betont monologische Veranlagung machen ihn zu einem von jenen, die zwar eines Gesprächspartners dringend bedürfen, doch diesen am ehesten im eigenen Tagebuch finden – wenn sie nicht die Hilfe eines Psychotherapeuten in Anspruch nehmen, den sie freilich weniger als Ratgeber denn als Zuhörer benötigen. Und die Onanie, ein Phänomen, dem in Roths Prosa stets eine wichtige Rolle zukommt, ist hier ebenso real wie symbolisch gemeint.

Aber sein Held will sich mit der Isolation nicht zufriedengeben. Der Roman »Professor der Begierde« erzählt vor allem von den vielfachen Bemühungen, diesen Zustand zu überwinden. An der Universität möchte sich Kepesh, seine Hemmungen plump und forsch überspielend, dieser oder jener Kommilitonin nähern, doch wird er freundlich und zugleich entschieden abgewiesen. In London verdankt er zwei liebeshungrigen Schwedinnen die Erfüllung mancher seiner Träume, aber die drastisch beschriebenen Aktivitäten machen ihm erst recht seine Einsamkeit bewußt: Seine sexuelle Unersättlichkeit verbirgt nichts anderes als die Ruhelosigkeit eines Menschen, dessen gebrochenes Verhältnis zur Umwelt die tiefste Ursache in seinen Leiden an sich selber hat.

So wird Kepeshs Leben zu einer Kette beruflicher Erfolge und persönlicher Fehlschläge. Die Ehe mit einer Abenteuerin, die, laut eigener Darstellung, »bereits fünfzig leidenschaftliche Liebesgeschichten hinter sich hat«, scheitert dramatisch, seine Heiratsversuche ergeben nichts und können nichts ergeben. Die Literatur, bei der er nun nahezu krampfhaft Schutz sucht, bietet Trost, gewiß, indes kann sie ihm seine Schmerzen zwar deuten, doch nicht lindern.

Da geschieht es, daß Kepesh überraschend eine junge Frau kennenlernt, in die er sich sofort verliebt. Claire, obwohl Trägerin eines wissenschaftlichen Titels, scheint keineswegs von des Gedankens Blässe angekränkelt. Sie ist vielmehr kräftig, blond und gesund und eher am Wassersport als an der Literatur interessiert. Mit ihr, glaubt er, könnte er endlich glücklich sein.

Nicht zum ersten Mal werden im Werk von Philip Roth Schwermut und Skepsis des grübelnden jüdischen Intellektuellen konfrontiert mit der Geradlinigkeit und Lebensbejahung nichtjüdischer Gestalten, zumal Frauen. Schon Portnoy hatte im Fazit des Romans kurzerhand erklärt: »Ich will Schlichtheit und Unkompliziertheit, ich will Gesundheit...«

Aber man braucht nicht mit dem Judentum geschlagen zu sein, um jene Sehnsucht zu kennen, für die am Anfang unseres Jahrhunderts Thomas Mann die oft zitierte und nie übertroffene epische Formel gefunden hat. Es ist Tonio Kröger, der Literat, der die »Blauäugigen«, die ohne die Kunst auskommen können und freilich auch auskommen müssen, die »leben, lieben und loben in seliger Gewöhnlichkeit«, um ihre Daseinsart beneidet: Er, der sich allein und ausgeschlossen fühlt, träumt vom »Leben in seiner verführerischen Banalität«.

Roth taucht Kepeshs Romanze mit Claire, der Leidenschaftlichkeit zum Trotz, in das verfließende Licht einer sanften Idylle, die allerdings nicht frei ist von herbstlicher Stimmung. Mit Claire geht der Literaturprofessor auf Reisen, mit ihr steht er am Grab Kafkas. Auf dem Rückweg greift er in der Straßenbahn spontan ihre Hand und meint, nun habe er sich des Gespensts der auf ihm lastenden Vergangenheit entledigt: »Alle meine Ängste sind verschwunden. Und das liegt nur daran, daß ich dich gefunden habe.«

Schon hofft Kepesh, dies sei die Wende in seinem unruhigen Leben, schon hat er das Gefühl, jetzt werde sich alles bestens regeln lassen. Aber das Gefühl ist trügerisch. Denn die Vergangenheit kann man nicht abwerfen, die eigene Identität läßt sich nicht verdrängen.

Nein, nicht an seinen Partnerinnen liegt es, daß Kepeshs erotische Beziehungen ephemer bleiben oder dramatisch abbrechen, sondern an ihm selber: Ebendas, was zum Charme und zur Originalität seiner literarischen Arbeiten beiträgt – die extreme Eigenliebe, die rücksichtslose Ich-Bezogenheit –, macht ihn auch unfähig zu dauerhaften Bindungen. Im übrigen ergeht es ihm wie einst Tonio Kröger, der zwar die »Blauäugigen« beneidete, doch mit Verständnis für seine Leiden nur bei seinesgleichen rechnen konnte – bei Lisaweta Iwanowna.

Am Ende muß Kepesh wahrnehmen, daß jene Claire, die in seinen Augen die ungebrochene Lebensbejahung personifizierte und die ihm in sexueller Hinsicht so unwiderstehlich schien, ihren Reiz nach nur kurzer Zeit eingebüßt hat. Er, der gewiß nie auf die Idee gekommen wäre, eine Heiratsanzeige aufzugeben, hat nun das Bedürfnis, die resigniert bemerkte Veränderung eben in einer Anzeige (mit der Überschrift »Verloren«) mitzuteilen. Aber er ist klug genug, diese nicht einer Zeitung, sondern seinem Arzt, dem Seelenberater, zu geben.

Das Ganze, von Werner Peterich sorgfältig und intelligent ins Deutsche übertragen, wird aus der Perspektive von David Kepesh gesehen. Mit seinem ausführlich analysierten Charakter mögen die Apologeten von Philip Roth den Umstand rechtfertigen wollen, daß neben dem Ich-Erzähler bloß wenige Chargenfiguren deutliche Umrisse gewinnen – so seine krebskranke Mutter, so der rührende alte Vater, der einst ein kleines Hotel besaß und nun die Abende damit verbringt, die Korrespondenz mit den längst gestorbenen Hotelgästen zu lesen.

Alle anderen Gestalten bleiben blaß, zumal die Frauen, die schon immer dem Romancier Roth unüberwindliche Schwierigkeiten bereiteten. Allzuoft liefert er dem Leser statt der erwarteten Darstellung nur Informationen und Beteuerungen. Bei einem Epiker, der aus jener literarischen Konvention, die man realistisch zu nennen pflegt, nur selten ausbricht, ist dies eine ebenso bequeme wie riskante Methode.

Überdies stellt Roth unseren Geschmack mitunter auf eine harte Probe. Hier läßt sich schwer argumentieren, denn Geschmack ist eine ungenaue und auch eine höchst subjektive Kategorie. Dennoch: Der auf das schöne Prag-Kapitel folgende Traum Kepeshs von seinem Besuch bei einer greisen Hure, die sich an ihren Kunden Franz Kafka erinnert und über dessen sexuelle Praktiken berichtet, ist gewiß kein Sakrileg und kann nicht einmal als eine handfeste Provokation gelten. Es ist nur eine Geschmacklosigkeit, aus der sich keinerlei Einsichten ergeben.

Allerdings wußten wir es längst, daß zu den starken Seiten des Erzählers Philip Roth Takt und Geschmack nicht gehören. Gleichwohl ist er einer der markantesten Vertreter der zeitgenössischen amerikanischen Prosa. Der anfechtbare und unausgeglichene Roman »Professor der Begierde«, der zwar keinerlei neue Wege der Kunst beschreitet, doch unsere Erfahrungen erweitert, beweist dies abermals und in mancherlei Hinsicht überzeugender als seine erfolgreichen Vorgänger.

## Seine Befreiung

*1982*

Als der bis dahin zwar gerühmte und preisgekrönte, doch beim Publikum nur wenig erfolgreiche Schriftsteller Philip Roth im Jahre 1969 mit einem neuen Buch innerhalb von wenigen Wochen zum nachweisbar beliebtesten Erzähler Amerikas avancierte, sah er sich jetzt nur wenig geschätzt. Eine populäre Journalistin schrieb damals, sie wünsche ihn, den Verfasser des Romans »Portnoys Beschwerden«, zwar kennenzulernen, wolle ihm aber nicht die Hand geben.

In dieser vielzitierten Äußerung spiegelt sich das zwiespältige Verhältnis zu zwei außergewöhnlichen Figuren der zeitgenössischen amerikanischen Literatur – zu dem 1933 geborenen Autor Philip Roth und zu seinem auf der Couch eines New Yorker Psychoanalytikers beichtenden und berichtenden, plaudernden und plappernden Helden und Ich-Erzähler Alexander Portnoy.

Millionen amüsierten sich über diesen Roman – ebenso in den Vereinigten Staaten wie in vielen anderen Ländern. Gleichwohl warf man ihm vor, er sei vulgär und geschmacklos, peinlich und oberflächlich. Ganz unbegründet sind diese Vorwürfe nicht. Doch keiner, so will mir scheinen, trifft den Kern der Sache.

Denn Vulgarismen, Geschmacklosigkeiten oder Peinlichkeiten sind auch in den Meisterwerken der Weltliteratur gar nicht so selten, werden aber durch unstreitige Qualitäten aufgewogen. Auf »Portnoys Beschwerden« trifft das ebenfalls zu: Sogar die strengsten Kritiker konnten dieser vehementen Satire auf das jüdische Kleinbürgertum Nordamerikas Witz und Humor nicht absprechen. Und was immer an dem Roman zu beanstanden ist, an Intelligenz mangelt es ihm nicht.

Hier war ein glänzender Beobachter des Alltags am Werk, ein wahrhafter Virtuose. Nur ließ er sich einen fundamentalen Verstoß zuschulden kommen – und damit mag das Unbehagen jener Kritiker und Leser zusammenhängen, die mit der Geschichte Portnoys, allen ihren unzweifelhaften Vorzügen zum Trotz, nicht recht froh wurden.

Ein Verstoß wogegen? Die Kategorie, von der nun die Rede sein muß, steht heutzutage nicht hoch im Kurs und läßt sich überdies nur schwer definieren. Um den Anstand geht es. Nein, nicht die in dem berühmten Buch reichlich gebotenen Obszönitäten meine ich, die vielfachen Beschreibungen aus der Sexualsphäre, einschließlich der bisweilen exzentrischen Masturbations-Praktiken. Man kann es nicht oft genug wiederholen: *Was* ein Romancier zeigt und darstellt, kann nie anstößig wirken – denn er darf alles zeigen und darstellen, auch und gerade tabuisierte Verhaltensweisen –, sondern immer nur, *wie* er es tut.

So heißt es in »Portnoys Beschwerden« vom Vater des Ich-Erzählers, einem armseligen und unglücklichen Menschen, der an hartnäckiger Verstopfung leidet, bei ihm stoße die »Kotsäule« bereits an das Kleinhirn: »Er steht da: eine Hülle, eine Sache, ein Körper voller Scheiße, und sonst gar nichts.« Das seien bloß Kleinigkeiten? Vielleicht. Aber sie sind symptomatisch. Übertreibt man, wenn man derartige Formulierungen als inhuman empfindet? Oder, weniger feierlich ausgedrückt, als anstößig?

In dieser Hinsicht kann man sich auf Philip Roth nicht verlassen. Auch in seinen Romanen und Erzählungen der siebziger Jahre – sie sind zwar in deutscher Übersetzung erschienen, haben indes hierzulande nur wenige Leser gefunden – gibt es billige Motive und haarsträubende Entgleisungen. Doch die naheliegende Vermutung, Amerikas vom Welterfolg verdorbener Starautor werde auf literarische Ansprüche gänzlich verzichten und nur noch handfeste Bestseller produzieren, erwies sich als falsch.

Ja, er wird von Buch zu Buch sympathischer. Denn mögen diese unausgeglichenen Arbeiten auch mehr oder weniger fragwürdig sein, so zeigen sie doch allesamt, daß der scheinbar so robuste und clevere Roth weit subtiler und bedächtiger ist, als er sich zu geben beliebt. Und daß er auch keineswegs das künstlerische Risiko scheut.

Mit dem Roman »Zuckermans Befreiung« knüpft er an seine früheren Bücher an und dies auf unkonventionelle Weise. Dabei kommt es weniger auf den Umstand an, daß wir die Hauptfigur, den noch verhältnismäßig jungen Schriftsteller Zuckerman, der natürlich dem Autor Roth auffallend ähnelt, bereits aus seinem »Ghost Writer« (1979) kennen: Seit Balzac lieben es die Epiker, den Geschöpfen ihrer Phantasie treu zu bleiben.

Überraschend hingegen ist das Thema: Es hat mit »Portnoys Beschwerden« zu tun. Aber dieser Roman ist nicht etwa ein zweiter Aufguß des spektakulären Buches von 1969. Über den Fall Alexander Portnoy erfahren wir nichts mehr (und wir haben keinen Grund, dies zu bedauern). Worum also geht es diesmal? Schon vor mehreren Jahren hatte Roth geklagt, daß sein »Roman in Gestalt einer Beichte« von den meisten Lesern als »Beichte in Gestalt eines Romans« verstanden wurde. Daß ihn also die amerikanische Öffentlichkeit beharrlich mit der von ihm geschaffenen fiktiven Figur verwechselte. Aus dieser Situation ergibt sich die zentrale Frage dieses Buches.

Wie dereinst Philip Roth den »Portnoy«, so hat Nathan Zuckerman den »Carnovsky« geschrieben. Es ist – nicht anders als »Portnoys Beschwerden« – ein flotter und frecher, ein kesser und komischer Roman voll drastischer sexueller Geständnisse. Alle lesen das Buch und finden in ihm, was sie ersehnen oder befürchten, was sie beglückt oder entsetzt – ihr Ebenbild oder zumindest die Darstellung ihrer Nöte und Komplexe.

Im Zeitalter des Fernsehens geht alles sehr schnell: Zuckerman ist über Nacht ein berühmter und freilich auch berüchtigter Mann. Wo immer er sich aufhält – auf der Straße, im Restaurant oder im Warenhaus –, überall wird er sofort erkannt. Nur daß man ihn meist für einen anderen hält: für jenen Carnovsky, der zwar sein Werk ist, der sich aber rasch selbständig gemacht hat und nun ihn, seinen Schöpfer, verdrängt. Die erfundene Wahrheit ist stärker als die alltägliche Realität.

Und die anderen, die sehr wohl zwischen dem Autor und seinem Helden zu unterscheiden wissen? Auch sie zwingen Zuckerman, eine Rolle zu spielen. Denn sie erwarten, daß er, der plötzlich und vor aller Augen ein Star und ein Millionär geworden ist, nun auch so lebt, wie sie sich das Leben eines Stars und eines Millionärs vorstellen.

Er wird bewundert und verachtet, geliebt und gehaßt – nur nicht in Ruhe gelassen: Da niemand angesichts seines provozierenden Romans gleichgültig bleiben kann, ist Zuckerman von lauter Anhängern oder Gegnern, Freunden oder Feinden umgeben. Der Erfolg trennt ihn von seiner Familie, von seinem Milieu, seiner Vergangenheit, ja von seiner ganzen Umwelt. Die Situation ist paradox: Während er von Tag zu Tag populärer wird und jedermann ihn persönlich kennenzulernen wünscht, fühlt er sich in wachsendem Maße isoliert.

Dies alles hat Auswirkungen, die ihn verblüffen und erschrecken. Zuckerman ahnt, daß er, dem Druck der ihn unentwegt bedrängenden Öffentlichkeit ausgesetzt, Gefahr läuft, gerade das einzubüßen, was gleichsam sein Arbeitsmaterial, sein Kapital ist und was ihm also die Gunst und Mißgunst ebendieser Öffentlichkeit eingebracht hat – seine Identität.

Wer seine Ängste und Hoffnungen, wer seine Erlebnisse (auch und vor allem die intimsten) zur Literatur verarbeitet und als Bücher feilhalten läßt, der ist, erkennt Zuckerman, zur Einsamkeit verurteilt. Er mag erfolgreich sein, doch triumphieren kann er nie. Denn seine Siege sind Pyrrhussiege, wenn nicht gar heimliche Niederlagen.

So sieht Zuckerman, der professionelle Schriftsteller, der früher an seiner Anonymität gelitten hat, nun keinen anderen Ausweg aus der Misere, als wieder in die Anonymität zu fliehen. »Zuerst hast du dich verkrochen« – belehrt ihn sein erfahrener Agent –, »um deine Phantasie aufzuputschen, und jetzt verkriechst du dich, weil du die der anderen aufgeputscht hast.«

Der Künstler als Nutznießer und Opfer der modernen Gesellschaft, der Intellektuelle als Subjekt und zugleich als Objekt unserer Welt – so ließe sich das Thema dieses Buches formulieren. Doch haben wir es nicht, wie man vermuten könnte, mit mehr oder minder gelehrten Erörterungen wichtiger zwar, aber vorwiegend theoretischer Fragen zu tun. Das Gegenteil trifft zu. Das soll heißen: Hier wird weder untersucht noch analysiert, weder erörtert noch diskutiert. Es wird erzählt. Was immer die Epik des Philip Roth bedrohen mag – das Gespenst der Abstraktion ist es nicht.

Vor dem Hintergrund der zeitgenössischen amerikanischen Literatur fällt dies allerdings nicht sonderlich auf: Dort glaubt man nach wie vor, daß über die Qualität eines Romanciers nichts anderes entscheide als dessen Fähigkeit, die Welt sichtbar zu machen, also seine erzählerische Kraft.

Töricht wäre es, Saul Bellow, Bernard Malamud oder Norman Mailer, Gore Vidal, John Updike oder, nicht zuletzt, Joyce Carol Oates unter einen Hut zwängen zu wollen. Doch was immer diese sehr unterschiedlichen Autoren voneinander trennen mag, sie verlieren nie das Publikum aus dem Blick und sind allesamt, ob es uns gefällt oder nicht, bereit, ihm weit entgegenzukommen.

Und sie alle wissen über die Wege und Irrwege des Romans im zwanzigsten Jahrhundert genau Bescheid. Sie schätzen, bewundern und lieben den »Ulysses« und vielleicht sogar »Finnegans Wake«. In ihrer schriftstellerischen Praxis indes halten sie sich nicht an die Meister der Moderne, sondern an die genuinen und eher traditionellen Erzähler – nicht an James Joyce, sondern an Henry James.

Das gilt erst recht für Philip Roth, einen ebenso gebildeten wie gewitzten Autor. Nun ja, auch in »Zuckermans Befreiung« macht er es sich gelegentlich etwas leicht: Anspruchslose Scherze und Effekte verschmäht er nicht unbedingt. Aber sie stören weniger als in seinen früheren Büchern, und im übrigen darf und muß man ihm manches verzeihen, denn er beherrscht eine Kunst, die in der deutschen Literatur mittlerweile Seltenheitswert hat – er kann geistreich und zugleich amüsant erzählen: Seine scharfe Intellektualität mindert nicht im geringsten seine ursprüngliche Vitalität, sein künstlerisches Temperament.

Wie alle amerikanischen Romanciers von hohem Ansehen ist auch Roth ein zuverlässiger, ein vorzüglicher Handwerker. Er weiß: Erzählen heißt Auswählen. Und er wählt souverän aus – ebenso die charakterisierenden Details, für die er einen untrüglichen Blick hat, wie die zahllosen, doch glücklicherweise dezenten Symbole. Er braucht nicht viele Worte, um einprägsame Genrebilder zu skizzieren.

Vor allem aber: Roth ist ein wahrer Meister des Dialogs. Was immer er zeigen will, er macht es in Gesprächen sichtbar, die – wie es sich für gute Literatur gehört – ungleich mehr erkennen lassen, als in ihnen gesagt wird. »Zuckermans Befreiung« besteht aus einer Reihe solcher dialogischer Szenen, aus denen sich Zuckermans Porträt ergibt und die zugleich jene Fragen veranschaulichen, auf die es Roth abgesehen hat.

Er konfrontiert seinen Helden zunächst mit einem unscheinbaren Mann, der ihn in einem Lokal belästigt und anbettelt: Es ist einer, den einst, allerdings nur sehr kurz, ebenfalls die ganze Nation kannte. Er hatte mehrfach in einem Fernsehquiz gesiegt, geriet aber dann in Vergessenheit. Nun stehen sie sich gegenüber: der Sieger und der Verlierer, der Erfolgreiche und der Versager. Und so aufdringlich dieser auch ist, sowenig kann sich jener von ihm lösen. Denn er, Zuckerman, erkennt in ihm die Karikatur seiner selbst, seinen auf den Hund gekommenen heimlichen Bruder – nämlich ein bemitleidenswertes Opfer des gleichen Showbusineß, an dem schließlich auch er partizipiert.

Ein Kabinettstück ist Zuckermans Begegnung mit einer berühmten Schauspielerin, einer »tragischen Königin des Sex«. Beide leiden sie auf ähnliche Weise an ihrem Image. Während er sie als eine »Carnovsky-Trophäe« empfindet und nicht daran denkt, »zum weiteren Ergötzen seiner Fans die Rolle eines unersättlichen Romanhelden zu spielen«, bemerkt sie resigniert, daß die Männer sie »wie einen sakralen Gegenstand« behandeln: »Alle schrecken davor zurück, mich anzufassen.«

Im Schlußteil wird Zuckerman seiner Familie gegenübergestellt, also den gewöhnlichen Konsumenten der Literatur. Natürlich, sie sind stolz auf ihn, den Berühmten, aber sie verübeln ihm, daß er ihr Leben als Material für seinen Roman verwendet und sie alle verulkt hat. »Was bedeutet dir Loyalität? Was bedeutet dir Verantwortungsgefühl?... Für dich ist alles *darstellbar*!« Der Angeklagte schweigt, die Anklage indes bleibt nicht unbeantwortet: Zuckerman besucht den New Yorker Vorort, in dem er aufgewachsen ist. Er kann ihn kaum wiedererkennen, denn alles hat sich dort verändert, ist vernachlässigt und verkommen. Doch gibt es diesen Vorort immer noch – in Zuckermans Roman.

Der Satiriker ist ein gekränkter, ein enttäuschter, ein verbitterter Schriftsteller, einer, der es gut meint mit den Menschen und deshalb böse schreibt. Daher kann die gute Satire nie auf ein Element verzichten, das oft sorgfältig verborgen wird und doch spürbar sein muß. Ich meine das Mitleid mit den Bloßgestellten und Verspotteten. Damit wäre auch angedeutet, was – unter anderem – den Roman »Zuckermans Befreiung« von dem Bestseller »Portnoys Beschwerden« unterscheidet.

Jene strenge amerikanische Journalistin, von der eingangs die Rede war, hätte nun Grund, Philip Roth doch die Hand zu schütteln, und zwar respektvoll.

## Die Orgien des Intellektuellen

*1987*

Seit es ihm gelungen ist, mit dem satirischen Roman »Portnoys Beschwerden« (1969) weltberühmt zu werden und auch in den deutschsprachigen Ländern viele Leser zu finden, gilt Philip Roth als einer der populärsten Vertreter der zeitgenössischen Prosa. Schon damals konnte es uns nicht entgehen, daß dieser hochintelligente, wenn auch nur auf bedingt sympathische Art geschickte und gewitzte Autor die Kunst, einen Bestseller zu präparieren, beinahe perfekt zu üben weiß.

Seine späteren Bücher, zumal jene, die mir seine besten scheinen (»Professor der Begierde«, 1977, und »Zuckermans Befreiung«, 1982), ließen erkennen, daß seine Routine bisweilen in Virtuosität übergeht und daß diese Virtuosität sehr wohl imstande ist, uns mit der Oberflächlichkeit und der Geschmacksunsicherheit von Philip Roth wenigstens zeitweise zu versöhnen. Allerdings mochten die Bewunderer seines Talents ungern zugeben, daß der außergewöhnliche Erfolg dieses Erzählers mit einem Umstand zusammenhängt, der ihnen etwas peinlich ist: Philip Roth gehört nicht zu den ungemütlichen und anstrengenden Schriftstellern, die auf der Suche nach neuen und daher nicht sogleich zugänglichen Ausdrucksmitteln der Kunst sind. Ohne das ästhetische Risiko völlig zu scheuen, bevorzugt er vielmehr ausgetretene Pfade und verläßt sich in der Regel auf zwar simpel anmutende, doch effektvolle und auch pfiffige Dialoge, vor allem aber auf den zwanglosen Plauderduktus.

Der Epiker Philip Roth ist insgeheim ein nahezu begnadeter Conférencier, seine Zentralgestalten, neben denen die anderen Figuren meist nur schattenhaft bleiben, sind Alleinunterhalter. Der Künstler als Nutznießer und Opfer der modernen Gesellschaft, gezeigt am Beispiel des jüdischen Schriftstellers inmitten einer nichtjüdischen Welt – so lautet das große Thema, das er munter plappernd stilisiert und in bester Laune konsumierbar macht. Wer die Juden nicht mag oder wem sie auf die Nerven gehen, kann sich an der Prosa von Philip Roth schadlos halten, ohne je an Gewissensbissen leiden zu müssen.

Auch haben wir es mit einem Autor zu tun, der menschenfreundlich genug ist, uns niemals zum intensiven Nachdenken zwingen zu wollen. Dies erübrigt sich schon deshalb, weil er alles, was er uns sagen möchte, mehrfach mitteilt und das auch noch so deutlich, daß er sogar Rezensenten von eher schlichter Geistesart nicht die geringsten Schwierigkeiten bereitet. Aber auch für anspruchsvollere Kritiker erweisen sich seine Bücher als dankbare Objekte: Da Philip Roth seinen Freud aufmerksam gelesen hat und immer wieder mit symbolischen Motiven und Konstellationen arbeitet, kann man über diese Epik tiefsinnig meditieren und weidlich philosophieren.

Kein Wunder, daß gerade deutsche Wissenschaftler sich seines Werks liebevoll angenommen haben, allen voran Martin Lüdke, dem wir schon einige Abhandlungen über den erfolgreichen Amerikaner zu verdanken haben. Bei diesem Germanisten habe ich gelesen, daß Roth »seine Identitätsproblematik in dem soziokulturellen Zusammenhang entwickelt, in dem die sich widersprechenden Imperative des Handelns und die divergierenden Ansprüche der kulturellen Traditionen miteinander konfrontiert werden«[1].

Ferner habe ich erfahren, daß Portnoys sexuelle Perversitäten und seine Gier nach besonders großen »Titten« als »eine Art Negation der Negation« zu verstehen seien, und zwar als eine, »die kaum mehr der Hegelschen Aufhebung, in ihrem eben auch positiven Sinn, entspricht, sondern eher den Adornoschen Bestimmungen einer negativen Dialektik«. Ohne diese Hinweise meines gelehrten Kollegen wären mir die »sich widersprechenden Imperative des Handelns« vielleicht entgangen, und ich hätte Portnoys Perversitäten, die also, wie wir jetzt hören, mit Adorno und der negativen Dialektik zu tun haben, für gewöhnliche Sauereien gehalten.

Es ist also auch nicht ausgeschlossen, daß in den neuen Romanen von Philip Roth, die jetzt das deutsche Publikum glücklicherweise mit nur geringer Verspätung erreichen, die negative Dialektik eine wichtige Rolle spielt. Jedenfalls finden sich hier abermals jene handfesten Obszönitäten, die sich mit Erfolg philosophisch deuten lassen. Mit dem Roman »Die Anatomiestunde« wird der Zuckerman-Zyklus fortgesetzt, den Philip Roth 1979 mit dem »Ghost Writer« begonnen hatte, es folgte der schon erwähnte Roman »Zuckermans Befreiung«.

Das Ganze war als Trilogie geplant, doch auf Autoren kann man sich nie verlassen. Der einst berühmte Sänger und Schauspieler Leo Slezak hatte ein autobiographisches Buch mit dem vielversprechenden Titel »Meine sämtlichen Werke« veröffentlicht, was ihn freilich nicht hinderte, weitere Bücher, betitelt »Der Wortbruch« und »Der Rückfall«, zu verfassen. Auch Philip Roth ließ sich einen Wortbruch zuschulden kommen, denn aus der angekündigten Trilogie ist eine Tetralogie geworden: Neben dem dritten Band, der »Anatomiestunde«, gibt es noch einen vierten, einen »Epilog«, dessen Titel, allerlei Hoffnungen weckend, »Prager Orgie« lautet.

Im Mittelpunkt des Zyklus steht ein amerikanisch-jüdischer Schriftsteller namens Nathan Zuckerman, der wie Philip Roth 1933 in Newark geboren wurde und wie dieser seinen Wohlstand und Weltruhm einen Roman verdankt, der in amüsanter Verpackung mehr oder weniger unanständige Beschreibungen offeriert.

Nun wurde mir schon in der Volksschule beigebracht, daß man niemals den Ich-Erzähler oder Helden eines Buches mit seinem Autor verwechseln dürfe. Aber ich kann nicht verheimlichen, daß es mir in großen Teilen der »Anatomiestunde« ganz und gar unmöglich war, Nathan Zuckerman von Philip Roth zu unterscheiden. Mehr noch: Ich bin überzeugt, daß die Krise des Schriftstellers Zuckerman – und von ihr vor allem erzählt dieser Roman – nichts anderes ist als die Krise des Schriftstellers Philip Roth.

Zuckerman leidet – doch nicht etwa am Los der Menschheit, das ihm nicht sonderlich nahegeht, nicht an der Liebe, mit der er sich gern beschäftigt, und nicht am Schicksal der Juden, über die er häufig, wenn auch nur flüchtig, nachdenkt. Er leidet vielmehr an körperlichen Schmerzen. Ganz gewöhnliche Schmerzen sind es aber nicht, denn die Medizin kann ihre Ursache nicht ausmachen.

Indes sind die Leser der »Anatomiestunde« besser dran als die Ärzte. Denn was sich hinter Zuckermans Schmerzen verbirgt, verrät uns der Autor gleich im ersten Kapitel: Er kann nicht mehr schreiben. Warum? »Zuckerman hatte sein Thema verloren... Alles, was ihn zu seinen Romanen angeregt hatte, war dahin – sein Geburtsort war nur noch die ausgebrannte Szenerie eines Rassenkampfes, und die Menschen, die für ihn überlebensgroß gewesen waren, lebten nicht mehr... Ohne Vater, ohne Mutter und ohne Heimstatt war er kein Romancier mehr... Alles, was ihn angefeuert hatte, war ausgelöscht, nichts war übriggeblieben, was unverkennbar *ihm* gehörte und von keinem anderen beansprucht... und rekonstruiert werden konnte.«

Wenn einem Schriftsteller nichts mehr einfällt, mag das sehr traurig sein, aber es muß ihn nicht daran hindern – die Kenner unseres literarischen Lebens wissen das genau –, weitere Bücher zu produzieren. So kann er (und das liegt nahe) einen Roman über einen Schriftsteller schreiben, der nicht mehr schreiben kann. Ebendies hat Philip Roth getan. Und damit 370 Seiten gefüllt? Nein, nicht nur, denn wenn ein Autor in Not gerät, kann er immer noch auf Motive zurückgreifen, mit denen er einst erfolgreich war. Hier sind es, zunächst einmal, Erinnerungen an das kleinbürgerlich-jüdische Milieu in Newark, New Jersey, zu denen der Tod und die Beerdigung der Mutter Zuckermans Anlaß geben. Und wieder kann Philip Roth mit teils etwas sentimentalen, teils unbarmherzig-sarkastischen Genrebildern aufwarten, die allemal, das läßt sich nicht bestreiten, gut und anschaulich gezeichnet sind.

Auch ein anderes Motiv, das seine vielen Leser längst kennen und zu goutieren wissen, findet sich in der »Anatomiestunde« wieder: Noch einmal wird die komische Verzweiflung eines schwermütig-grübelnden jüdischen Intellektuellen mit der geradlinigen Daseinsfreude nichtjüdischer Frauen konfrontiert; sie sind in der Regel flott, frech und fügsam zugleich. In diesem Roman betreuen unseren Zuckerman insgesamt vier Damen.

Die Malerin Jenny lebt einsam in einer Holzhütte. Befragt, wie sie es dort allein aushalten könnte, antwortete sie lapidar: »Viel malen, viel im Garten arbeiten, viel onanieren.« Zuckerman ist gut auf diese Jenny zu sprechen, denn sie gehöre zu den »wunderbaren Frauen, die einem nie die Eier abbeißen würden«. Dies reicht offenbar schon aus, um eine Frau wunderbar zu finden.

Als besonders unternehmungslustig erweist sich die Studentin Diana. Sie hat »ein winziges Hinterteil« sowie »kleine, kegelförmige Brüste«, trägt einen »winzigen Wildlederrock über schwarzer Strumpfhose«, gibt vor, eine Prüfungsarbeit über Zuckerman schreiben zu wollen, und teilt ihm gleich mit, was sie von ihm erwartet: »Ich bin jung, und ich möchte bumsen.«

Die Dritte im Bunde, Gloria, ist »eine stämmige Brünette mit strotzenden, an Zielscheiben erinnernden Brüsten«. Diese Gloria zeichnete sich durch besondere Fürsorge aus: Sie »vergaß nie, in ihrer Einkaufstasche alles mögliche mitzubringen: einen BH, der die Brustwarzen unbedeckt ließ; einen Schlüpfer ohne Mittelteil; eine Polaroidkamera; einen Vibrationsdildo« und noch allerlei. Nicht ohne Nostalgie meditiert unser Zuckerman: »Wie sich die Zeiten geändert haben, seit man nur einen Pariser brauchte.«

Und schließlich gibt es noch eine polnische Emigrantin namens Jaga. Daß Polen gern trinken, weiß jedermann. Also ist Jaga eine Alkoholikerin, über ihren Konsum werden wir genau informiert: »Diesmal kippte sie fünf Glas Wein.« Sie verabscheut Sex, macht aber keinerlei Schwierigkeiten: »Du kannst es von hinten mit mir treiben.« Allerdings stellt sie eine Bedingung, die fortgeschrittene Leser an unseren Ritter Lohengrin denken läßt: »Nie sollst du mich befragen, noch Wissens Sorge tragen...«

Doch des Lebens ungemischte Freude ward keinem Irdischen zuteil. Selbst das vierfache weibliche Entgegenkommen vermag weder Zuckermans Schmerzen zu lindern noch seine Laune zu bessern. Er ist in einer Krise und muß einen Ausweg finden. Von der Literatur will er sich abwenden und, obwohl vierzig Jahre alt, ein neues Studium beginnen: der Medizin nämlich. Warum? »Zwanzig Jahre hier oben in den literarischen Sphären sind genug – jetzt hinein ins volle Menschenleben.« Das haben wir schon mehrfach bei Philip Roth gelesen, vor allem im »Professor der Begierde«.

Wieder einmal zeigt es sich, daß dieser Autor, der übrigens in der »Anatomiestunde« Thomas Mann mehrfach und meist ehrerbietig erwähnt, den »Tonio Kröger« mit Gewinn studiert hat. Zuckerman will mit den Wörtern Schluß machen, ihm schwebt etwas anderes vor: »Die trivialste Literaturgattung: das Leben selbst.« Bei unserem Meister war vom »Leben in seiner verführerischen Banalität« die Rede. Zuckerman gesteht ohne Umschweife: »Mir hängt das Schreiben zum Hals raus, Bob...Ich hasse dieses ganze gottverdammte Geschäft.« Tonio Kröger hatte es vornehmer ausgedrückt: »Sagen Sie nichts von Beruf, Lisaweta Iwanowna. Die Literatur ist überhaupt kein Beruf, sondern ein Fluch...« Zuckerman will jetzt »eine aktive Beziehung zum Leben haben...Ich habe es satt, alles in Literatur umzusetzen.«

Tonio Kröger sagte genau dasselbe mit anderen Worten – »daß ich es oft sterbensmüde bin, das Menschliche darzustellen, ohne am Menschlichen teilzuhaben«. Und während Zuckerman es nun auf »das wahre Leben, im Rohzustand« abgesehen hat, sprach Thomas Manns Held von seiner Sehnsucht »nach den Wonnen der Gewöhnlichkeit«.

Die Tonio-Kröger-Erfahrung ist es, die Zuckermans Programm zur Folge hat. Es lautet schlicht und einfach: »Ich möchte ein zweites Leben beginnen.« In der Tat gerät er am Ende ins Krankenhaus, doch nicht als Student, sondern als Patient: Infolge eines offenbar selbstverschuldeten Unfalls auf einem jüdischen Friedhof befindet er sich in einem bejammernswerten Zustand – sein Kiefer ist gebrochen, sein rechter Arm war schon vorher gelähmt. Kurzum, er kann weder sprechen noch schreiben. So muß Nathan Zuckerman anders als Philip Roth vorerst verstummen. Dieses letzte Kapitel, in dem die plumpe Symbolik nur noch von der ungetarnten Gedankenarmut übertroffen wird, ist das schwächste des ganzen Buches.

Aber es gibt in der »Anatomiestunde« auch amüsante, routiniert geschriebene Passagen: kabarettistische Einlagen, die beinahe nichts mit dem Thema des Romans zu tun haben und in denen der Erzähler Philip Roth seine stärkste Karte ausspielt – die Synthese aus robuster Vitalität und scharfer, wenn auch eher vordergründiger Intellektualität, aus pointierter Dialogkunst und ungehemmter Vulgarität.

Gut lesen sich die Gespräche, in denen Zuckerman in der Rolle des angeblichen Herausgebers einer pornographischen Zeitschrift über das Sexualleben in den

Vereinigten Staaten plaudert. Allerdings sollte man sich hüten, den allmählich alternden Philip Roth ganz ernst zu nehmen. Manches soll wohl nur die Bürger schrecken – etwa wenn Zuckerman die Chauffeuse eines Mietwagens auf wahrhaft zartfühlende Weise befragt: »Mit wem vögelt denn hier eine gut aussehende, unabhängige junge Frau wie Sie? In Ihrem Beruf mangelt es doch bestimmt nicht an Gelegenheit, Schwänze zu kriegen.«

Was aber kann ein Romancier, der buchstäblich nichts mehr zu sagen hat, erzählen, wenn die Darstellung der eigenen Krise vorerst erschöpft ist, er gleichwohl das Bedürfnis hat, ein weiteres Buch zu schreiben? In solchen Situationen empfehlen sich Geschichten, die etwa beginnen: »In fernem Land, unnahbar euren Schritten...« Denn das Exotische ist immer noch reizvoll und hat überdies den Vorzug, daß es sich der Kontrolle der meisten einheimischen Leser entzieht.

Exotisch sind für das Publikum jenseits des Ozeans die kommunistischen, die osteuropäischen Länder. Kaum ein bekannter amerikanischer Schriftsteller hat sich dieses nach wie vor attraktive Thema entgehen lassen, und kaum einer hat es nicht unterschätzt: Saul Bellows zum großen Teil in Bukarest spielender Roman »Der Dezember des Dekans« (1982) ist beispielhaft für diese Bücher, die beweisen, daß es für einen Amerikaner sehr schwierig ist, etwas über die dortige Welt zu erzählen, was über die Berichte westlicher Korrespondenten hinausginge.

Philip Roth hat sich Prag als Hintergrund gewählt, und zwar für eine Erzählung, die er als »Epilog« des Zuckerman-Zyklus bezeichnet, obwohl sie mit selbigem absolut nichts zu tun hat – auch wenn es Zuckerman ist, den er nach Prag schickt. Er begibt sich dorthin, um die unveröffentlichten Manuskripte eines angeblich hochbedeutenden jiddischen Schriftstellers zu holen, der von den Nazis umgebracht wurde. Schließlich gelangt er in den Besitz dieser Manuskripte, die er indes, da sie mit hebräischen Buchstaben geschrieben sind, nicht lesen kann und die ihm unmittelbar vor seinem Abflug aus Prag von den tschechischen Behörden wieder abgenommen werden. Ob es sich um beachtliche Arbeiten oder um wertloses Papier handelte, bleibt offen.

Der amerikanischen Leserschaft mag die »Prager Orgie« bestätigt haben, was sie sich immer schon unter dem Alltag in einem kommunistischen Land vorzustellen beliebte. Ein Klischee jagt hier das andere, alle bespitzeln sich gegenseitig – und vom Lokalkolorit spürst du kaum einen Hauch. Statt Prag hätte es auch Warschau sein können oder Sofia. In einer Hinsicht freilich unterscheidet sich das Bild, das in dieser unbedarften Erzählung mit groben Strichen skizziert wird, von vergleichbaren Romanen oder Erzählungen westlicher Autoren: Philip Roth projiziert die Sexbesessenheit, die ohne Zweifel zu seinem Welterfolg beigetragen hat, nun auch auf die Stadt an der Moldau.

Übrigens wird zwischen dem Sexuellen und dem Politischen ein unmittelbarer Kausalzusammenhang hergestellt: »Seit den Russen gibt es die besten Orgien von Europa in der Tschechoslowakei. Weniger Freiheit, besseres Ficken.« Die Faszination, die das Verbum »ficken« auf Philip Roth ausübt, kennt offenbar keine Grenzen. Es ist das Schlüsselwort des Buches: Ob Frauen oder Männer – niemand kann sich hier artikulieren, ohne dieses Verbum zu verwenden. Das gilt vor allem für die tschechische Schriftstellerin Olga, die also redet: »Fick alles und jeden. Fick die Welt, dann kann sie mich nicht mehr ficken.«

Durch die geradezu manische Wiederholung nutzt sich das Verbum rasch ab und vermag, glaube ich, nicht einmal ein unschuldiges Mädchen hinter dem Ofen hervorzulocken. Manch Ungeduldiger mag, von der stumpfsinnigen Repetition ermüdet, im stillen denken: »Der Worte sind genug gewechselt, laßt mich auch endlich Taten sehen.« Doch die Taten bleiben aus, die Prager Orgie beschränkt sich auf das Sprachliche, und die Leser, die dem Titel trauten und ein paar richtige Ferkeleien erwartet haben, gehen leer aus. Neuerdings ist nicht einmal in dieser Beziehung auf Philip Roth Verlaß.


## Der Traum vom Gegenleben

*1989*

Die beliebte Interviewfrage, ob sie denn beim Schreiben gelegentlich auch an das Publikum dächten, empfinden Schriftsteller, die auf sich halten, als ehrenrührig. Nein, antworten sie in der Regel, sie seien stets so sehr von dem Text, an dem sie gerade arbeiten, in Anspruch genommen, daß sie auch nicht den geringsten Gedanken an ihre künftigen Leser verschwenden könnten. Stimmt das?

Auf die Dramatiker trifft das mit Sicherheit nicht zu, denn wenn sie etwas taugen, dann vergessen sie nie, daß die Sätze, die sie notieren, von einem Schauspieler gesprochen und von einem Auditorium zur Kenntnis genommen werden sollen. Anders mag es bei den Lyrikern aussehen, die sich einem betont monologischen Geschäft hingeben, das einen etwas unzüchtigen Vergleich nahelegt. Dennoch will es mir scheinen, daß der große Lyriker Bertolt Brecht beim Verfertigen seiner Verse keineswegs nur mit sich selber befaßt war und niemals in die Gefahr geriet zu dichten, als sei unser Planet unbewohnt.

Und wie ist es mit den Romanciers? Ihr potentielles Publikum ist, vermute ich, in einem gewissen Sinne sogar dann an der Entstehung ihrer Bücher mitbeteiligt, wenn der Autor von ihm nichts wissen will. Das heißt noch keineswegs, er sei etwa bereit, die Erwartungen seiner Zeitgenossen zu berücksichtigen oder gar ihren Bedürfnissen entgegenzukommen. Aber diese Zeitgenossen tragen, ohne daß es ihnen auch nur im geringsten bewußt wäre, zur Atmosphäre und zum Klima bei, die der Romancier artikuliert, sie zwingen ihn, für ein bestimmtes Lebensgefühl den literarischen Ausdruck zu suchen, ja sie drängen ihm gewisse Motive und Themen auf. So hat, was ein Romancier produziert, immer auch mit jenen zu tun, die er angeblich ignoriert – mit seinen Lesern. Und das gilt erst recht, wenn er sich bemüht, gegen seine Epoche, gegen sein Publikum zu schreiben.

Der Amerikaner Philip Roth hat nie daran zweifeln lassen, für wen vor allem seine Bücher bestimmt und gegen wen sie gerichtet sind: für und gegen die Juden in den Vereinigten Staaten. Natürlich sind ihm auch alle anderen Leser jenseits und diesseits des Atlantiks willkommen, aber nicht sie will er ärgern oder attackieren, und die Frage, wie Nichtjuden seine oft vehemente Kritik der Juden auffassen und ob sie in ihr vielleicht sogar die Bestätigung und Rechtfertigung antisemitischer Gedanken und Parolen sehen, schien ihm von Anfang an, wenn nicht gleichgültig, so doch jedenfalls nebensächlich.

Daß Philip Roth dies wagen konnte, hat mit zeitgeschichtlichen Vorgängen zu tun: Er debütierte 1959 mit dem Erzählungsband »Goodbye, Columbus« und erzielte seinen größten Erfolg 1969 mit dem Roman »Portnoys Beschwerden«. Prompt wurde dem jungen Roth von jüdischer Seite vorgeworfen, er mobilisiere antisemitische Reaktionen. Gelegentlich hieß es sogar, er verrate die Sache der Juden. Damit schien bewiesen, daß es ihm gelungen war, tabuisierte Motive aufzugreifen und sein Publikum zu provozieren. Aber so radikal und frech diese Provokation auch war, sie wurde immerhin als diskutabel empfunden: Man hat Roth zwar scharf kritisiert, doch letztlich nicht verurteilt. Denn ein großer Teil jener jüdischen Leserschaft, die er aufregen wollte, war – vornehmlich dank der Existenz des Staates Israel – schon selbstbewußt genug, um seine Bücher als satirische Herausforderungen hinzunehmen und nicht als bedrohliche Kriegserklärungen mißzuverstehen.

Es mag sein, daß Philip Roth den Jahren nachtrauert, da sein Roman »Portnoys Beschwerden« ein Streitobjekt war und er sich gegen allerlei Beschimpfungen und auch Verleumdungen jüdischer Kritiker und Publizisten verteidigen mußte. Inzwischen ist das Selbstvertrauen der amerikanischen Juden weiterhin gewachsen, nie war ihre Rolle im politischen, wirtschaftlichen und kulturellen Leben der Vereinigten Staaten größer als in dieser Zeit – und das hat auf den Autor Philip Roth einen gravierenden Einfluß ausgeübt: Nun kann er über die Juden schreiben, was er will, ohne deshalb gleich hören zu müssen, jedes seiner Worte sei Wasser auf die Mühle der Antisemiten. Anders ausgedrückt: Das Provozieren ist auch dort ein mühevolles Geschäft geworden, und Tabus, gegen die ein jüdischer Schriftsteller wie Philip Roth wirkungsvoll anrennen könnte, sind in Amerika nicht mehr so leicht zu haben.

Das soll nicht etwa heißen, er habe die Fragen, mit denen er sich seit Ende der fünfziger Jahre beschäftigt, aufgegeben und sich von seinen Obsessionen befreit. Nein, er leidet an ihnen nach wie vor, aber während er in den früheren Büchern von diesen Obsessionen vor allem Rechenschaft ablegen wollte und sie mit Witz und Humor anschaulich zu machen versuchte, kann ihm das jetzt nicht mehr genügen. Er ist ernster und nachdenklicher geworden, der Rolle des frechen Spaßvogels scheint er endgültig leid zu sein, er zielt jetzt höher und weiter. Doch klug genug, um zu wissen, daß sich mit der Literatur bestenfalls die Literatur verändern läßt, hört Philip Roth nicht auf zu hoffen, sie sei ein nützliches Mittel, um die Welt zu erkennen, wie man sie auf andere Weise nicht erkennen kann. So möchte er denn auch mit Hilfe seiner Einbildungskraft und seines Vorstellungsvermögens jenen Obsessionen auf den Grund kommen, die ihn beinahe wie Erinnyen verfolgen.

»Gegenleben« (»The Counterlife«) lautet der Titel seines Romans, und er ist gut gewählt: Was immer hier erzählt wird, läuft letztlich auf ein uraltes Motiv der Weltliteratur hinaus – die Unzufriedenheit des Individuums mit seiner Existenz, die Sehnsucht nach einem anderen Dasein und vielleicht auch einer anderen Identität, der

Traum eben von einem Gegenleben. Die beiden Figuren im Mittelpunkt kennen wir längst aus dem amerikanisch-jüdischen Welttheater von Philip Roth: Es sind die Brüder Zuckerman, Nathan, der Schriftsteller, und Henry, der Zahnarzt.

Dennoch haben wir es nicht mit einem runden, einheitlichen Roman zu tun, und keiner weiß das besser als sein Autor. An einem Anfang, einem Zentrum und einem Schluß – sagte er in einem Interview – fehle es seinem »Gegenleben« keineswegs, vielmehr habe es zu viele Anfänge, zu viele Zentren und zu viele Schlüsse. Auf diese Weise hat sich Philip Roth, der Gewitzte, gleich selber der Kritik seines Buches angenommen und, sich für die Flucht nach vorn entscheidend, freimütig und diskret auf die Schwäche hingewiesen, die das »Gegenleben« beeinträchtigt, ohne es wirklich zu gefährden: Der überaus reiche, nicht nur umfangreiche Roman zerfällt in seine Bestandteile – und die Scharniere, die sie zusammenhalten sollen, knirschen vernehmlich.

Hat hier einer mit heißer Nadel genäht? Nein, Philip Roth ist ein solider und zuverlässiger Handwerker, und er hat nie sorgfältiger und gründlicher gearbeitet als diesmal. Aber er ist eher ein Erzähler als ein Romancier, die Komposition eines größeren epischen Vorhabens gehört nicht zu seinen starken Seiten. Sein Talent bewährt sich in satirischen Genrebildern und Episoden, in Details und den Dialogen und schließlich in den Porträts, wobei man wiederum Originalität und Plastizität häufiger den Chargen nachrühmen kann als den zentralen Gestalten.

Das einleitende Kapitel des Romans »Gegenleben«, im Grunde eine in sich geschlossene Erzählung von etwa sechzig Seiten, ist ein Bravourstück, ein Höhepunkt des Werks von Philip Roth, wenn nicht überhaupt der amerikanischen Prosa dieser Jahre. Kann und soll ein Mann, der erst 39 Jahre alt ist, auf das Sexualleben verzichten? Vor dieser Frage steht Henry Zuckerman, der Zahnarzt, dessen Herzerkrankung mit Medikamenten unter Kontrolle gehalten wird, die seine Potenz gänzlich erlahmen lassen.

Und soll und darf er, zumal er Vater von drei Kindern ist, sich einer Operation unterziehen, die, wenn alles gutgeht, zwar jene fatalen Medikamente überflüssig machen wird, bei der er aber sein Leben aufs Spiel setzt? Die Ärzte raten dringend ab, auch seine Ehefrau Carol ist dagegen: »Nach achtzehn Jahren erwarte ich nicht, daß die Ehe eine stürmische Liebesaffäre ist.« Und: »Wozu brauchen wir überhaupt Sex?« Hinter dieser rhetorischen Frage verbirgt sich eine Kapitulation.

Denn es ist noch nicht lange her, da hatte Carol ihren Mann nachts vom Flughafen abgeholt, auf dem einsamen Parkplatz ihren Regenmantel plötzlich aufgeknöpft und das Licht im Wagen angeknipst: »Darunter ist sie nackt, bis auf einen schwarzen Büstenhalter, Höschen, Strümpfe, Strumpfhalter. Einen aufflackernden Moment lang erregt es ihn sogar, doch dann entdeckt er das Preisschild, das noch am Strumpfhalter hängt, und sieht darin die ganze Verzweiflung, die hinter dieser beunruhigenden Darbietung steckt,... die Armseligkeit dieser Einkäufe, die... von der einfallslosen, sexuell gar nicht abenteuerlustigen Ehefrau getätigt worden sind, mit der er für den Rest seines Lebens verheiratet sein würde.«

Die tüchtige, doch reizlos gewordene Frau, die Kinder, der Alltag zu Hause und im Beruf – damit will sich

Henry nicht abfinden, damit brauchte er sich bisher nicht abzufinden. Da gab es noch die halbe Stunde nach Ende des Arbeitstages, wenn die Jalousien heruntergelassen waren und seine junge Assistentin ihm zu allerlei Genüssen verhalf. Aber jetzt war er dazu verdammt, wieder treu zu sein: »Er würde Carol nie belügen müssen – es gäbe nichts zu lügen.« Über Nacht schien er »von einem Mann in den Dreißigern zu einem Mann in den Achtzigern geworden zu sein«.

Ohne sein Gegenleben indes will Henry nicht mehr existieren, er nimmt, allen Warnungen zum Trotz, das große Risiko auf sich – und überlebt die Operation nicht. Philip Roth teilt dies gleich auf den ersten Seiten des Buches mit, von Überraschungseffekten will er, dem man früher so oft die Verwendung billiger Mittel vorwerfen mußte, jetzt nichts mehr wissen. Die Trauerfeier in der Synagoge einer amerikanischen Provinzstadt beschreibt er dezent und deutlich zugleich – endlich begreift man, warum er als den von ihm besonders geschätzten Meister der Prosa immer wieder Anton Tschechow genannt hat.

Wie aber, wenn Henrys Herzoperation gelungen wäre? Ginge alles so weiter, wie es vorher war – also regelmäßige Ausschweifung nach Arbeitsschluß und dann die Rückkehr ins brave Familienleben? Läßt sich das elementare Bedürfnis nach dem Gegenleben auf die Dauer so einfach befriedigen? Philip Roth macht es sich nicht leicht, er hat keine Bedenken, im zweiten Teil des Romans eine ganz andere Variante zu offerieren, diesmal jenseits des Erotischen und des Sexuellen.

In dieser Variante hat Henry zwar die gefährliche Operation überstanden, doch kann er sich in seinem alten Leben nicht mehr zurechtfinden. Schon nach wenigen Monaten verläßt er plötzlich seine Familie ebenso wie seine Praxis mit der Geliebten, der hübschen blonden Assistentin. Er fliegt allein und ohne Gepäck nach Israel. Was sucht er dort? Nichts anderes als sich selbst, er hofft, dort zu werden, was er seiner Ansicht nach nicht ist: ein authentischer Jude.

Israel gehöre, heißt es in dem Roman, zu jenen Orten, über die man soviel besser Bescheid weiß, bevor man sie besucht hat. Aber man würde Philip Roth mißverstehen und zugleich unterschätzen, wollte man ihn verdächtigen, er habe die in Israel spielenden Kapitel seines Romans geschrieben, um die Leser über dieses Land aufzuklären; das ließe sich auch – und gewiß besser – mit Essays und Reportagen machen. Es scheint, daß ihn etwas gereizt hat, was über derartige Intentionen weit hinausgeht.

Immer schon hatten Schriftsteller als Schauplätze ihrer Werke abgeschlossene Welten bevorzugt, sie führten ihre Figuren gern auf Inseln oder Schiffen zusammen, später in Hotels oder Sanatorien und noch später in Gefängnissen oder Konzentrationslagern. Die mehr oder weniger isolierten Orte dienten als Bühnen, auf denen die Konfrontation unterschiedlicher Personen, Ideen oder Visionen möglich, wenn nicht unvermeidlich wurde.

»Hier sind die Extreme viel zu groß für ein so kleines Land« – sagt ein kluger Mann im »Gegenleben«. Wäre also Israel in diesem Roman eine Art Probebühne für zeitgenössische Konflikte und Konzeptionen? Jedenfalls tritt hier »jedes jüdische Dilemma, das es je gegeben hat«, in konzentrierter Form auf – und da braucht man nur noch hinzuzufügen, daß sich in dem, was Roth als »jüdisches Dilemma« bezeichnet, stets überhöht, intensiviert und auch karikiert wiederfindet, was alle Menschen betrifft. Mit anderen Worten: Jüdische Schicksale bergen, nun schon seit Jahrtausenden, immer auch Gleichnisse – ein Umstand übrigens, dessen sich die Juden selber gern entledigen würden.

Philip Roth weiß sehr wohl, daß die Menschen nicht nur aus ihrem Leben Geschichten machen, sondern auch aus den Geschichten ihr Leben. Um dies zu zeigen, knüpft er wieder einmal an jene alte ostjüdische Tradition an, der seine Bücher schon häufig allerlei zu verdanken hatten: Er scheut sich nicht, im Ernsten und im Traurigen das Lächerliche wahrzunehmen, das komische Potential zu entdecken und mit diesem Potential jene Aspekte auszuloten, die sich nie ganz ausloten lassen.

»Was zum Teufel hat es damit auf sich, ein Jude zu sein« – fragt er. Das Buch gibt viele Antworten – in erregten Debatten, in glanzvoll formulierten Tiraden, in erstaunlichen Bonmots. Doch die besten Antworten, die melancholischen und ironischen, stehen da, wo gute Erzähler sie meist unterbringen: zwischen den Zeilen. Nichts, was man dem Staat Israel und seiner Politik vorwerfen kann, wird hier verschwiegen, die jüdischen Feinde (oder vielleicht doch Beinahe-Feinde) Israels kommen ebenso zu Wort – wie ein militanter Fanatiker, der für Gewalt und Terror plädiert und den der Autor, sowenig er mit ihm einverstanden ist, mit Argumenten versieht, die des Nachdenkens wert sind.

Die Sehnsucht nach dem Gegenleben, die der flüchtige Zahnarzt Henry in einer Wehrsiedlung in den Hügeln Judäas verwirklichen möchte, wird im letzten Teil, der sich in einer englischen Provinzstadt abspielt, wieder im Erotischen angesiedelt. Sonderbar: Auch hier, da Roth die schwierige Geschichte der Beziehung des jüdischen Schriftstellers Nathan Zuckerman mit der nichtjüdischen Intellektuellen Maria erzählt, wird vor allem geredet – über Sex ohne Liebe und über Liebe ohne Sex, über die Juden und den Antisemitismus, über Christen und christliche Rituale, über das »Linke Ufer« in Paris und die »grünen Wiesen« in England, über die Literatur und das Leben, also natürlich über das Gegenleben.

Für den Schriftsteller, der das Erfinden von Geschichten satt hat, verkörpert die blonde und offensichtlich recht gesunde Maria jenes andere Dasein, das ihm bisher, so glaubt er jedenfalls, entgangen ist. Sie wiederum empfindet die Person des Juden, an dem sie manches stört, gleichwohl als abenteuerlich-pittoresk. Er geht ihr auf die Nerven, aber gelangweilt hat er sie noch nie: »Diese endlosen, ergebnislosen, intimen Gespräche – es muß dir manchmal wie die Unterhaltung zweier im Gefängnis vorgekommen sein, doch für mich war es die reinste Form des Eros.«

Maria ist es auch, die Nathan überzeugen möchte, er müsse nicht so verdammt viel Aufhebens davon machen, daß er Jude sei, er solle doch endlich die Juden vergessen. Sie hat gut reden. Aber Obsessionen, zumal solche, deren Wurzeln Jahrhunderte, wenn nicht Jahrtausende alt sind, lassen sich weder vergessen noch verdrängen. Aber sie lassen sich sublimieren. Und das eben ist Philip Roth mit seinem Roman »Gegenleben« gelungen.

# Ein leidender Genießer
*1993*

Ob er, dieser Jude und Amerikaner, dessen viele Bücher uns schon seit den sechziger Jahren erfreuen, verwundern und auch ärgern, den wir, offen gesagt, gelegentlich schon zu allen Teufeln gewünscht haben, ob er also, Philip Roth, der demnächst sechzig Jahre alt wird, ein wirklich großer Schriftsteller ist, dessen bin ich mir immer noch nicht sicher. Aber ein außergewöhnlicher, ein hochintelligenter Autor, der unbeirrt seinen Weg geht und uns eine Überraschung nach der anderen bereitet, ist er mit Sicherheit.

Zuletzt haben wir in deutscher Übersetzung seine »wahre Geschichte« (so der Untertitel) »Mein Leben als Sohn« erhalten, einen beinahe schlicht, jedenfalls ganz ohne Raffinesse geschriebenen, einen erschütternden und, wie mir vorerst scheint, unvergeßlichen Bericht vom langsamen Sterben des Vaters von Philip Roth. Der Roman »Täuschung« ist von ganz anderer Art: weder erschütternd noch unvergeßlich, doch keineswegs schlicht, vielmehr pfiffig und streckenweise äußerst raffiniert. Und, um es gleich zu sagen: sehr lesenswert.

Mit drei Themen beschäftigt sich Philip Roth, seit er schreibt: mit der Liebe, mit der Literatur und mit den Juden – und meist mit allen dreien auf einmal. Denn in der Regel erzählt er von einem jüdischen Schriftsteller, den die Literatur immer zur Liebe führt und dessen Liebeserfahrung sich immer in Literatur verwandelt und der nicht leben kann, ohne stets aufs neue über die Juden nachzudenken, über dieses »auserwählte Volk«, das sich seit Jahrhunderten, wenn nicht seit Jahrtausenden sehnlichst wünscht, der Herr möge es endlich in Ruhe lassen und sich ein anderes Volk auserwählen. So ist es auch in der »Täuschung«.

Also alles wie gehabt? Nein, eben nicht. Zwar sind die drei alten Themen wieder da, zwar steht im Mittelpunkt wie eh und je bei Philip Roth ein geistreicher Intellektueller, zum Leiden geboren, zum Dichten bestellt, einer, dem allerlei Komplexe und Obsessionen viel zu schaffen machen und der dennoch nicht aufhört, sein Leben zu genießen. Aber obwohl auf der Titelseite das Wort »Roman« zu lesen ist, wird nichts mehr erzählt. Überhaupt nichts. Wie das?

»Der Roman stirbt.« Das hören wir, auch wir älteren Semester, seit wir leben. Und es gibt schöne und kluge Abhandlungen, die nachweisen, daß der Roman unserer Zeit nicht mehr gemäß sei. Ein Fossil mithin? Viele Theoretiker behaupten es, und viele Praktiker, Schriftsteller also, wissen es ebenfalls, nur wollen sie sich nicht danach richten. Fragt man einen deutschen Autor, woran er gerade arbeite, antwortet er in den meisten Fällen: an einem Roman – und bisweilen schwingt in dieser Erwiderung etwas Stolz oder Selbstzufriedenheit mit. Als hätte ein Architekt erklärt: Ich baue einen Wolkenkratzer.

Im Gespräch mit Heinrich Böll habe ich ihm (überflüssigerweise) gestanden, daß ich seine Geschichten noch ein bißchen mehr schätze und bewundere als seine Romane. Er antwortete ziemlich grimmig, er habe schon viel unter meinen Unverschämtheiten gelitten, dies aber sei die größte. Und das Publikum? Es kümmert sich nicht einen Pfifferling um die Kritiker und Literarhistoriker und weigert sich, zur Kenntnis zu nehmen, wie traurig das Schicksal des Romans sei, wenn er denn überhaupt noch existiere.

Aber es trifft zu – ich bitte, mir die Banalität dieser Feststellung nicht zu verübeln –, daß der Roman eine epische Form ist, die unentwegt nichtepische Elemente aufnimmt und verwendet, also, grob gesagt, lyrische, dramatische und essayistische. Dies jedoch hat, allen gegenteiligen Beteuerungen zum Trotz, nichts mit den Errungenschaften der modernen Literatur zu tun. Vielmehr wird es schon seit Goethe und seit der deutschen Romantik mehr oder weniger intensiv praktiziert.

Und vielleicht ist es das wichtigste Geheimnis, hinter dem sich der unvergleichliche Erfolg dieser Gattung verbirgt: daß man zwar ihre verschiedenen Spielarten beschreiben kann, daß sie sich aber letztlich nicht definieren läßt. So ist die Romanform, könnte man sagen, die Dachorganisation der Weltliteratur, eine solche also, die alle anderen literarischen Formen zusammenfaßt und verwertet. Recht hatte also jener (ich glaube, es war Hermann Broch), der kurzerhand entschied, was der Roman sei, bestimme immer der, der ihn schreibe.

Was hat Philip Roth diesmal bestimmt? Das Buch »Täuschung« besteht ausschließlich aus Dialogen. Erst gegen Ende finden sich einige Worte, die über die direkte Rede der Figuren hinausgehen, etwa: »Küßt sie. Sie lacht.« Oder: »Weint bitterlich.« Im Grunde sind diese lapidaren Hinweise entbehrlich. Haben wir es also mit einem Theaterstück zu tun oder vielleicht mit einem Hörspiel? Nein, obwohl man die Sache, wenn man es unbedingt wollte, auch auf die Bühne bringen könnte oder auf den Bildschirm; und auch als Hörspiel kann man sie sich gut denken. Nur: Wenn einem so tüchtigen Literaten wie Philip Roth daran gelegen wäre, dann hätte er diese »Täuschung« anders geschrieben. Er hätte es schon geschafft, dankbare Rollen für Schauspieler oder Sprecher zu liefern. Aber er bietet etwas anderes: Texte für Leser.

Der hier mit einigen tschechischen und polnischen Emigranten weiblichen und männlichen Geschlechts plaudert und diskutiert (aber immer ohne Zeugen), der sie befragt und bedrängt, der mit ihnen flirtet und streitet und den man zuweilen für einen Untersuchungsrichter halten könnte, ist kein Sachwalter des Autors, es ist letztlich der Autor selber, ein Schriftsteller nämlich, dessen Biographie sich von derjenigen des Philip Roth nicht unterscheiden läßt und der auch dessen uns wohlbekannte Bücher verfaßt hat. Mit Vornamen heißt er ebenfalls Philip.

Doch was spielt sich ab? Kurz gesagt: Nichts. Es wird geredet – nicht mehr und nicht weniger. Eine Tschechin, 1968 in die Vereinigten Staaten gekommen, lebt, da andere Versuche mißlungen sind, von der Prostitution und hat das dringende Bedürfnis, ein Buch über das Leben einer Prostituierten zu schreiben; Philip soll ihr dabei helfen.

Eine andere tschechische Emigrantin, die in England gelandet ist, erzählt ihre nicht undramatische Geschichte, auf die der Geheimdienst einigen Einfluß hatte. In einem anderen Gespräch fällt die Beobachtung auf, daß Männer (»normalerweise«!) mit Frauen reden, um mit ihnen ins Bett zu gehen, Philip hingegen mit ihnen ins Bett geht, um mit ihnen zu reden. Eine Polin wird streng vernommen: Wir hören von der katholischen Kirche, der kommunistischen Partei und wieder einmal von der Prostitution.

Alle diese Dialoge sind kurz und flüchtig, sie enthalten kaum Überraschendes – und man liest sie dennoch mit Vergnügen, ja auch mit Gewinn. Roth wird nicht müde, seit vielen Jahren seine Figuren, Motive und auch Gedanken zu wiederholen – und langweilt dennoch nicht. Vielleicht verdanken wir es *seiner* Ungeduld, daß *wir* nicht ungeduldig werden, daß *wir* nicht ermüden – am allerwenigsten in dem Hauptstück des Bandes, einem langen Gespräch voll fröhlicher Wissenschaft über Sexuelles und Verwandtes.

Die Engländerin Maria, die einen Mann und zwei Kinder hat sowie überdies ein Verhältnis mit unserem Philip – ist es nicht jene Maria, die wir schon aus dem Roman »Gegenleben« kennen? Da machen wir uns aber nicht viele Gedanken, denn das Ganze hat sich verschoben und verändert: In erster Linie interessiert ihn jetzt nicht seine (glücklicherweise äußerst intelligente) Geliebte, sondern der Roman, den er über die Beziehung mit ihr zu schreiben beabsichtigt. Was immer er mit dieser Maria tut (viel ist es nicht) und redet (es ist schon sehr viel, doch meist witzig) – alles geschieht hier und jetzt, aber im Hinblick auf das geplante Buch. Was immer er erlebt und, vor allem, erfährt, wird gleich sorgfältig notiert. Mit anderen Worten: Leben als Material für Literatur, wieder einmal.

Indes hat Philip Roth eine Pointe in Reserve: Die Ehefrau des Materialsammlers, bisher kaum erwähnt, findet dessen ausführliche Aufzeichnungen. Da sie an Deutlichkeit nichts zu wünschen übriglassen, stellt sie ihn zur Rede – und die Katastrophe scheint unaufhaltsam. Freilich bestreitet er alles. Er habe sich diese Liebesaffäre bloß vorgestellt, zudem sei es eine mit einer erfundenen Person. Das mag, gibt Philip zu, ein geradezu perverser Betrug sein, aber schließlich sei er »nicht der einzige Mann, der an imaginäre Frauen denkt, während er sich mit der Frau im Schlafzimmer befindet, mit der er regelmäßig schläft... Ein mildernder Umstand: meine Arbeit, mein Lebensunterhalt.« Was in dem Notizbuch festgehalten ist, sei »die Geschichte einer Imagination von Liebe«. Als hätte Tolstoi etwas mit Anna Karenina gehabt.

Stimmt die Version, die Philip seiner Frau erzählt? Sollte also die kluge Engländerin tatsächlich »nichts als Worte« sein? Das ist mir, kurz sagt, schnurz und schnuppe. Allerdings frage ich mich, ob diese Gleichgültigkeit selbst eines wohlwollenden Lesers *für* die »Täuschung« spricht. Hier und jetzt kommen wir zu unseres Pudels Kern: Alles darf der Romancier machen, wie es ihm gerade paßt, auf alles kann er, wenn es denn sein muß, verzichten, nur muß er den Leiden seiner Figuren gerecht werden, er muß sie zumindest ernst nehmen. Daran aber hapert es in diesem Buch, und daher lesen wir, was die Personen sich gegenseitig mitzuteilen haben, in bester Laune und mit unzweifelhaftem Interesse, doch ohne besondere, ohne tiefere Teilnahme. Oder sollten wir uns nicht genieren und einfach sagen: ohne Mitleid?

Philips Ehefrau ist hier die einzige Figur, die leidet und deren Leiden glaubhaft sind. Ihr, nur ihr ist es denn auch zu verdanken, daß die »Täuschung« schließlich, obwohl Roth nach wie vor nichts erzählt, obwohl sich also an der Hörspieltechnik nichts ändert, doch zu dem wird, was die Titelseite verspricht: zu einem Roman. Aber da ist das Ganze schon zu Ende.

Wie auch immer: kein großes, aber ein dolles Buch. Dieser Philip Roth – er ist schon ein Witzbold hohen Ranges, also ein seltener Vogel. In Berlin sagt man: Ich habe mich amüsiert wie Bolle.

## Sex als Vergeltung am Tod

*2003*

Worum geht es in dem kleinen Roman »Das sterbende Tier«? Um die Liebe, die Literatur und die Juden. Das aber sind bei diesem Autor nicht etwa drei verschiedene Themen, vielmehr ist es ein einziges: Denn er, der Jude Philip Roth, erzählt in der Regel von jüdischen Intellektuellen, die verliebt sind – in Frauen und in die Literatur. Das läßt sich noch knapper sagen: Sie sind in das Leben verliebt. Dabei vermeidet er es – um es etwas überspitzt auszudrücken –, Literatur und Leben zu unterscheiden. Für ihn ist nicht nur die Literatur ein Echo des Lebens, sondern auch das Leben letztlich ein Abglanz der Literatur.

Dieser Philip Roth – schreibt der immer über Juden? Ja, so ist es: über ihre Größe und Erbärmlichkeit, ihre Triumphe und Niederlagen, ihre Leiden. Er erzählt von jüdischen Individualisten, denen es nur selten oder überhaupt nicht gelingt, sich mit ihrer Identität abzufinden, und die, mögen sie auch so erfolgreich sein wie er selber, der Autor Roth, dennoch mit sich und der Welt hadern: Sie haben ein gebrochenes Verhältnis zu den Menschen ihrer Umgebung und gehen daher allen auf die Nerven.

Aber man braucht nicht mit dem Judentum geschlagen zu sein, um sich in diesen jüdischen Figuren wiederzuerkennen. Millionen von Nichtjuden in der ganzen Welt spüren und begreifen, daß Roths Geschichten allesamt stets weit über sich hinausweisen, also immer auch Gleichnisse sind: Was sich in ihnen verbirgt, das betrifft, überhöht und intensiviert und bisweilen kräftig karikiert, uns alle.

Damit folgt Roth, bewußt und unbewußt, einer uralten Tradition: Die Juden sind ja, wie der Weltbestseller beweist (ich meine das literarische Werk, das man die »Heilige Schrift« nennt), seit eh und je Spezialisten für Parabeln. Und schließlich ist es ein Jude, von dem in der berühmtesten Parabel, die je geschrieben wurde, erzählt wird. Ich meine jenen, der am Kreuz erblich.

In einem Roman des israelischen Nobelpreisträgers Samuel Joseph Agnon ist einmal die Rede von drei Generationen von Juden in der modernen Welt. Der Repräsentant der ersten schrieb über die Thora, sein Sohn über die Liebe zur Thora und dessen Sohn über die Liebe. Philip Roth gehört – ähnlich wie Saul Bellow und Arthur Miller, wie Salinger und Norman Mailer – dieser dritten Generation amerikanischer Juden an. Sie rebellieren, jeder auf seine Weise, gegen die überlieferten Bindungen. An die Stelle von Religion und Tradition versuchten und versuchen sie, die Literatur und die Psychoanalyse zu setzen: statt Thora und Talmud also Kafka und Freud.

So entwirft Philip Roth in diesem Roman wieder einmal sein amerikanisch-jüdisches Welttheater. Im Mittelpunkt steht erneut ein uns aus zwei seiner früheren Bücher bekannter, nun älter gewordener Professor, ein

Literaturkritiker und Universitätslehrer, der seinen bisher schon beachtlichen Erfolg jetzt auch noch einem dritten Beruf verdankt: Er tritt regelmäßig im Fernsehen auf. Das hat eine Popularität zufolge, die ihn beglückt und ihm zugleich den Alltag erschwert. Er muß melancholisch zur Kenntnis nehmen, daß sich gerade in diesem Gewerbe zum Erfolg mit trauriger Regelmäßigkeit der Neid der Kollegen gesellt.

Wie die meisten Helden Philip Roths ist dieser Professor monologisch veranlagt, ein Einzelgänger, der sich nach Gesprächspartnern sehnt. Er benötigt sie, ob es Kollegen oder Psychotherapeuten sind, vor allem als aufmerksame Zuhörer.

Besonders gern unterhält er sich mit Frauen. Auf ihre Lippen blickend, sieht er ihre Schamlippen. Redend will er sich die Frauen ins Bett holen. Und er will mit ihnen ins Bett gehen, weil er hofft, dort werde er endlich einmal mit ihnen richtig reden können. Er ist ein geborener Beobachter. Nur bewährt sich seine ausgeprägte Fähigkeit, die Welt kritisch wahrzunehmen, am stärksten an der eigenen Person.

Seine Intelligenz ist erotisch, doch seine Sexualität, wie nervös, wie heftig sie auch sein mag, verdrängt niemals seine Intelligenz. Damit sind wir beim zentralen Motiv des Buches, auf das Roth menschenfreundlich mit einem Motto hinweist: Die Geschichte eines Lebens, heißt es da, sei »im Körper ebenso enthalten wie im Gehirn«. Mit anderen Worten: Es handelt sich um die Polarität von Sex und Intellekt.

»Ich lernte sie vor acht Jahren kennen« – lautet der erste Satz. Es geht gleich los, ohne Präludium, ohne Introduktion. Aber Roth kommt nicht nur sofort zur Sache, er bleibt auch unentwegt bis zur letzten Zeile dicht am Gegenstand. Er erzählt mit großer Routine, er erzählt perfekt. Bei uns empfiehlt es sich, rasch hinzuzufügen: Ich denke nicht daran, diese Routine zu beanstanden, und Roths Perfektion (eine Vokabel, die in unserer Kritik leider oft skeptisch verwendet wird) bewundere ich aufrichtig.

Der Gang der Handlung? Der Professor, zweiundsechzig Jahre alt, verliebt sich in eine vierundzwanzigjährige, aus Kuba stammende Studentin. Beide treten so selbstsicher auf, daß man es gleich ahnt: sie sind es insgeheim keineswegs. Ihn quält die Frage, wie lange junge Frauen für ihn noch erreichbar sein werden. Sie hat mit fünf Kommilitonen geschlafen. So weiß sie, was ihr Körper wert ist, sie spürt die Macht, über die sie verfügt. Doch letztlich weiß sie immer noch nicht recht, wie sie von ihrer Macht Gebrauch machen soll. Diese Liebesgeschichte dauert weniger als zwei Jahre. Einige Jahre später wird die Beziehung überraschend wieder angeknüpft – aus einem besonderen Grund.

Eine Liebesgeschichte ist es, also geht sie schlecht aus. Der leidenschaftlichen sexuellen Begierde entspricht im »Sterbenden Tier« die panische Angst vor dem Tod – des alternden Mannes und später auch der jungen Frau. Der Sex wird von Roth hier vor allem als »Vergeltung am Tod« verstanden.

Obwohl wir alles aus der Perspektive des Professors sehen und erfahren, wird die Obsession, von der er ebenso befallen ist wie seine Geliebte, wunderbar beglaubigt. Denn Roth erzählt nicht nur nachdenklich und temperamentvoll, sondern auch ohne jedes Aufheben: Seine Diktion ist, obwohl robust und lustvoll, doch leise, immer intelligent und geistreich, dennoch kurz und bündig.

In der ersten Hälfte des zwanzigsten Jahrhunderts wurde es bei uns Mode, Romane mit Essayistischem und oft eher mit Pseudo-Essayistischem zu bereichern und zu verzieren, aber auch zu belasten. Viele Schriftsteller – von Musil etwa bis Hermann Hesse – machten da, zumal wenn sie wieder einmal in eine Krise gekommen waren, gern mit. Für Philip Roth gilt das nicht, er, ein starker, ein elementarer Erzähler, hat dies nie nötig gehabt. Natürlich, auch er profitiert vom Essayistischen, aber er behilft sich eben nicht mit derartigen Einschüben.

Vielmehr gibt es in diesem Roman kaum einen Unterschied zwischen der Deskription und der Reflexion. Das heißt: Die Beschreibung oder Feststellung bestimmter Reize und Impressionen, Zustände oder Stimmungen geht sofort in deren prüfende Erörterung über, in deren meist distanzierte und scharfsinnige Erwägung. Mehr noch: Häufig kann von einem solchen Übergang eigentlich nicht die Rede sein. Denn in der Beschreibung ist schon der Befund enthalten. So bilden hier Sexualität und Intellektualität eine nahezu makellose Einheit.

Damit vor allem hat die originelle Prägung dieses Romans zu tun: der fortwährenden Synthese aus epischen und diskursiven Elementen, der Verbindung der extremen Ich-Bezogenheit, der distanzierten Beobachtung und Selbstkontrolle einerseits mit Hingabe, Raserei und Rausch andererseits. So gelingt Roth ein Bild der sexuellen Besessenheit, konkret und kritisch und zugleich ergreifend, und ein Bild der erotischen Leidenschaft, des Außersichseins der Liebenden, rührend und ebenfalls ergreifend. Dies ist möglich, weil die ständige Selbstkontrolle des erzählenden und unentwegt die Welt kommentierenden Professors niemals die Unmittelbarkeit seiner Darstellung und deren Vitalität beeinträchtigt.

Roth schildert die Veränderung der Vagina jener Studentin während des Orgasmus, und er macht ihre zartesten und dringlichsten Empfindungen spürbar. Er kann alles beschreiben, was er beschreiben will. Oft ist hier von Masturbation und Menstruation die Rede und natürlich von allerlei sexuellen Praktiken. Daß man aber im »Sterbenden Tier« viele »pornographische Stellen« finden könne, wie neulich in einer Rezension zu lesen war, ist schlechthin absurd – ebenso absurd wie der oft und schon beinahe automatisch gegen Roth erhobene Vorwurf, er sei ein Zyniker.

In dieser Geschichte von aufregender Ausschließlichkeit und Unbedingtheit ist viel Sehnsucht und Mitleid, viel Zärtlichkeit – freilich selten im Text, häufig zwischen dessen Zeilen. Aber so ist es ja meist in der Epik von hoher Qualität: Roth läßt uns ungleich mehr fühlen, ahnen und erkennen, als er uns mitteilt.

Und oft sagt er das, auf das es ihm ankommt, mit Details und Requisiten, die unauffällig, bisweilen nur in Nebensätzen erwähnt werden. Hier ein Beispiel, wie Roth den gesellschaftlich-moralischen Hintergrund, die bezeichnende Atmosphäre der »sexuellen Revolution« in den Staaten der siebziger oder achtziger Jahre andeutet: Eines Tages stellt unser Professor ein wenig überrascht fest, daß jemand an der Tür seines Arbeitszimmers im College ein neues Schildchen aufgehängt hat. Es unterrichtet über die Notnummer, von der seine Besucherinnen im Fall einer sexuellen Belästigung Gebrauch machen können.

Der genießende und leidende, der so fragwürdige Professor, dessen Lebensstil von seinem längst erwachsenen Sohn streng kritisiert wird, überwindet am Ende angesichts dessen, was er erleben muß, seine ungetarnte Eigenliebe. Wird der alte Sünder nun gerichtet oder gerettet? Keine Stimme von oben ist zu hören, Roth läßt die Frage offen, vom Ewigweiblichen wollen wir hier nicht reden. Aber dies immerhin dürfen wir sagen: Er hat im »Sterbenden Tier« eine der schönsten Frauenfiguren der neueren amerikanischen Literatur geschaffen.

1993 schrieb ich, daß ich Philip Roth zwar für einen hochintelligenten, einen außergewöhnlichen Autor halte, doch nicht ganz sicher bin, ob er ein wirklich großer Romancier ist.[1] Jetzt, nach den Romanen »Der menschliche Makel« und »Das sterbende Tier«, glaube ich zu wissen: Er ist einer der größten Schriftsteller unserer Zeit.

# Joyce Carol Oates

## Am Anfang ist jede Romanze einfach
*1979*

Es gibt kaum einen bedeutenden amerikanischen Schriftsteller des zwanzigsten Jahrhunderts, den man nicht zum Vergleich herangezogen hätte, um die Bücher der Joyce Carol Oates zu charakterisieren. Doch falsch wäre der freilich naheliegende Schluß, ihre Prosa weise eklektische Züge auf. Eher zeugen die vielen Vergleiche, die mehr zur Verwirrung als zur Klärung beitragen können, von einer gewissen Ratlosigkeit der Kritik. Und sie beweisen, daß wir es mit einer epischen Kunst zu tun haben, die reich und vielseitig und daher schwer faßbar ist: Diese große Erzählerin läßt sich weder auf ein Vorbild festlegen noch in einem der zur Verfügung stehenden Schubfächer der Literaturgeschichte unterbringen.

Eine große Erzählerin? Das Attribut mag verwundern, denn der Name der 1938 geborenen Joyce Carol Oates ist hierzulande bestenfalls jenen bekannt, die sich mit der angelsächsischen Literatur beruflich befassen. Ihr Roman »Ein Garten irdischer Freuden« erschien bei uns 1970 (zunächst in der »Frankfurter Allgemeinen Zeitung«) und wurde so gut wie überhaupt nicht beachtet. 1975 folgte die (sehr schwache) deutsche Übersetzung ihres Romans »Jene«, den zwar einige Rezensenten nachdrücklich lobten, den aber kaum jemand lesen wollte: Innerhalb von über drei Jahren wurden nur rund 1500 Exemplare dieses Buches verkauft.

Doch auch in Amerika hält sich der Erfolg der Joyce Carol Oates trotz ihrer zahlreichen und niemals ignorierten Publikationen vorerst in Grenzen. Gewiß, sie wird anerkannt und preisgekrönt, indes gehört sie nicht zu den Bestsellerautoren: Wenn ihre Bücher auf den ominösen Listen landen, dann lediglich auf den hinteren Plätzen.

Dabei bereitet die Lektüre dieser Prosa, zumal des bei uns veröffentlichten Erzählungsbandes »Grenzüberschreitungen«, keine besonderen Schwierigkeiten. Weder treten hier exzentrische Figuren auf, noch werden abseitige Themen behandelt. Es sind alltägliche Situationen und Vorgänge und keineswegs ungewöhnliche Schicksale, die Joyce Carol Oates darstellt.

Und die Schreibweise dieser hochgebildeten Schriftstellerin, die auch die raffiniertesten Kunstmittel des modernen Romans bestens kennt – ihre Essays lassen hier keine Zweifel aufkommen –, mutet bisweilen so einfach an, daß ihr schon manch ein Rezensent auf den Leim gegangen ist und sie als ein treuherzig-übersprudelndes Naturtalent bezeichnet hat. Natürlich stellen diese Geschichten, die uns leider wieder in einer unzulänglichen Übersetzung erreichen, hohe Ansprüche an den Leser, aber weniger an dessen literarische Bildung als vor allem an seine Sensibilität, an die Bereitschaft, psychische Prozesse, die oft nur angedeutet werden, mitzuempfinden.

In dem Prosastück »Grenzkontrolle« wird auf zwölf Buchseiten tatsächlich nichts anderes geschildert als eine Zollkontrolle beim Überschreiten der Grenze zwischen Kanada und den Vereinigten Staaten. Der Beamte verhält sich, auch wenn sein Mißtrauen und seine Pedanterie übertrieben scheinen mögen, durchaus korrekt. Schließlich darf die allein reisende junge Frau, aus deren Sicht die Kontrolle beschrieben wird, in ihrem Wagen weiterfahren. Nichts ist passiert.

Mehr hat dieses Prosastück, so scheint es, nicht zu bieten. Man kann es als virtuose Etüde eines Erzählers lesen, der glänzend beobachten und formulieren kann. Nur daß sich in diesem minuziösen Bericht eine Parabel verbirgt. »Sie hatte keine Angst« – heißt es am Anfang von jener Frau. In der Tat führt sie nichts mit, was unerlaubt wäre, sie hat nichts zu verheimlichen. Aber von Minute zu Minute wächst ihre Beklemmung. Sie glaubt, dem Beamten ausgeliefert und von ihm abhängig zu sein. In ihren Augen personifiziert er nicht bloß die Behörde, sondern die Welt, vor der sie sich fürchtet: Ihre Angst vor dem Zollbeamten ist ihre Lebensangst schlechthin.

Ähnlich wie die »Grenzkontrolle« sind alle Geschichten dieses Bandes, auch diejenigen, in denen sich einiges ereignet, vor allem Porträts und Psychogramme, Stimmungsbilder und Situationsskizzen. Und wie in der »Grenzkontrolle« wird in jeder dieser Geschichten das große Thema der Joyce Carol Oates abgehandelt: Es ist die Unfreiheit des Menschen. Genauer: die Angst des Individuums vor der Abhängigkeit von seiner Umwelt – vom Freund oder Ehepartner, vom Chef oder Kollegen, von den Behörden oder sogar von den Zivilisationseinrichtungen (wie etwa der Klimaanlage), vom Wetter oder auch von der Liebe.

Ja, diese herbe, kühle, stets reflektierende Schriftstellerin, die in einer »unter Schmerzen erworbenen Distanziertheit« Schutz sucht, ist eine Dichterin der Liebe. Diese steht im Mittelpunkt ihrer Erzählungen auch dann, wenn sie mit keinem Wort erwähnt wird.

Die unheroischen Helden der Joyce Carol Oates, übrigens fast ausschließlich Intellektuelle, sehnen sich nach Liebe. Sie brauchen die Liebe. Indes werden sie hin- und hergerissen: Denn nur in der intensiven Beziehung zu einem anderen Menschen können sie ihre Selbstbestätigung finden; doch zugleich fürchten sie eine solche Beziehung, weil sie darin eine weitere Beeinträchtigung ihrer ohnehin gefährdeten persönlichen Freiheit sehen.

Wenn sie lieben oder zu lieben glauben, dann leiden sie an ihren Gefühlen: »In allem ist ein bitterer Tropfen.« Es sind Menschen, die einsam in ihrem Zimmer sitzen und ungeduldig darauf warten, daß eine bestimmte Person sie anruft. Sie können die Stille nicht ertragen; und wenn endlich das Telefon läutet, dann zögern sie, den Hörer abzuheben. Denn ihre Angst ist so groß wie ihre Sehnsucht.

Die Frauen, von denen die Autorin der »Grenzüberschreitungen« erzählt, sind monologisch veranlagt: Schwermütig meditieren sie über ihre Rolle im Leben, ohne diese akzeptieren zu wollen. Sie lieben sich selber mehr als ihre Partner. Margo (in der Geschichte »Träume«) lernt auf einer Party einen Psychologen kennen: »Sie sah, daß der Empfang ihn langweilte, und Angst stieg in ihr auf, nicht davor, daß er gehen könnte, sondern davor, daß sein Gehen sie verletzen würde.« Obwohl sie sich in ihn verliebt, ist sie allein am glücklichsten: »Wenn sie allein war, konnte sie über den Zustand des Verliebtseins nachdenken, als gehöre dieser Zustand zu einem anderen Ich.«

Während des Verhältnisses mit jenem Psychologen wird Margo von Panik ergriffen: Sie fürchtet, »daß diese glücklichen Momente, sollte er sie einmal verlassen, für den Rest ihres Lebens der schwer erreichbare Maßstab bleiben würden«. Trotzdem zieht sie das Verhältnis der Ehe vor: »So kannten sie sich sehr gut und waren dabei doch immer ein wenig auf der Hut. Jeder bemühte sich, dem anderen zu gefallen oder zu mißfallen... Sie nahmen den anderen nicht als selbstverständlich hin.« Schließlich möchte Margo dieses Verhältnis abbrechen; aber es ist unmöglich: »Sie konnte ohnehin nicht in eine Vergangenheit zurückkehren, die unberührt von ihm war. Sie waren zu stark, zu tief in ihre Beziehungen verstrickt.«

So ist auch der vieldeutige Titel des Buches (im Original: »Crossing the Border«) zu verstehen: Alle diese nervösen und unentwegt spannungsgeladenen Beziehungen begreift Joyce Carol Oates als riskante Grenzüberschreitungen. In der Erzählung »Der Schrei« steht eine Frau zwischen zwei Männern. Den einen, dem sie vertraut, den sie jedoch nicht mehr zu lieben glaubt, betrügt sie mit einem Jüngeren, den sie zwar zu lieben glaubt, ohne ihm indes vertrauen zu können: »Gierig und schamlos« liebte sie ihn, »als ob er das Leben selbst sei..., das so lange von ihr weggeströmt, ihr ausgewichen war.«

Das gleiche Motiv, jene ewige Sehnsucht der Intellektuellen nach dem Blauäugigen, dem Unkomplizierten, kehrt in der Geschichte »Verliebt in Ashton« wieder. Hier versucht ein Schriftsteller, der sich von seiner klugen und freilich auch kritischen Frau erholen möchte, sein Glück bei einer kräftigen Kellnerin polnischer Herkunft: Es ist »ein wunderbar gesundes, normales Mädchen«, blond und primitiv.

Früher oder später scheitern sie alle. Doch nur die Betroffenen werden sich ihrer Niederlagen bewußt, die Umwelt ahnt nichts. Es sind nicht die dramatischen Katastrophen und die effektvollen Tragödien, die diese Erzählerin interessieren. Meist zeigt sie, wie eine erotische Beziehung ausklingt (»Am Anfang ist jede Romanze einfach«), wie Verhältnisse abbröckeln und im eintönigen Alltag versanden, wie die große Leidenschaft verdrängt wird von Entfremdung, von Gleichgültigkeit und Kälte.

Und die Ehe? Sie ist es, die, so hören wir, das Individuum zwar auf stille und subtile Weise, aber am nachhaltigsten verändert oder gar vergewaltigt. Die wichtigste Figur des Buches, die junge Renée, die auf bestimmte Männer, auf Intellektuelle zumal, anziehend wirkt, ist mit einem Naturwissenschaftler verheiratet, einem offenbar gänzlich belanglosen Mann. Diese ebenso intelligente wie gehemmte und verschlossene Philologin kann ihm nichts vorwerfen, es sei denn, daß sie sich mit ihm langweilt und immer einsamer wird. Warum? Wohl deshalb, weil sie zwar zusammen, doch nur nebeneinander und nicht miteinander leben – in zwei verschiedenen Welten: Die Mentalität des Mannes der exakten Wissenschaften scheint simpel angesichts der zarten Reizbarkeit der eher komplizierten, leidenden Frau.

Die meisten dieser Geschichten spielen im Umkreis einer kleinen kanadischen Universität. Die dort tätigen oder mitunter nur vegetierenden Professoren, Literaten und Studenten sehen wir in einem klaren Licht, das ihre Konturen deutlich erkennen läßt: Die psychischen Regungen ihrer Gestalten beobachtet und fixiert die Erzählerin genau und konsequent. Aber die Deutlichkeit der Joyce Carol Oates ist nie indiskret, ihre Diskretion nähert sich nie der Geheimnistuerei, ihre Ironie ist nicht sarkastisch oder bösartig, sondern verständnisvoll und wohlwollend.

Der psychologischen Motivation der Handlungsweise oder auch der Passivität ihrer Figuren entspricht die Darstellung dessen, was sichtbar und hörbar ist. Schriftsteller, denen das Formulieren verhältnismäßig leichtfällt, die indes nicht viel zu sagen haben oder ihrer künstlerischen Mittel nicht sicher sind, lieben die Deskription, suchen bei ihr Zuflucht: Sie fügen in ihre Prosa immer wieder Beschreibungen ein, die zwar einer Reportage gut anstehen mögen, doch eine Geschichte oder einen Roman eher belasten.

In den »Grenzüberschreitungen« hingegen sind die Requisiten stets Erkennungszeichen. Die Gegenstände gewinnen den Rang von Chiffren und Signalen. Die Deskription der Welt ist zugleich ihre Interpretation. Die sinnlichen Eindrücke und die seelischen Reaktionen bedingen sich also in diesen Geschichten, sie erklären und beglaubigen sich gegenseitig.

Aber die in der amerikanischen Literatur oft allzu direkte und allzu aufdringliche Verquickung von Dichtung und Psychoanalyse bleibt uns glücklicherweise erspart. Wie die Symbole hier real sind, so erweist sich die Realität als symbolisch: Wollte man sagen, Joyce Carol Oates werde der Außenwelt ebenso gerecht wie der Innenwelt, wäre dies schon eine unzulässige Vergröberung, da hier beide eine makellose, eine gleichsam selbstverständliche Einheit bilden.

Das alles ist möglich, weil diese Erzählerin ihr schriftstellerisches Handwerk souverän beherrscht – so souverän, daß man ihre Virtuosität leicht unterschätzen oder übersehen könnte. »Denn das ist die Eigenschaft aller echten Form« – schrieb Kleist –, »daß der Geist augenblicklich und unmittelbar daraus hervortritt, während die mangelhafte ihn, wie ein schlechter Spiegel, gebunden hält und uns an nichts erinnert als an sich selbst.«[1] In diesem Sinne ist die Autorin der »Grenzüberschreitungen« eine Meisterin der Form. Gewiß sind nicht alle fünfzehn Geschichten gleich vollendet, doch die hier und da zum Vorschein kommenden Schwächen sind zu nebensächlich und zu unerheblich, als daß es sich lohnte, auf sie näher hinzuweisen.

Die Kunstfertigkeit der Joyce Carol Oates zeichnet sich durch Unauffälligkeit aus. Mehrere ihrer Erzählungen können als Kurzgeschichten gelten. Aber sie haben keine Pointen. Diese Schriftstellerin, die sehr wohl weiß, wie man Wirkungen erreicht, kann es sich leisten, auf Pointen zu verzichten: Nie wird hier um der Fabel, um der Form willen der Stoff zurechtgebogen. Die meisten Geschichten haben keinen richtigen Anfang, eine Einführung gibt es nicht: Sie beginnen mittendrin. Und sie haben bisweilen auch kein rechtes Ende: Sie hören ohne Schlußakkord und ohne Paukenschlag auf. Dennoch ist in ihnen kein Satz zuwenig oder zuviel.

Manches in diesen Erzählungen über Liebe und Freundschaft, Lebensangst und Minderwertigkeitsgefühle bleibt vage und offen. Doch ein Fehler ist dies nicht. Im Gegenteil: Man ist der Autorin für ihre Zurückhaltung dankbar und für ihren Takt. Ihr kann man nachrühmen, was es in der gegenwärtigen Literatur, der amerikanischen wie übrigens auch der deutschen, nur noch selten gibt: Respekt vor den eigenen Figuren. Nichts liegt der Joyce Carol Oates ferner, als deren Gebrechen und Schwächen etwa zu verheimlichen. Indes achtet sie sogar jene ihrer Geschöpfe, die sie anklagt. Und sie bemitleidet auch jene, die sie verspottet.

Takt, Respekt, Mitleid – mit der Kunst des Schreibens haben derartige Kategorien, die überdies auch etwas altmodisch klingen, natürlich nichts zu tun. Das wissen wir längst. Wirklich? Ganz sicher bin ich nun doch nicht, ob sich in der Literatur, zumindest in der Epik, Moral und Ästhetik so säuberlich trennen lassen, wie es die strengen Theoretiker immer wieder behaupten.

Die große Erzählerin Joyce Carol Oates jedenfalls schämt sich ihrer Menschenfreundlichkeit und ihrer Barmherzigkeit ebensowenig wie ihrer Nüchternheit und ihrer Intellektualität.


## Dolle Damen, ganze Kerle

*1983*

Dieser Roman umfaßt rund 770 Seiten. Also kann es kein guter Roman sein. Warum *also*? Läßt sich denn von den Dimensionen eines zeitgenössischen literarischen Werks auf seine Qualität schließen? Das ist so abwegig nicht, wie es zunächst scheinen mag. Auch wenn der Umfang allein nie etwas Positives beweist, kann er sehr wohl Befürchtungen und Zweifel auslösen. Und dies gilt vor allem für voluminöse epische Vorhaben – solche also, deren Seitenzahl fünfhundert oder gar sechshundert übersteigt. Die Erfahrung lehrt nämlich, daß derartige Riesenfresken immer wieder mißlingen oder zumindest arg enttäuschen. Liegt dies an der Eigenart des zwanzigsten Jahrhunderts? Sicher ist, daß sie sich – anders als die wilhelminische oder die habsburgische – der geschlossenen Darstellung beharrlich entzieht und daß man ihr offensichtlich eher mit Arbeiten beikommen kann, die sich von vornherein auf kleine und überschaubare Ausschnitte beschränken: mit Erzählungen, mit Kurzromanen.

Doch machten wir es uns zu leicht, wollten wir die Ursache des Unvermögens unserer Literatur immer bloß bei ihren Objekten suchen. Es liegt auch an den Autoren selber. Denn es läßt sich schwerlich bestreiten, daß es Romanciers, die imstande wären, eine ganze Welt zu schaffen und damit unser Interesse über so lange Strecken wachzuhalten, nicht mehr gibt – weder in Europa noch in den anderen Erdteilen. Die vorerst letzten, denen dies auf eindrucksvolle Weise gelang, sind in den sechziger Jahren gestorben: William Faulkner und Heimito von Doderer. So muß man denn auch, wenn wieder einmal ein umfangreiches episches Werk angekündigt wird, über die Waghalsigkeit des Erzählers staunen oder über seinen Leichtsinn; und leider kann man fast ohne Risiko sein Scheitern voraussagen.

Freilich werden alle Regeln von dem Genie außer Kraft gesetzt, und die ältesten Erfahrungen können ihre Gültigkeit einbüßen. Joyce Carol Oates gehört zwar unzweifelhaft zu den vorzüglichsten Schriftstellern Amerikas, ist indes doch wohl kein Genie. Wir haben sie bisher als eine herbe und nachdenkliche Epikerin kennengelernt, als eine auffallend feinfühlige und intelligente Beobachterin, die sich am liebsten diskreter, ja zarter Mittel bedient. Ihre wohl stärkste Seite ist die Psychologie, genauer: die präzise Wiedergabe seelischer Reaktionen (zumal von Frauen) und deren ganz natürliche Verquickung mit sinnlichen Eindrücken.

Doch der hohen Anerkennung, die der Prosa der Joyce Carol Oates bei der New Yorker Kritik sehr bald zuteil wurde, entsprach das Publikumsecho nur in Grenzen – und dies vielleicht deshalb, weil gerade ihre schönsten Arbeiten, zumal die kürzeren Erzählungen, im Milieu der Intellektuellen spielen und sich auch vornehmlich an eine intellektuelle Leserschaft wenden. Jedenfalls blieb der äußerst fleißigen und immer schneller produzierenden Autorin – sie wurde 1938 geboren und hat mittlerweile schon über dreißig Bücher veröffentlicht – versagt, worauf sie offenbar um keinen Preis verzichten wollte: ein veritabler Bestsellererfolg.

Der Weg, den sie gewählt hat, entspricht zwar nicht der Besonderheit ihres nach wie vor außerordentlichen Talents, wohl aber der (nicht unbedingt rühmenswerten) Tradition der neueren amerikanischen Literatur: Ähnlich wie Bellow oder Updike, Philip Roth oder Norman Mailer war nun auch Joyce Carol Oates durchaus bereit, dem Geschmack und den Bedürfnissen des weniger anspruchsvollen, doch dafür zahlreichen Publikums auf ihre Weise entgegenzukommen. Dies trifft vor allem auf den aus dem Jahr 1980 stammenden Roman »Bellefleur« zu.

Die Erzählerin, die noch unlängst alles Grelle und Laute verschmähte und bisweilen, gerade in ihren besten Geschichten, ganz ohne Pointen auszukommen wußte, ist sich jetzt nicht zu schade, mit ziemlich fatalen melodramatischen Konfrontationen aufzuwarten und sogar mit baren Knalleffekten zur Stelle zu sein. Und es scheint ihr neuerdings überhaupt nicht daran gelegen, vielfach bewährten und entsprechend verbrauchten Klischees aus dem Wege zu gehen. Hierzu mag freilich auch das Muster verführen, auf das sie diesmal zurückgegriffen hat. Denn es ist jenes bis zum Überdruß bekannte und trotzdem (oder ebendeshalb) stets beliebte Schema der weitschweifigen angelsächsischen Familiensaga, dessen sich längst die Trivialliteratur und das Fernsehen bemächtigt haben.

Aber anders als in derartigen Romanen sonst üblich, wird uns die Story einer aus Frankreich eingewanderten Sippe und ihres Aufstiegs zu einer amerikanischen Dynastie keineswegs in chronologischer Ordnung geboten. Vielmehr steht im Mittelpunkt der Geschichte des Ehepaars Leah und Gideon Bellefleur, die beinahe in der Gegenwart spielt und die zugleich als Rahmenhandlung dient und als Ausgangsbasis für viele Rückblenden. Joyce Carol Oates führt uns kreuz und quer, hin und zurück durch zwei Jahrhunderte, wir werden mit den Repräsentanten von nicht weniger als sieben Generationen der Bellefleurs bekannt gemacht.

Mit diesen permanenten und leider oft erst spät erkennbaren Zeitsprüngen könnte man sich eher abfinden, wenn die berühmte amerikanische Autorin die Güte gehabt hätte, uns, denen es eben nicht gleichgültig ist, ob sich etwas um 1820 oder um 1920 ereignet, gelegentlich mit einer Jahreszahl oder mit der beiläufigen Erwähnung eines historischen Faktums zu Hilfe zu kommen. Doch so menschenfreundlich ist sie nicht, sie hat einen seltsamen Widerwillen gegen Zeitangaben oder andere konkrete Hinweise, die den Lesern die Orientierung erleichtern könnten. So sind wir schon für die Mitteilung, jemand telefoniere oder fahre ein Auto, dankbar.

Nun muß aber diese erstaunlich konsequente Enthaltsamkeit schon einen Grund haben: Es ist natürlich kein Zufall, wenn eine so genau kalkulierende Schriftstellerin wie Joyce Carol Oates einem großflächigen Sittenbild, das offensichtlich für den amerikanischen Lebensstil typisch sein soll, den historischen Hintergrund verweigert. Wollte sie etwa zeigen, daß die Wege des Individuums von den historischen Ereignissen in der Regel kaum berührt werden? Wer mag, kann hier von strikter Enträcktheit sprechen, nur fragt sich, ob es nicht ebendiese Enträcktheit ist, die dazu beiträgt, daß der Roman, aller erzählerischen Kunstfertigkeit zum Trotz, oft vordergründig anmutet.

Rund fünfzig Mitglieder der Familie Bellefleur werden uns hier mehr oder weniger flüchtig vorgestellt. Doch welcher Generation sie auch angehören mögen – die meisten ähneln sich, und fast alle sprechen die gleiche Sprache. Von Leah, einem üppigen und nahezu majestätischen Weib, und ihrem Gideon, einem robusten und höchst gefährlichen Draufgänger, der allen imponiert, nur nicht den Lesern, heißt es, daß ihre »Liebe zu gierig war, als daß ihre bloße sterbliche Hülle sie fassen konnte«. So sind sie, diese Bellefleurs: besessen von unersättlicher Gier, zumal nach Geld und Macht, nach dem großen Abenteuer.

Ob die Frauen edel oder bösartig, schlau oder einfältig sind – auf jeden Fall erinnern diese dollen Damen mit ihren pathetischen Gesten und ihren überschwenglichen Gefühlen an die Heroinen der veristischen Oper.

Die Männer wiederum prügeln und schießen viel und trinken noch mehr. Sie erpressen, betrügen und bestechen gern und häufig, sie wetten leidenschaftlich und lieben höchst riskante Affären. Auch haben sie stets Geld genug, um sich den ausgefallensten Luxus zu leisten und so ihre Umwelt zu verblüffen. Und mit den Frauen machen sie nicht viel Federlesens: Wer sich nicht verführen läßt, der wird eben vergewaltigt. Kurz und gut: Es sind ganze Kerle, nur kennen wir sie alle schon hinlänglich – nämlich aus den amerikanischen Filmen von gestern und vorgestern.

Sehr bald läßt sich eine simple Frage nicht mehr unterdrücken: Warum sollen wir uns eigentlich mit den so opulent ausgebreiteten Lebenswegen der Bellefleurs befassen? Oder auch: Warum stellt dieser Roman, in dem es an dramatischen Vorfällen wahrlich nicht mangelt, die Geduld des Lesers spätestens nach zweihundert Seiten auf eine harte Probe?

In einem knappen Vorspruch legt die Autorin Wert auf die Feststellung, daß ihr Buch »ein Werk der Phantasie« sei und deshalb »sowohl demütig wie kühn den Gesetzen der Phantasie gehorchen« müsse. Das sind große Worte, deren Notwendigkeit allerdings nicht einleuchten will. Gewiß, jenen, die sich nach Kuriosem und Bizarrem sehnen, bleibt dieser Roman nichts schuldig, neben realen Personen gibt es auch wunderliche Fabelwesen und mysteriöse Tiere, mit Exzentrischem und Extravagantem werden wir laufend beliefert.

Aber gerade das Überangebot an Phantastischem, zumal an Monströsem, läßt zweifeln, ob es nicht pure Willkür ist, der hier eine mythische Gesetzmäßigkeit der Phantasie zugeschrieben werden soll. Und so geschickt und routiniert Joyce Carol Oates Realistisches bisweilen mit Märchenhaftem zu verknüpfen weiß, so sehr vermißt man auch hier das Zwingende: In diesem Roman, der schließlich zwischen Poesie und Kolportage schwankt, dominiert – vor allem in den vielen Träumen und Visionen – jene Beliebigkeit, die sich jeglicher Kontrolle entzieht. Seine Magie stammt – fürchte ich – aus einer Retorte.

Damit mag es zusammenhängen, daß die (oft ausgeklügelten) Symbole und allegorischen Motive, mit denen die Geschichte der Bellefleurs überladen ist, ihre Wirkung verfehlen: Die einzelnen Episoden (es sind insgesamt 78!) verweisen nicht über sich hinaus. Mit anderen Worten – und damit wären wir beim entscheidenden Einwand –: Es sind keine Gleichnisse. Was als Pandämonium beabsichtigt war, ist nur ein Panoptikum.

Doch wäre es ungerecht, etwa zu verschweigen, daß sich auch in dem Roman »Bellefleur« Beispiele der bewunderungswürdigen Kunst der Erzählerin Joyce Carol Oates finden lassen. Zweimal schildert sie einen Liebesakt – und beide Male mit einer Intensität und Sensibilität, die in der zeitgenössischen Literatur kaum ihresgleichen haben. Ihr gelingt es, ein Pferderennen so anschaulich vorzuführen, daß sogar derjenige, dem das alles fremd ist und der zunächst gar nicht wissen möchte, welcher Gaul als erster durchs Ziel gehen werde, sich zur eigenen Verwunderung in das Geschehen verstrickt fühlt. Ja, sie vermag sogar einen überaus prosaischen Vorgang aus der Sphäre der Verdauung so wortgewaltig zu beschreiben, daß sie dem Zweifel, ob man derartiges unbedingt zeigen müsse, rasch den Boden entzieht. Und in einer Szene, in der einem jungen Mädchen ein Heiratsantrag gemacht wird, beweist Joyce Carol Oates, daß sie eine Meisterin auch des Dialogs ist.

Das alles kann der deutsche Leser ermessen, weil sich des Buches Elisabeth Schnack angenommen hat, die gleichfalls eine Meisterin ihres Fachs ist. Wir verdanken ihr eine Übersetzung, die ebenso von vorbildlicher Sorgfalt wie von außerordentlicher Feinfühligkeit zeugt und die man nicht hoch genug rühmen kann. Mit dieser Arbeit wurde in einem Bereich, in dem Ignoranz und Nachlässigkeit an der Tagesordnung sind, ein Maßstab gesetzt.

Fazit: Die Autorin des Romans »Bellefleur« wollte, dieses dralle und gleichwohl dürre Familientableau entwerfend, allem Anschein nach zweierlei auf einmal: einen mythischen Raum schaffen und zugleich eben auch einen Bestseller liefern. Letzteres mag ihr gelungen sein, jenes ist es nicht. Es war William Faulkner, dem die amerikanische Kritik nachsagte, seine Stärke sei es, nicht Geschichten zu erzählen, sondern Welten zu bauen. Für Joyce Carol Oates gilt, falls wir überhaupt einen so ehrenhaften Vergleich wagen dürfen, doch wohl das Umgekehrte.


## Denn die Liebe höret nimmer auf

*1988*

Die Literatur – wozu brauchen wir sie überhaupt? Uralt ist diese Frage, beinahe so alt wie die Literatur selbst. Aber es kann nicht schaden, sie von Zeit zu Zeit zu stellen, dann zumal, wenn, wie heutzutage, die Qualität dessen, was uns unsere Autoren zu bieten haben, wenig dazu angetan ist, vorlauten Skeptikern von vornherein den Mund zu verbieten.

Es ist auch nicht gerade eine Entdeckung, daß die Literatur schon ziemlich lange einen schwierigen Verteidigungskrieg führen muß. Und es sind nicht nur allerlei teuflische, doch keineswegs überflüssige technische Erfindungen, die ihre Existenz fortwährend bedrohen. Da gibt es, beispielsweise, ein regelmäßig erscheinendes Druckerzeugnis, das durchaus nicht den Ehrgeiz hat, Literatur zu publizieren, das indes ungleich interessanter, spannender und auch dramatischer ist als nahezu alle Romane und Erzählungen, die in diesen Jahren in deutscher Sprache geschrieben werden. Ich rede natürlich vom »Spiegel«.

Man wird sagen: Was uns die vielen Fernsehprogramme offerieren oder eben der »Spiegel« – das mag die Literatur verdrängen, aber ersetzen kann es sie nicht. Dann allerdings müssen wir genau wissen, was wir von ihr erwarten, welche Funktion sie ausüben soll. Wozu also Literatur? An Äußerungen hierüber fehlt es nicht, wir kennen klassische Antworten von großer Schlichtheit, etwa: um Freude und Vergnügen zu bereiten, um das Publikum zu amüsieren. Nur fällt es auf, daß eine Lanze für die Unterhaltung und das Vergnügen in der Regel von solchen Autoren gebrochen wird, die über den Verdacht erhaben sind, bloß Unterhaltung zu liefern – von Thomas Mann etwa oder Bertolt Brecht, ja sogar von Goethe.

Auch T. S. Eliot, dessen in diesen Wochen weltweit gedacht wird, meinte, die wichtigste Aufgabe der Dichtung sei es, Freude zu spenden. Er fügte aber gleich hinzu, daß der Dichter, wenn wir ihm Vergnügen der höchsten Art verdanken sollen, nicht nur dieses, sondern unbedingt mehr im Sinne haben müsse. Um was für einen, wenn ich so sagen darf, Mehrwert kann es sich hier handeln? Um Belehrung, um Aufklärung, um Erbauung?

Gewiß wurde die Literatur im Laufe der Jahrhunderte häufig zur Magd der Philosophie, der Religion, der Politik oder der Geschichtsschreibung degradiert – das hat meist eine unglückselige Verbindung ergeben, aber gelegentlich dennoch zu Meisterwerken geführt. Heute ist niemand darauf angewiesen, die Literatur zur Vermittlung von Ideen, Programmen oder Informationen zu mißbrauchen; diese lassen sich jetzt auf andere Weise sowohl schneller als auch erheblich wirkungsvoller unter die Leute bringen. Mit Hilfe des Fernsehens und des Rundfunks? Nicht nur, auch mit dem Sachbuch, mit populärwissenschaftlichen Veröffentlichungen, mit der Publizistik im weitesten Sinne.

Brecht notierte 1942 nach einem Gespräch mit der Schauspielerin Elisabeth Bergner, »daß sie das publikum nicht als eine versammlung von weltveränderern sieht, die einen bericht über die welt entgegennehmen«.[1] Wer die Welt verändern will, wünscht sich jenen Bericht von Politikern, Philosophen oder Soziologen, von Historikern oder Journalisten, doch bestimmt nicht von Poeten. Natürlich hat Brecht das gewußt, natürlich war die von ihm apostrophierte »versammlung von weltveränderern« eine Fiktion, eine Utopie. Freilich brauchte er sie als generelle Arbeitshypothese: Er redete gern über den »Klassenkampf«, weil er ihn als Impuls, als Thema für sein Werk benötigte.

Wozu sollte man also, da es direkte Wege gibt, die praktisch und ohne Umstände zum Ziel führen, den Umweg über die Kunst suchen, gar über die moderne Kunst, die in sehr vielen Fällen zunächst nur einer intellektuellen Minderheit zugänglich ist – was nicht ihre Bedeutung schmälert, wohl aber ihre Nützlichkeit und Verwendbarkeit als Ideenträger oder Informationsmittel. In dieser Hinsicht ist die Literatur nicht mehr konkurrenzfähig. Zur Hoffnung, es ließe sich mit ihr die Welt verändern, gehört in unserer Zeit eine tüchtige Portion Blauäugigkeit – oder Heuchelei.

Zu fragen wäre somit, welcher »Mehrwert« sich denn noch anstreben läßt, wenn Belehrung und Aufklärung, Agitation und Information kaum in Betracht kommen, ja im literarischen Kunstwerk zu anachronistischen Elementen geworden sind. Eliot sprach von der »Bereicherung unseres Lebens«, die sich ergibt, wenn der Schriftsteller das uns längst Vertraute neu sieht und neu versteht, wenn er eine Erfahrung ausdrückt, für die uns bislang die Worte fehlten.

Um welche Erfahrungen oder Erlebnisse kann es sich hierbei handeln? Es liegt in der Natur der Sache, daß sie sich nicht eingrenzen und nicht benennen lassen. Denn die Literatur versucht, zu entdecken und zu formulieren, was wir gespürt oder geahnt haben, aber eben bloß gespürt oder vielleicht bloß geahnt. Nur dann beweist sie ihre Daseinsberechtigung, wenn sie imstande ist, den Lesern bewußtzumachen, was ihnen bisher nicht bewußt war und was sich – das ist das Entscheidende – mit anderen Mitteln nicht bewußtmachen läßt.

Daher schlägt die Stunde der Literatur stets, wenn es um Phänomene geht, die sich der wissenschaftlichen

Erkundung wenigstens teilweise entziehen und die von vielen Menschen als unberechenbar und unbegreiflich, ja als geheimnisvoll empfunden werden. Ein solches Phänomen ist die Liebe. Und es mag die Behauptung nicht abwegig sein, daß Rang und Qualität einer Literatur zu einem nicht geringen Maße davon abhängen, ob und auf welche Weise sie der Darstellung der Liebe in ihrer Epoche gewachsen ist. Unter diesem Aspekt läßt sich über die zeitgenössische deutsche Literatur, wenn wir von der Lyrik absehen, nicht viel Gutes sagen.

Die Liebe – wo ist sie geblieben? In der deutschen Literatur finde man sie nur noch selten, sie spiele bestenfalls eine untergeordnete oder beiläufige Rolle. So klagte und fragte ich einst in der »Frankfurter Allgemeinen Zeitung«. Inzwischen sind mehrere Jahre vergangen – und nichts hat sich geändert. Und immer noch weiß ich nicht, was sich hinter diesem sonderbaren und hartnäckigen Versagen unserer Autoren verbirgt.

An den Lesern liegt es mit Sicherheit nicht. Denn die Liebe wird nicht müde, sie höret nimmer auf. Die Erklärung jener Kraft, die das Individuum zum Augenblick sagen läßt, verweile doch, du bist so schön, und die ihn freilich auch um den Verstand bringen kann, suchen die Menschen nach wie vor in der Dichtung: Das Interesse an diesem Thema hat – das läßt sich beweisen – nicht nachgelassen. Wie auch immer: Wem die schönen Liebes*gedichte* dieser Jahre nicht genügen, wer sich auch nach einer Liebes*geschichte* sehnt, der muß zu Büchern der Vergangenheit greifen oder zu jenen, die aus fremden Sprachen übersetzt werden.

Allerdings ist auch in (...) den Vereinigten Staaten weit und breit kein neuer Nabokov zu sehen, geschweige denn ein neuer Marcel Proust. Aber immerhin werden dort Romane und, häufiger noch, Erzählungen veröffentlicht, die zeigen, daß man das Thema Liebe keineswegs zu den Akten gelegt hat, daß man über die Liebe auch heute nicht nur schreiben sollte, sondern schreiben kann. Auf ein Beispiel soll hier hingewiesen werden, auf das Buch einer mittlerweile weltberühmten oder doch beinahe weltberühmten Schriftstellerin. Gemeint ist die Amerikanerin Joyce Carol Oates. (...)

Die junge Nadia, die schon nach kurzer Ehe ihren Mann verlassen hat, liebt einen Professor namens David. Sie heiraten: »Außer ihnen existierte niemand auf der Welt. Niemand... Als seien er und dieses Mädchen zusammen auf einer Insel...« Aber ihr Glück dauert nicht lange. Warum? Vereinfacht gesagt: Nadia ist dem Leben nicht gewachsen und gerät eben deshalb in eine immer größer werdende Abhängigkeit von ihrem David: »Ohne ihn hätte sie niemanden gehabt, den sie umkreisen konnte, und wäre für immer in eine Richtung weitergegangen, ins Nichts.«

Auch er ist von ihr abhängig: »Er liebte sie, und er würde sie nicht gehen lassen. Sechs Jahre lang war er stark genug gewesen, sie immer wieder zurückzuholen, und er würde es schaffen, sie zu retten.« Er braucht die Liebe zu dieser Frau, um das Leben zu ertragen – und fühlt, daß sie ihm von Tag zu Tag fremder wird. Er kann sie von ihrer Todessucht nicht befreien, ihren Selbstmord nicht verhindern. Schließlich bleibt er allein, ein vierzig Jahre altes Wrack.

»Das Rad der Liebe« lautet der Titel dieser Geschichte von Joyce Carol Oates. Sie alle, von denen sie in dem

Band erzählt, sind auf das Rad der Liebe geflochten: Sie sind verdammt und verurteilt – zur Liebe. Verlieben sie sich, weil sie gefährdet sind oder sind sie gefährdet, weil sie sich verliebt haben? Das läßt sich nicht immer mit Sicherheit erkennen, und die Autorin würde, wollte man sie mit einer solchen Frage bedrängen, bestimmt antworten, sie wisse es auch nicht.

Jedenfalls sind es Menschen, die etwas verbergen möchten – daß sie sich nämlich gejagt und gehetzt fühlen. Sie haben Angst vor ihrer Umwelt, also vor dem Leben. Sie fürchten nichts mehr als Abhängigkeit. Daher eben suchen sie Schutz bei der Liebe. Und geraten prompt in eine neue Abhängigkeit, in eine solche, die schöner und gefährlicher zugleich ist: »Die Last, jeden Tag stundenlang an einen Mann zu denken, ist schlimmer, als Bibelverse oder Geschichtsdaten auswendig zu lernen.« Und: »Mein Herz klopfte, so gewaltig war mein Haß auf unsere Liebe...« Das Rad der Liebe ist bisweilen auch ein Rad des Hasses.

Haben wir es in den Geschichten von Joyce Carol Oates etwa mit Außenseitern oder gar mit Exzentrikern zu tun? Nicht im geringsten. Meist üben diese Menschen alltägliche Berufe aus und leben, zumindest auf den ersten Blick, nicht anders als ihre Kollegen oder Nachbarn. Sie verfügen auch über keine besonderen Gaben, allerdings mit einer Ausnahme: Sie sind mit der Fähigkeit geschlagen, ein wenig mehr zu empfinden als die anderen und daher viel mehr als sie zu leiden.

»Sie spürte etwas wie einen Funken Wahnsinn in sich« – heißt es von einer kaum über dreißig Jahre alten Nonne, die als Literaturdozentin an einer katholischen Universität tätig ist. Sie hat keinerlei Schwierigkeiten, solange sie sich in einem Hörsaal befindet. Aber die Welt außerhalb der Hörsäle beunruhigt und verwirrt sie: Sie fürchtet, ein Wesen zu sein, »das nur zum Wohl der anderen existiert«.

Da taucht in ihrem Leben ein junger Mann auf: ein Jude, schroff und sprunghaft und nicht sehr sympathisch, freilich der intelligenteste Student in ihrem Seminar. Sie weiß nicht recht, ob sie ihn mag, doch kann sie es nicht verhindern, daß ihre Gedanken unaufhörlich um ihn kreisen. Sie ahnt, sie begreift, daß seine Aufdringlichkeit die gleiche Ursache hat wie ihre Schüchternheit: Es ist die Einsamkeit. Und daß er desselben bedürftig ist wie sie: der Zuneigung, der Liebe. Fühlt sie sich von ihm angezogen, weil sein dunkler Blick offensichtlich nicht nur die Nonne und die Lehrerin meint? Schon möglich, aber was sich zwischen ihnen abspielt, geschieht lediglich in ihrer und in seiner Phantasie.

Viel muß man Joyce Carol Oates nachrühmen: Intuition und Intelligenz, eine glänzende Beobachtungsgabe, eine nahezu unerschöpfliche Vorstellungskraft und nicht zuletzt ihre Dialogkunst. Obwohl sich diese Erzählerin immer wieder als eine so ungewöhnlich vielseitige Könnerin erweist, hat ihr Ruf in den letzten Jahren gelitten. Woran liegt das?

Die bedeutende amerikanische Schriftstellerin gibt freimütig zu, sie müsse viele Bücher verfassen und veröffentlichen, damit ihr einige gelingen. Sie ist, dürfen wir hinzufügen, eine nahezu manische Vielschreiberin: Gerade fünfzig Jahre alt, hat sie bereits rund vierzig (zum Teil durchaus umfangreiche) Bücher publiziert, darunter mehrere recht fragwürdige Romane. Auch ihre Geschichten entstehen offenbar in einem rasanten Tempo:

Ihre Zahl beträgt schon – man kann es kaum glauben – über dreihundert, von denen in deutscher Übersetzung immerhin 57 in vier Bänden erschienen sind.

Aber man soll den Autoren ihre mißratenen oder schwachen Bücher nicht sonderlich verübeln, sofern sie auch solche hervorgebracht haben, für die wir ihnen dankbar sein müssen. Überdies ist es nicht ungewöhnlich, daß die Originalität der Joyce Carol Oates in kleinen epischen Formen ungleich deutlicher wird als in Romanen. Das galt schon für Maupassant und Tschechow, für Hemingway und Böll.

In diesen Geschichten, deren Helden sich unversehens in Grenzsituationen, in Randbezirken finden und meist dem Sog der Abgründe nicht widerstehen können, bewährt sich die hohe Kunst der Amerikanerin, seelische Reaktionen und deren Verquickung mit sinnlichen Eindrücken und trivialen Vorgängen aufzudecken und anschaulich zu machen. Die stärkste Seite ihres epischen Talents ist die Psychologie. Ihre Geschichten sind Psychogramme jener, die lieben, die sich nach Liebe sehnen und die an der Liebe scheitern. (...)

Hat die Schriftstellerin, von der hier die Rede war, Erfahrungen und Erlebnisse, für die uns bislang die Worte fehlten, auszudrücken vermocht? Die Antwort auf diese Frage hängt davon ab, wie man den Begriff »Ausdruck« versteht. Wenn damit die Sprache gemeint ist, also der Versuch, das Unaussprechliche zu artikulieren, dann wäre es leichtsinnig, die Frage zu bejahen.

Aber es gibt in jedem Jahrhundert nur wenige Sprachkünstler, die imstande sind, das Unaussprechliche erfolgreich zu bekämpfen, den Bereich des Sagbaren zu erweitern, also seine Grenzen zu verändern. Wer kann vor einem so hohen Anspruch bestehen? In der Prosa drängen sich hier drei Namen auf: Marcel Proust, James Joyce und Thomas Mann. Und Franz Kafka? Gewiß auch er, indes hat er es nicht mit Hilfe eines neuen *sprachlichen* Ausdrucks erreicht, sondern mit Bildern, Situationen und Konstellationen.

Doch wollen wir vom Olymp der Weltliteratur wieder auf die Erde zurückkehren. Die empfindsamen Psychogramme der Joyce Carol Oates (…) erweitern den Bereich des Sagbaren insofern, als sie uns zur tieferen Erkenntnis menschlicher Leiden gelangen lassen und unsere Empfänglichkeit für sinnliche Eindrücke steigern – und also zur Bereicherung unseres Lebens beitragen.

# Richard Ford

## Verdammtes Glück, verfluchtes Leben

*1994*

Die amerikanischen Romane und Geschichten, über die man heutzutage diskutiert und die auch den Markt jenseits und diesseits des Ozeans beherrschen, gehören, von wenigen Ausnahmen wie Thomas Pynchon abgesehen, zum Bereich der gehobenen Unterhaltungsliteratur. Doch sollte man das nicht als Wertung begreifen und schon gar nicht als Abwertung. Sicher ist jedenfalls, daß den erfolgreichen amerikanischen Autoren nicht im geringsten daran gelegen ist, neue Wege der Literatur zu erkunden und zu erproben. Und an Gesellschaftskritik mangelt es in ihren Büchern nicht, sie läßt sich gar nicht übersehen, im Gegenteil, sie wirkt bisweilen etwas aufdringlich. Aber man kommt nicht auf den Gedanken, hier würden Personen und Vorgänge, Zustände und Verhaltensweisen in der Absicht geschildert, die Zeitgenossen zu verbessern und die Welt zu verändern. Zu skeptisch sind die amerikanischen Schriftsteller, um sich Illusionen über die Erziehung des Menschengeschlechts mit Hilfe der Literatur zu machen. Es ist auch nicht ihre Sache, die epische Form als Verpackungs- und Transportmittel für philosophische Ideen zu gebrauchen – was übrigens in der Regel der Philosophie nicht nützt und dem Roman schadet. Ich frage mich, ob diese umsichtigen Autoren während der Arbeit den Leser (um nicht zu sagen: den potentiellen Käufer) je aus dem Blick verlieren. Vorzügliche Handwerker sind sie allemal. Nur scheinen sie mir, wenn wir die bedeutendsten ausnehmen (Saul Bellow etwa oder John Updike), eher Könner als Künstler. Sie bieten uns, wenn es gutgeht, respektable Lektüre – nicht mehr und nicht weniger. Doch daß sie uns aufregen oder gar mitten ins Herz treffen, wie, um nur dieses Beispiel zu bemühen, die besten Romane von Gabriel Garcia Marquez – davon kann keine Rede sein.

Von Richard Ford, der 1944 geboren wurde, gibt es mittlerweile ein halbes Dutzend erzählender Bücher, die wir allesamt in deutscher Übersetzung erhalten haben. Sein erstes Buch, der Roman »Ein Stück meines Herzens«, stammt aus dem Jahr 1976 – welcher biographische Umstand uns ein wenig trösten kann: Nicht nur deutsche Romanciers beginnen mittlerweile ihre Laufbahn ziemlich spät, auch in Amerika sind die Anfänger meist schon über dreißig. Im Mittelpunkt dieses Erstlings stehen zwei Männer, die in die Wildnis verschlagen wurden: auf eine kleine Insel irgendwo im Mississippi. Es sind rauhe und hartgesottene Kerle, die sich – wie alle Helden Richard Fords – rasch als schwach und hilfsbedürftig erweisen. In einem Land, in dem man den Erfolg vergöttert, liebt die Literatur seit eh und je die Versager und Verlierer.

In seinem nächsten Roman, »Verdammtes Glück« (1981) – er spielt in einer gottverlassenen Ortschaft in Mexiko –, wimmelt es geradezu von *Outcasts* jeglicher Art: Kriminelle und Desperados, Alkoholiker und Drogenabhängige beherrschen die Szene. Zumindest seit

Jack London lieben die Amerikaner – die Erzähler ebenso wie ihre Leser – die drastische Darstellung der Not, der Grausamkeit und der Brutalität. Ist es der exotische Reiz, der nach wie vor das Milieu der Verstoßenen und der Verruchten so attraktiv macht? Oder verbirgt sich dahinter die moralische Genugtuung jener, die dem Bild des Elends und den Porträts der Gescheiterten und Gestrandeten die Bestätigung verdanken, wie sie's zuletzt so herrlich weit gebracht?

Als »Verdammtes Glück« 1989 auf deutsch erschien, weigerte sich der Kritiker Ulrich Greiner, das Buch zu rezensieren: Der Übersetzer könne offenbar kein Englisch und mit Sicherheit kein Deutsch, ein »vergleichbares Sprachchaos« sei ihm noch nie untergekommen. Und mir ist noch nicht untergekommen, was der Verlag daraufhin unternahm: Er zog das Buch zurück und ließ es noch einmal übersetzen. Höchst löblich – so will es scheinen. Doch ein Schweißfuß kommt, wie es in einem Stück von Brecht heißt, selten allein. Also ist wieder ein Malheur passiert. Denn diese Übersetzung ist zwar erheblich solider als jene von 1989, aber nun müssen wir erkennen, daß wir es mit einem ungewöhnlich schwachen Buch zu tun haben. Der unglückselige Rowohlt Verlag wäre besser beraten gewesen, wenn er es uns erspart hätte.

Immerhin ist dieser Roman für den Erzähler Ford typisch – und für die Mentalität vieler seiner Figuren. Hier eine bezeichnende Passage: »Von diesen Jungs in der Stadt hat mich einer gefragt, ob ich ficken will, sagte sie traurig. Ich habe nein gesagt. Aber die Folge war, daß ich mich einsam fühlte ... Ich war nicht mal wütend auf ihn. Und dann habe ich Angst bekommen.« Ihr Partner belehrt sie: »Daran merkst du, daß du erwachsen bist... Was dich früher wütend gemacht hätte, macht dich jetzt einsam... Er hat sich wahrscheinlich in dich verliebt und konnte es dir nicht anders sagen.«

Man stoße sich nicht an dem ominösen Verbum, das ja inzwischen in keinem deutschen Wörterbuch fehlt – meist freilich mit dem Vermerk »derb« oder »vulgär«. Es gehört zum amerikanischen Alltag, und da dieser immer wieder gezeigt wird, fehlt es in keinem Roman, in keinem Kapitel. Bei Ford sind die Frauen, denen auf so plumpe Art Beischlaf angeboten wird, niemals verwundert: Meist akzeptieren sie den Vorschlag ohne Enthusiasmus oder lehnen ihn ohne Entrüstung ab. Und hinterher sind sie enttäuscht und noch einsamer als vorher. Das gilt natürlich auch für die Männer, nur sind sie robuster und auch rücksichtsloser.

Sie alle suchen das verdammte Glück und finden ein verfluchtes Leben. Sie brauchen das Abenteuer und begnügen sich mit dürftigem Genuß. Manche kommen, wie unser Franz Biberkopf, gerade aus dem Knast, sie hoffen, nun werde alles anders werden – doch bald sind sie wieder in der Nähe eines Knasts oder jedenfalls eines Abgrunds. Sie träumen, zumal die Frauen, von einer Familienidylle. Aber sie können es mit der Familie nicht aushalten. In ihrer Ratlosigkeit schlagen sie um sich oder fliehen – ohne zu wissen, wo sie Schutz finden könnten.

Fast überflüssig zu sagen, daß diese Prosa ohne Hemingway und Faulkner undenkbar ist. Die knappen und doch sehr anschaulichen Schilderungen, die lapidaren Dinge, die herbe, elegische Grundstimmung, die quälende Sehnsucht und die ewige Vergeblichkeit – das alles läßt die großen Vorbilder erkennen. Aber Ford ist kein Epigone.

Der internationale Erfolg seines Romans »Der Sportreporter« (1986) bewies dies allerdings noch nicht: Diese Geschichte eines durchschnittlichen amerikanischen Familienvaters, der sich zunächst als Schriftsteller versucht und dann als Sportreporter betätigt, ist auf ärgerliche Weise redselig und eintönig. Sie erinnert uns daran, daß es schwierig ist, das Banale darzustellen, ohne der Banalität anheimzufallen – zumal in einem Roman von fünfhundert Seiten.

Dennoch hatte der Erfolg des »Sportreporters« gute Gründe, wenn auch nicht unbedingt literarische: Ford konnte den Lesern diesmal bieten, was sie immer benötigen und was sie, bewußt oder unbewußt, erwarten – eine Figur, in der sie sich ohne Mühe wiederfinden. Wozu lesen wir denn Romane oder Erzählungen? Kurz gesagt: um uns auf möglichst angenehme und geistreiche Weise die Zeit zu vertreiben. Und gibt es einen schöneren, einen interessanteren Zeitvertreib als die Lektüre von Geschichten, die uns zeigen, was wir erlebt haben, was wir zu erleben hoffen und was wir zu erleben fürchten?

Dieses Angebot hat bei Ford nichts mit raffinierter Berechnung zu tun: Es stellt sich von selber ein, es ergibt sich zwangsläufig. Das gilt auch für seine Gesellschaftskritik, die glücklicherweise ohne ein direktes gesellschaftskritisches Wort auskommt, und schließlich auch für seine Psychologie, wohl die stärkste Seite seines Talents. Doch dies alles lassen nicht seine frühen, etwas unbeholfenen und zugleich routinierten Bücher erkennen, sondern die zuletzt erschienenen. Denn so ist es nicht selten: Stoffe und Gestalten hat der Schriftsteller rasch zur Hand, Stil und Ton hingegen bilden sich erst mit der Zeit. Reife ist nötig, um die Routine zu überwinden, um unbefangen und unmittelbar zu schreiben. Sogar die Naivität – ließe sich behaupten – ist in der Literatur eine Frucht der Reife.

Seine Gesellschaftskritik und seine empfindsam-kluge Psychologie bewähren sich am schönsten in Fords Kurzgeschichten »Rock Springs« (1987). Ich bin nicht sicher, ob es seit den Sammlungen Updikes aus den sechziger und siebziger Jahren bessere amerikanische Short Stories gegeben hat. Allerdings seien die Leser gewarnt: Wer es eilig hat, der greife zu den dicken Romanen. Für Kurzgeschichten muß man Zeit haben. Kein Satz, keine Pointe ist hier belanglos.

Mit Pointen und Details weiß Ford glänzend umzugehen. In seinen Dialogen und Stimmungsbildern herrscht eine gespannte Atmosphäre: Sie sind von hoher Dramatik. Das trifft auch auf die (nicht wenigen) Sexszenen zu: Er ist nicht zimperlich, aber er nähert sich nie dem Obszönen, und das Frivole interessiert ihn nicht. Seine Sprache bleibt immer nüchtern: Auf die Genauigkeit hat er es abgesehen.

Daß sich Ford wohl in dem Geschichtenband »Rock Springs« als auch in dem kleinen Roman »Wildlife – Wild leben« (1990), dem Höhepunkt seines Werks, auf die überlieferten realistischen Ausdrucksmittel verläßt, ist des Aufhebens nicht wert, weil es heute in Amerika, wie schon angedeutet, nahezu die Regel bildet. Und er ist dafür weder zu tadeln noch zu loben. Nur hüte man sich, Autoren, die viel gelesen werden wollen, gleich zu verachten. Und es würde nicht schaden, wollte man sich auch in Deutschland Gedanken machen, was man tun könnte, damit das Publikum der Literatur nicht wegläuft.

Das Thema des Romans »Wildlife – Wild leben« ist eher konventionell: Ein nachdenklicher Sechzehnjähriger schildert, wie die Ehe seiner Eltern zerbricht, wenn auch nicht endgültig. Konventionell ebenfalls die beiden Männer: der Vater, ein Pechvogel und Versager, der aus Verzweiflung die Stadt verläßt, um bei der Bekämpfung eines Waldbrands mitzuwirken, und der als Kontrastfigur konzipierte Liebhaber der Mutter, der nicht gerade feinsinnig ist, aber überaus tüchtig und reich dazu.

In ungleich höherem Maß als in den vorangegangenen Romanen Fords sind die Personen beides zugleich: unverwechselbar in ihrer Individualität und repräsentativ für die heutige amerikanische Gesellschaft. Vor allem aber: Die Perspektive des halbwüchsigen Ich-Erzählers bleibt bis zu Ende glaubwürdig. Und der gewaltige Brand, der letztlich die Ortschaft nicht gefährdet und doch Angst und Schrecken einjagt? Er ist – wie es die Brände in der guten Literatur immer sind – real und symbolisch in einem.

Um Ehe, Enttäuschung und Einsamkeit, um Liebe, Leid und Lust geht es in der Novelle »Der Frauenheld«, die in Amerika 1992 veröffentlicht wurde. Hier gibt es keinen Brand, hier lodern keine Flammen – hier glimmt bloß ein schwaches Feuer. Vierundvierzig Jahre ist er alt, der Mann aus Chicago, verheiratet und gutsituiert. Das Geschäftliche hat er in Paris erledigt, jetzt bleibt ihm noch etwas Zeit. Was will, was wird er erleben? Wir wissen es genau: ein amouröses Abenteuer. Wozu sonst hätte der Autor die Handlung nach Paris verlegt?

Es kommt wie erwartet: Auf einer Cocktail-Party lernt er sie kennen, eine Französin in den Dreißigern. Gleich erfahren wir, daß ihr Mund ein wenig zu breit und zu dünn war und ihr Kinn beinahe fliehend. Aber ihre Haut, ihre dunklen Augen und Augenbrauen – sind sie reizvoll? So sicher kann man nicht sein, denn Ford verrät uns nur, daß Austin (so heißt der Mann aus Chicago) sie anziehend fand.

Immerhin, die Gelegenheit ist günstig: Die Französin will sich gerade scheiden lassen. Weshalb ihr ein Partner für ein intimes Gespräch willkommen ist. Was sie ihm beim Abendessen erzählt, kommt uns (nicht gegen den Willen des Autors) recht bekannt vor: Von ihrer schweren Jugend hören wir, von den kaltherzigen Eltern und von ihrem Ehemann, der, als er vor zwei Jahren erfuhr, daß sie eine Affäre mit einem jüngeren Mann hatte, schockiert war – wer hätte das gedacht? – und schroff reagierte. Austin versucht, »eine Stelle in der Geschichte zu finden, die ihm Einlaß gewähren würde«. Hier ist seine Chance: »Wahrscheinlich konnte er sie, wenn er die Frage der Intimität mit Nachdruck angehen wollte, mit auf sein Zimmer nehmen.« Aber will er das wirklich?

Ein unangenehmer Verdacht beunruhigt ihn: Vielleicht interessierte sie sich überhaupt nicht für ihn, vielleicht wollte sie bloß irgendwie die Zeit verbringen? Er hat Lust, ihr etwas über sein Leben zu erzählen. Nur stellt sie leider keine Fragen, sie läßt sich kaum auf ihn ein. Er will sie küssen. Sie leistet keinen Widerstand. Sie kommt ihm aber auch nicht entgegen. Sie gehen spazieren, sie verhalten sich beinahe wie ein Liebespaar. Doch haben sie sich nichts zu sagen, schweigend trinken sie ihren Champagner. Irgendwann erklärt er so simpel wie trotzig: »Ich muß nicht mit dir schlafen.« So einfach ist es wieder nicht. Allein im Hotelzimmer, wartet er doch auf ihren Anruf: Er starrt auf das Telefon, »als wollte er es kraft seines Willens zum Klingeln bringen... Er nahm den Hörer ab, um zu sehen, ob das Telefon funktionierte.« Später entschließt er sich, sie anzurufen. Ihre Nummer ist besetzt, immer wieder besetzt. Er kehrt zurück nach Chicago – und ist bald wieder in Paris.

Das alles ereignet sich in der ersten Hälfte der Novelle. Es ist intelligent erzählt, kühl und exakt. Richard Ford geht mit den Worten auffallend sparsam um. Er kann mehr bewußt und spürbar machen, als er mitteilt und berichtet. Er schreibt leise, immer ohne Pedal. Das Entscheidende findet sich zwischen den Zeilen. Und mitunter lockt er uns auf falsche Fährten: Er läßt uns Klischees befürchten, denen er aber dann lächelnd ausweicht. Wahrscheinlich hat Ford auch Proust gelesen – und das hat seiner Prosa nun wahrlich nicht geschadet. Das Ergebnis? Keine Liebesgeschichte, sondern eine Studie über zwei Menschen, die an jener Krankheit leiden, die man in den sechziger Jahren »Kontaktlosigkeit« nannte. Sie fühlen sich also isoliert. Kann da vielleicht die Liebe helfen? Sie sind sich nicht sicher, doch mehr als sie die Liebe ersehnen, fürchten sie falsche Hoffnungen, falsche Versprechungen und tränenreiche Abschiede.

Indes gibt es in dieser Novelle noch eine zweite Hälfte. Was sich da abspielt, braucht hier nicht wiedergegeben zu werden. Nur soviel: Zusammen mit unserer Enttäuschung wächst unsere Verwunderung. Denn wir wissen nicht, warum Ford die Paris-Episode in der Novelle

»Der Frauenheld« fortgesetzt hat, wenn ihm das Interesse an der Sache plötzlich abhanden gekommen ist. So liefert er uns hier auch jene Knalleffekte, die er in der ersten Hälfte zu vermeiden wußte und auf die wir gerne verzichtet hätten.

Aber bisweilen lohnt es nicht, über das Mißratene zu rechten, wenn es Anlaß genug gibt, für das Gelungene dankbar zu sein. Und daran ist bei Richard Ford kein Mangel.

Jayne Anne Phillips

Auf den Überholspuren des Lebens
*1987*

Als Heinrich Böll 1967 gefragt wurde, warum er aufgehört habe, Kurzgeschichten zu schreiben, überraschte er den Gesprächspartner mit der Antwort: »Ich habe keine Erklärung dafür.« Die Kurzgeschichte sei für ihn »immer noch die schönste aller Prosaformen«.[1] Er wolle sie auch wieder zum Mittelpunkt seines Werks machen, vielleicht werde ihm etwas glücken. Es glückte offenbar nicht, in den ihm noch verbleibenden achtzehn Jahren befaßt er sich vorwiegend mit Romanen.

Das wäre nicht sonderlich bemerkenswert, ginge es nur um Böll. Aber es trifft schon seit einiger Zeit auf die deutsche Literatur der Gegenwart zu – vielleicht mit der rühmlichen Ausnahme von Siegfried Lenz. Nicht daß Erzählungen ganz aus der Mode gekommen wären, nur können sie schon ihres Umfangs wegen schwerlich als Kurzgeschichten gelten. Ohne sich auf einen Streit um die Definition einzulassen, darf man wohl sagen, daß nicht jede kurze Geschichte eine Kurzgeschichte ist, daß aber eine Kurzgeschichte unbedingt kurz sein muß. Sie darf nicht mehr als etwa zwanzig Seiten umfassen.

Warum ist diese Form in jenen Jahren, in denen man immer wieder die Frage stellte, ob der Roman sterbe oder gar schon gestorben sei – wo er doch in Wirklichkeit unverwüstlich ist –, zumindest in einen bedenklichen Dauerschlaf gesunken? Weil es kaum noch Zeitschriften gibt und die Zeitungen (die meisten jedenfalls) keinen Platz für Literatur haben? Weil sich Romane (sogar schwache) in der Regel besser verkaufen lassen als gute Geschichtenbände?

Oder sollte es etwa daran liegen, daß die Kurzgeschichte an die Phantasie, an die Aufmerksamkeit und oft auch an den Scharfsinn der Leser hohe Ansprüche stellt? Der Romancier hat ihnen eine Welt anzubieten, in der sie sich für eine Weile einrichten können, er entwirft ein Bild, auf dem sich viel entdecken läßt. Der Kurzgeschichten-Autor beschränkt sich auf einen kleinen Ausschnitt, er liefert wenige Striche und sparsame Anhaltspunkte, das Bild müssen sich die Leser selber machen. Und schon deshalb ist die Lektüre von Kurzgeschichten beinahe immer anstrengender als die der größeren epischen Werke. Zu Romanen, auch zu den kühnsten und radikalsten, kann man, wenn man will, Zuflucht nehmen. Sie bieten Schutz, ja Geborgenheit. Der Leser der Kurzgeschichte bleibt allein. Denn sie kann Bedürfnisse nicht erfüllen, sondern immer nur herausfordern.

Von den vielen Sorgen, die uns die deutsche Literatur dieser Jahre bereitet, mag diese nicht die schwerste sein. Aber es ist doch schade um die Short story. Übrigens sollte man nicht meinen, daß sie überall verkümmert. Jenseits des Ozeans, wo man sie erfunden hat, gedeiht sie nach wie vor. Es ist vor allem John Updike, der uns immer wieder (und auf höchst amüsante Weise) an die Möglichkeiten erinnert, die dieser Form innewohnen. Zu ihm hat sich in den letzten Jahren eine junge Frau gesellt, die eine ebenso kräftige wie zarte Feder führt: Jayne Anne Phillips, geboren 1952.

Ihre Prosa läßt auf zweierlei schließen: auf eine hochgradige, geradezu schmerzhaft spürbare Leidensfähigkeit und auf eine erstaunliche Intuition, eine beinahe makellose künstlerische Sicherheit. Makellos? Also vollkommen? Nein, von Vollkommenheit kann hier überhaupt nicht die Rede sein. Denn diese Schriftstellerin weiß, was sie will, aber sie will nicht nur das, was sie schon kann. Daher sind ihre Kurzgeschichten – gesammelt in den Bänden »Das himmlische Tier« (1979, deutsch 1981) und »Überholspur« (1987) – nicht nur von unterschiedlicher Art, sondern auch von unterschiedlicher Qualität; und in ihrem Roman »Maschinenträume« (1984, deutsch 1985) gibt es ebenfalls nicht unbeträchtliche Qualitätsschwankungen.

Doch gleitet sie niemals in jene Scheinkunst ab, die wir, da ein genaueres Wort leider nicht zu haben ist, mit der verschwommenen Vokabel »Kitsch« anzudeuten pflegen. Ihre Empfindsamkeit kennt keine Sentimentalität. Ihre Geschichten sind Klagen ohne Pathos, Elegien ohne Larmoyanz. Was immer sie erzählt, sie wird nie von Tugenden im Stich gelassen, die manche unserer Schriftsteller (und auch Kritiker) unterschätzen oder gar verachten – von ihrem guten Geschmack und ihrem Taktgefühl.

Nur sollte niemand daraus folgern, Jayne Anne Phillips habe eine Schwäche für das Abgeschliffene, sie wolle die Leser schonen. Das Gegenteil trifft zu: Ihre Short stories sind extreme Leidensgeschichten, in denen nichts ausgespart oder verschwiegen wird. Von menschlichen Hinfälligkeiten zu sprechen, zögert sie nicht, ihre Szene bevölkern Alkoholiker und Drogensüchtige, Blinde und Taubstumme, Krebskranke und Wahnsinnige, Desperados und Selbstmörder.

So düster die Sicht dieser Amerikanerin, so falsch wäre es, von Verzweiflung zu sprechen. Nicht resigniert sind ihre Geschichten, wohl aber schwermütig, nicht aggressiv, wohl aber unversöhnlich. Mit dem Leben, wie sie es kennengelernt hat, ist sie nicht einverstanden, sie kann und will es nicht akzeptieren. Sie vermag keine einzige Seite zu schreiben, die nicht durchdrungen wäre von entschlossenem Widerstand. Mit diesem elementaren Protest und mit dem stets unüberhörbaren Grundton der Trauer hat es auch zu tun, daß Jayne Anne Phillips in jeder Episode, in jedem Dialog ganz da ist – trotz der uninspirierten und dürftigen deutschen Übersetzung.

Die Menschen, von denen sie erzählt, sind weder gut noch böse, doch allesamt unglücklich. Auf ihnen lastet ein Fluch: Sein Name heißt Egozentrik. Daher rühren ihre Einsamkeit und ihre Isolation, daher die Schwierigkeiten, die ihnen jede Art des Zusammenlebens mit anderen bereitet, daher ihre Unfähigkeit zur Freundschaft, zur Liebe, zur Ehe. Sie fühlen sich nirgends zu Hause, sie leiden an der Unzugehörigkeit, manche sehen in ihr einen Makel, dessen sie sich schämen. Sie haben »wilde Sehnsüchte und keine Pläne«, sie lassen sich treiben.

Das Mädchen Danner, vielleicht die interessanteste Figur in diesem epischen Universum – ja, die drei Bücher ergeben schon ein episches Universum – und wohl auch jene, die der Autorin am meisten ähnelt, wird belehrt: »Fahr nicht in der Überholspur, wenn du nicht gerade überholst.« Sie antwortet trotzig, sie überhole sowieso alle und möchte deshalb auf der Überholspur bleiben, dort sei sie gern. Ihr Mitfahrer bemerkt knapp: »Du steckst tief drin, und da wird dir keine Überholspur helfen.« Sie alle stecken tief drin, sie alle versuchen es auf den Überholspuren – und scheitern: Wohin sie auch kommen, sie können ihren Platz nicht finden.

Und die Liebe? Sie möchten gern wissen, »warum die Liebe nichts als eine Lüge ist, nichts als eine Kette am Fuß«. Diese jungen Frauen schlafen gern mit Männern, die auf der Durchreise sind. Kate ist zufrieden, daß sie sich an den Namen dessen, mit dem sie zuletzt eine Nacht verbracht hat, nicht mehr erinnern kann. Nicht mehr erinnern kann oder vielleicht nicht mehr erinnern will? Und warum? In einer anderen Geschichte bemerkt ein Mann ganz beiläufig: »Du könntest so eine gute Geliebte sein. Aber du bist so beschäftigt damit, auszusteigen.«

Über Sexuelles wird hier mit nicht zu überbietender Unbefangenheit und Selbstverständlichkeit gesprochen, doch meist etwas apathisch, jedenfalls gedämpft: Die Moll-Töne dominieren. In der Regel ist es nicht die Liebe, die diese Frauen in die Arme eines Partners treibt: »Ich begehre Thurman nicht wirklich, aber ich mochte ihn, und es war Zeit, mit jemandem zu schlafen. Ich wußte, daß er geduldig und einsam sein würde.«

Ein kurzes Prosastück beginnt: »Immer öfter sehnte sie sich nach Orgasmen.« Anderen verhilft sie zu Augenblicken des Glücks und des Rausches, doch sie selber geht leer aus. Sie spürt beides – ihre Macht und ihre Ohnmacht. Und nur wenn sie ganz allein ist, kann sie Momente der Vergessenheit, der seligen Betäubung erfahren und genießen.

Das Gefühl, alle Hoffnungen auf einen einzigen Menschen zu setzen, ist dem Mädchen Danner nicht unbekannt. Nur hat sie alle ihre Hoffnungen auf einen gesetzt, den sie nicht lieben darf, wie sie einen Mann lieben möchte: auf ihren jüngeren Bruder. Die Notlösungen – dort die Masturbation, hier der Inzest im Geist – signalisieren und symbolisieren das verfehlte Leben.

Mehrfach werden die im Mittelpunkt stehenden Personen als Außenseiter und Ausgestoßene bezeichnet. Eine derartige Etikettierung scheint mir überflüssig und ist auch etwas ungenau. Denn bei diesen Frauen und Männern, die meist der familiären Enge in einer Kleinstadt in West-Virginia entfliehen wollen und die auf allerlei Überholspuren vergeblich ihr Glück suchen, handelt es sich nicht unbedingt um geborene Außenseiter, sondern eher um Menschen, die ins Abseits geraten sind, nicht unbedingt um Ausgestoßene, sondern eher um Entgleiste.

Manche von ihnen empfinden sich als Geschöpfe einer Übergangsepoche, ohne freilich dieses Lebensgefühl oder gar dessen Ursachen erklären zu können. Jayne Anne Phillips zeichnet den Zeithintergrund – vornehmlich das Amerika während des Vietnam-Krieges und in den darauffolgenden Jahren – meist nur mit wenigen Worten oder läßt ihn für einen Augenblick in den glänzend geschriebenen Dialogen aufflackern. Diese Zurückhaltung, die übrigens die Deutlichkeit nicht beeinträchtigt, ist durchaus kein Zufall. In seiner vielzitierten Definition, wenn nicht gar Ästhetik der klassischen amerikanischen Kurzgeschichte meinte Edgar Allan Poe, ihr Ausgangspunkt müsse stets eine »Grundidee« sein. Er sprach auch von einem »vorbestimmten Ziel«, dem alle Geschehnisse unterzuordnen seien und dem jedes Motiv und jede Zeile zu dienen habe. Die Short-Story sollte also ursprünglich nichts anderes sein als ein epischer Beleg für Thesen und Anschauungen. Aber Poe hat diese (aus dem Jahre 1842 stammende) Theorie nicht nur formuliert, sondern auch ignoriert. Die Nachgeborenen folgten seinem Vorbild in beiderlei Hinsicht: Sie nahmen Poes Postulate ernst und warfen sie in ihrer literarischen Praxis rasch über den Haufen.

Jayne Anne Phillips verfügt über ein viel zu starkes künstlerisches Temperament, als daß sie Lust hätte oder überhaupt imstande wäre, mit ihren Geschichten irgendwelche »Grundideen« zu illustrieren. Ihre Wahrheit ist konkret, und natürlich sind ihre Short stories gesellschaftskritisch und das sogar in hohem Maße. Aber diese Autorin ist, so paradox es auch anmuten mag, keine Gesellschaftskritikerin. Sie stellt sich – wenn ich ihre Prosa richtig lese – keine sozialen oder moralischen Aufgaben, sie kennt keine pädagogischen Absichten. Sie zeigt erschreckende Verhältnisse, doch hütet sie sich vor einer voreiligen Schuldzuweisung, vor einer eventuell leichtfertigen Anklage: »Diese Geschichte ist über Rayme und zieht keine Schlüsse.« Sie will ihre Ängste und Leiden artikulieren, ihre traumatischen Erlebnisse erkennbar machen – nicht mehr und nicht weniger.

Die besten dieser Geschichten und Episoden, dieser finsteren Idyllen und poetischen Situationsbilder verdanken ihren Reiz einem glücklichen Gegensatz. Die amerikanische Erzählerin reagiert auf das Leben mit bewundernswerter Unmittelbarkeit, mit robuster und zugleich melancholischer Sinnlichkeit. Man kann ihr nachrühmen, was mittlerweile Seltenheitswert hat und was man die Unschuld der Wahrnehmung nennen darf.

Doch so jugendlich hier die Welterfahrung, so sicher und reif das schriftstellerische Handwerk: Jayne Anne Phillips vertraut der nüchtern registrierenden Beobachtung, ihr gelingt es immer wieder, die realen Umstände, die Details und Nuancen sprechen zu lassen. Die höchst anschauliche Milieuschilderung entsteht wie von selbst. Virtuosität? Nein, denn das Bedürfnis, aufzutrumpfen und dem Leser zu imponieren, scheint ihr fremd. Sie kann sich dies leisten. Ihre Short stories sind keine Bravourstücke. Glücklicherweise.

# Nachweise und Anmerkungen

## Ernest Hemingway (1899–1961)

### Freude durch Kraft
In gekürzter Fassung in der »Zeit« vom 19. November 1971
1 »Schillers Werke«, Nationalausgabe, Bd. VIII: »Wallenstein«, hg. von Hermann Schneider und Lieselotte Blumenthal, Verlag Hermann Böhlaus Nachfolger, Weimar 1949, S. 52
2 Siegfried Lenz, »Beziehungen. Ansichten und Bekenntnisse zur Literatur«, Hoffmann und Campe Verlag, Hamburg 1970, S. 51

### Der Weltmeister
In gekürzter Fassung in der »Frankfurter Allgemeinen Zeitung« vom 28. April 1984
1 Wolfgang Koeppen, »Die elenden Skribenten«, hg. von Marcel Reich-Ranicki, Suhrkamp Verlag, Frankfurt a. M. 1981, S. 172

## Vladimir Nabokov (1899–1977)

### Wollust, Hörigkeit, Liebe
Zuerst in der »Frankfurter Allgemeinen Zeitung« vom 6. Oktober 1987, dann in der Aufsatzsammlung »Vladimir Nabokov«, Ammann Verlag, Zürich 1995, S. 59–72
1 Kurt Tucholsky, »Gesammelte Werke«, hg. von Mary Gerold-Tucholsky und Fritz J. Raddatz, Bd. II: »1925–1928«, Rowohlt Verlag, Reinbek bei Hamburg, 1961, S. 949–955
2 »Kritische Friedrich-Schlegel-Ausgabe«, hg. von Ernst Behler unter Mitwirkung von Jean-Jacques Anstett und Hans Eichner, Verlag Ferdinand Schöningh, Paderborn/München/Wien 1958ff., Bd. XXIII: »Briefe von und an Friedrich und Dorothea Schlegel«, S. 107
3 »Frankfurter Allgemeine Zeitung« vom 12. September 1987

4 Bertolt Brecht, »Werke«, Große kommentierte Berliner und Frankfurter Ausgabe, hg. von Werner Hecht, Jan Knopf, Werner Mittenzwei und Klaus-Detlef Müller; Bd. 23: »Schriften 3. Kleines Organon für das Theater«, Suhrkamp Verlag, Frankfurt a. M. 1963, S. 67
5 Vgl. Lionel Trilling, »Der letzte große Liebende«, in: »Der Monat«, Heft 122 (1958)

## Hamlet im falschen Zug
Zuerst im »Spiegel« vom 25. Februar 1995, dann in der Aufsatzsammlung »Vladimir Nabokov«, Ammann Verlag, Zürich 1995, S. 103–115
1 Thomas Mann, »Gesammelte Werke in dreizehn Bänden«, Bd. IX: »Reden und Aufsätze«, S. Fischer Verlag, Frankfurt a. M. 1974, S. 435
2 Johann Wolfgang Goethe, »Gedenkausgabe der Werke, Briefe und Gespräche«, hg. von Ernst Beutler, 3. Aufl., Artemis-Verlag, Zürich 1976 ff., Bd. XX: »Briefwechsel Goethe-Schiller«, S. 513
3 Friedrich Dürrenmatt, »Theater-Schriften und Reden«, Verlag Die Arche, Zürich 1966, S. 122

## Durchsichtig und nicht simpel
Gekürzte Fassung des Nachwortes für die Aufsatzsammlung »Vladimir Nabokov«, Ammann Verlag, Zürich 1995, S. 117–124
1 Robert Musil, »Gesammelte Werke«, hg. von Adolf Frisé, Bd. II: »Prosa und Stücke – Kleine Prosa, Aphorismen – Autobiographisches – Essays und Reden – Kritik«, Rowohlt Verlag, Reinbek bei Hamburg 1978, S. 1461

# Henry Roth (1906–1995)

## Hintergründe eines späten Erfolgs
In der »Zeit« vom 26. März 1971

# Mary McCarthy (1912–1989)

## Gleichung oder Gleichnis?
In der »Zeit« vom 10. März 1967

## Bernard Malamud (1914–1986)

### Die Sehnsucht nach den Grenzen
In »Emuna« 4, 1 (1969), S. 316–320
1 Heinrich Heine, »Sämtliche Schriften«, hg. von Klaus Briegleb, Bd. VI/1, Carl Hanser Verlag, München/Wien 1975, S. 666
2 Thomas Mann, »Gesammelte Werke in dreizehn Bänden«, Bd. XIII: »Nachträge«, S. Fischer Verlag, Frankfurt a. M. 1974, S. 471 f.

### Erzählt wie in der guten alten Zeit
In der »Zeit« vom 17. Juni 1960


## Saul Bellow (*1915)

### Alter Mann in der Schwebe
In der »Zeit« vom 10. September 1971

### Don Quichotte in den USA
In der »Zeit« vom 26. Oktober 1973

### Schalk, Philosoph und Plauderer
In der »Frankfurter Allgemeinen Zeitung« vom 22. Oktober 1976

### Dolchstoß des Übersetzers
In der »Frankfurter Allgemeinen Zeitung« vom 4. Dezember 1982

### Wohin mit der Liebe?
In der »Frankfurter Allgemeinen Zeitung« vom 22. Juni 1991
1 Paul Valéry, »Werke«, Frankfurter Ausgabe in sieben Bänden, hg. von Jürgen Schmidt-Radefeld, Bd. V: »Zur Theorie der Dichtkunst und vermischte Gedanken«, Insel-Verlag, Frankfurt a. M. 1991, S. 278


## Arthur Miller (*1915)

### Ein amerikanisches Welttheater
In der »Frankfurter Allgemeinen Zeitung« vom 16. Januar 1988

1 Jean-Paul Sartre, »Betrachtungen zur Judenfrage. Psychoanalyse des Antisemitismus«, Europa Verlag, Zürich 1948, S. 64

## John Updike (*1932)

### Das Leben – eine Falle
In der »Zeit« vom 25. Februar 1972
1 Norman Podhoretz, »Getan und vertan. Amerikanische Literatur in der Zeit des Kalten Krieges«, 14 Essays, übers. von Mark W. Rien, Rowohlt Verlag, Reinbek bei Hamburg 1968, S. 141–146

### Liebe ist unbarmherzig
In der »Frankfurter Allgemeinen Zeitung« vom 17. Juli 1982
1 Thomas Mann, »Gesammelte Werke in dreizehn Bänden«, Bd. IX: »Reden und Aufsätze I«, S. Fischer Verlag, Frankfurt a. M. ²1974, S. 841

### Der Sexroman dieser Jahre
In der »Frankfurter Allgemeinen Zeitung« vom 21. Mai 1983
1 »Kritische Friedrich-Schlegel-Ausgabe«, hg. von Ernst Behler unter Mitwirkung von Jean-Jacques Anstett und Hans Eichner, Verlag Ferdinand Schöningh, Paderborn/München/Wien 1958 ff., Bd. XVI: »Fragmente zur Poesie und Literatur. Erster Teil«, S.133

### Helden, die die Liebe lieben
In der »Frankfurter Allgemeinen Zeitung« vom 19. September 1987
1 Marcel Reich-Ranicki, »Erotik mit guten Manieren. Zwei neue Bücher von Graham Greene«, in der »Zeit« vom 29. Dezember 1967

### Sag mir, wo die Blumen sind
In der »Frankfurter Allgemeinen Zeitung« vom 7. November 1992

## Jerzy Kosinski (1933–1991)

### Obszön, brutal, poetisch
In der »Zeit« vom 27. März 1970

## Philip Roth (*1933)

### Selbsthaß als Bestseller
In der »Zeit« vom 10. April 1970
1 Thomas Mann, »Gesammelte Werke in dreizehn Bänden«, Bd. XIII: »Nachträge«, S. Fischer Verlag, Frankfurt a. M. 1974, S. 471 f.

### Die Sehnsucht nach den Blauäugigen
In der »Frankfurter Allgemeinen Zeitung« vom 11. November 1978

### Seine Befreiung
In der »Frankfurter Allgemeinen Zeitung« vom 13. März 1982

### Die Orgien des Intellektuellen
In der »Frankfurter Allgemeinen Zeitung« vom 24. Januar 1987
1 Martin Lüdke »Philip Roth«, in: »Kritisches Lexikon zur fremdsprachigen Gegenwartsliteratur«, hg. von Heinz Arnold, edition text + kritik, Richard Boorberg Verlag, München

### Der Traum vom Gegenleben
In der »Frankfurter Allgemeinen Zeitung« vom 28. Januar 1989

### Ein leidender Genießer
In der »Frankfurter Allgemeinen Zeitung« vom 13. März 1993

### Sex als Vergeltung am Tod
In der »Frankfurter Allgemeinen Zeitung« vom 15. Februar 2003
1 Marcel Reich-Ranicki, »Der leidende Genießer«, in der »Frankfurter Allgemeinen Zeitung« vom 13. März 1993


## Joyce Carol Oates (*1938)

### Am Anfang ist jede Romanze einfach
In der »Frankfurter Allgemeinen Zeitung« vom 13. Januar 1979
1 Heinrich von Kleist, »Sämtliche Werke und Briefe in vier Bänden«, Bd. III: »Erzählungen, Anekdoten, Gedichte, Schriften«, hg. von Klaus Müller-Salget, Deutscher Klassiker Verlag, Frankfurt a. M. 1990, S. 565 f.

## Dolle Damen, ganze Kerle
In der »Frankfurter Allgemeinen Zeitung« vom 2. April 1983

## Denn die Liebe höret nimmer auf
Umfangreichere erste Fassung in der »Frankfurter Allgemeinen Zeitung« vom 4. Oktober 1988. Der ursprüngliche Text behandelt neben Joyce Carol Oates noch den Engländer John Berger und die Französin Marguerite Duras.

1 Bertolt Brecht, »Arbeitsjournal«, hg. von Werner Hecht, Bd. I: »1938–1942«, Suhrkamp Verlag, Frankfurt a. M. 1973, S. 384


# Richard Ford (*1944)

## Verdammtes Glück, verfluchtes Leben
In der »Frankfurter Allgemeinen Zeitung« vom 21. Mai 1994


# Jayne Anne Phillips (*1952)

## Auf den Überholspuren des Lebens
In der »Frankfurter Allgemeinen Zeitung« vom 27. Februar 1987
1 Marcel Reich-Ranicki, »Kein Schreihals vom Dienst sein«, ein Gespräch mit Heinrich Böll in der »Zeit« vom 11. August 1967

# Verzeichnis der behandelten Bücher

Saul Bellow, »Der Dezember des Dekans«, Roman, übers. von Walter Hasenclever, Verlag Kiepenheuer & Witsch, Köln/Berlin 1982: S. 121–130, 240

Ders., »Ein Diebstahl«, Novelle, übers. von Willi Winkler, Verlag Kiepenheuer & Witsch, Köln/Berlin 1991: S. 131–136

Ders., »Mann in der Schwebe«, Roman, übers. von Walter Hasenclever, Verlag Kiepenheuer & Witsch, Köln/Berlin 1969: S. 101

Ders., »Mosbys Memoiren und andere Erzählungen«, Erzählungen, übers. von Walter Hasenclever, Verlag Kiepenheuer & Witsch, Köln/Berlin 1973: S. 108–115

Ders., »Mr. Sammlers Planet«, Roman, übers. von Walter Hasenclever, Verlag Kiepenheuer & Witsch, Köln/Berlin 1970: S. 101–106

Richard Ford, »Ein Stück meines Herzens«, Roman, übers. von Martin Hielscher, S. Fischer Verlag, Frankfurt a. M. 1989: S. 291

Ders., »Der Frauenheld«, Novelle, übers. von Martin Hielscher, S. Fischer Verlag, Frankfurt a. M. 1994: S. 296–299

Ders., »Rock Springs«, Short Stories, übers. von Harald Goland, S. Fischer Verlag, Frankfurt a. M. 1989: S. 295

Ders., Der Sportreporter«, Roman, übers. von Hans Hermann, Rowohlt Verlag, Reinbek bei Hamburg 1989: S. 294

Ders., »Verdammtes Glück«, Roman, übers. von Wolfgang Determann, Rowohlt Verlag, Reinbek bei Hamburg 1989: S. 291 ff.

Ders., »Wildlife – Wild leben«, Roman, übers. von Martin Hielscher, S. Fischer Verlag, Frankfurt a. M. 1990: S. 295 f.

Ernest Hemingway, »Der alte Mann und das Meer«, Roman, übers. von Annemarie Horschitz-Horst, Rowohlt Verlag, Reinbek bei Hamburg 1952: S. 13 f., 20

Ders., »Ausgewählte Briefe 1917–1961: Glücklich wie die Könige«, hg. und mit einer Einl. vers. von Carlos Baker, übers. von Werner Schmitz, Rowohlt Verlag, Reinbek bei Hamburg 1984: S. 25, 27–40
Ders., »Fiesta«, Roman, übers. von Annemarie Horschitz, Rowohlt Verlag, Berlin 1928: S. 16, 18, 86
Ders., »Die grünen Hügel Afrikas«, Roman, übers. von Annemarie Horschitz-Horst, Rowohlt Verlag, Reinbek bei Hamburg 1954: S. 38
Ders., »In einem anderen Land«, Roman, übers. von Annemarie Horschitz-Horst, Bertelsmann Verlag, Gütersloh 1957: S. 15, 18
Ders., »Inseln im Strom«, Roman, übers. von Elisabeth Plessen und Ernst Schnabel, Rowohlt Verlag, Reinbek bei Hamburg 1971: S. 9
Ders., »In unserer Zeit«, Kurzgeschichten, übers. von Annemarie Horschitz, Rowohlt Verlag, Berlin 1932: S. 15
Ders., »Männer«, Kurzgeschichten, übers. von Annemarie Horschitz, Rowohlt Verlag, Berlin 1929: S. 18
Ders., »Tod am Nachmittag«, Roman, übers. von Annemarie Horschitz-Horst, Rowohlt Verlag, Reinbek bei Hamburg 1957: S. 12
Ders., »Wem die Stunde schlägt«, Roman, übers. von Paul Baudisch, Bermann-Fischer Verlag, Stockholm 1941: S. 11, 19

Jerzy Kosinski, »Aus den Feuern«, Roman, übers. von Matthias Büttner, Droemersche Verlagsanstalt Th. Knaur Nachf., München/Zürich 1970: S. 200–204

Bernard Malamud, »Der Fixer«, Roman, übers. von Herta Haas, Verlag Kiepenheuer & Witsch, Köln/Berlin 1968: S. 74, 93 ff.
Ders., »Der Gehilfe«, Roman, übers. von Annemarie und Heinrich Böll, Verlag Kiepenheuer & Witsch, Köln/Berlin 1960: S. 97 ff.
Ders., »Das Zauberfaß und andere Geschichten«, Kurzgeschichten, übers. von Annemarie Böll, Verlag Kiepenheuer & Witsch, Köln/Berlin 1962: S. 91 ff.

Mary McCarthy, »Der Zauberkreis«, Roman, übers. von Maria Carlsson, Droemersche Verlagsanstalt Th. Knaur Nachf., München/Zürich 1967: S. 80–84

Arthur Miller, »Zeitkurven. Ein Leben«, Autobiographie, übers. von
Manfred Ohl und Hans Sartorius, S. Fischer Verlag, Frankfurt
a. M. 1987: S. 137–152

Vladimir Nabokov, »Lolita«, Roman, übers. von Helen Hessel unter
Mitarbeit von Maria Carlsson, Kurt Kusenberg, H. M. Ledig-
Rowohlt, Gregor von Rezzori, Rowohlt Verlag, Reinbek bei Hamburg 1959, 1976; 1989 in: »Gesammelte Werke«, Bd. VIII, Übers.
bearb. von Dieter E. Zimmer: S. 44f., 48–54, 63, 66ff., 70, 88, 201

Ders., »Pnin«, Roman, »Gesammelte Werke«, Bd. IX, hg. und übers.
von Dieter E. Zimmer, Rowohlt Verlag, Reinbek bei Hamburg
1994: S. 56–64

Ders., »Der Zauberer«, Erzählung, übers. von Dieter E. Zimmer,
Rowohlt Verlag, Reinbek bei Hamburg 1987; 1992 in: »Gesammelte Werke«, Bd. XIV: »Erzählungen 2. 1935–1951«: S. 45–48, 50f.

Joyce Carol Oates, »Bellefleur«, Roman, übers. von Elisabeth
Schnack, Deutsche Verlags-Anstalt, Stuttgart 1982: S. 274–280

Dies., »Grenzüberschreitungen«, Erzählungen, übers. von Helga
Pfetsch, Deutsche Verlags-Anstalt, Stuttgart 1978: S. 266–273

Dies., »Das Rad der Liebe«, Erzählungen, übers. von Barbara von
Bechtolsheim und Barbara Henninges, Deutsche Verlags-Anstalt,
Stuttgart 1988: S. 285–289

Jayne Anne Phillips, »Das himmlische Tier«, Short Stories, übers.
von Walter Hartmann, S. Fischer Verlag, Frankfurt a. M. 1981:
S. 302–307

Dies., »Überholspur«, Short Stories, übers. von Karin Graf, S. Fischer
Verlag, Frankfurt a. M. 1987: S. 302–307

Henry Roth, »Nenne es Schlaf«, Roman, übers. von Curt Meyer-
Clason, Verlag Kiepenheuer & Witsch, Köln/Berlin 1970: S. 71–76

Philip Roth, »Die Anatomiestunde«, Roman, übers. von Gertrud
Baruch, Carl Hanser Verlag, München/Wien 1986: S. 235–241

Ders., »Gegenleben«, Roman, übers. von Jörg Trobitius, Carl Hanser
Verlag, München/Wien 1988: S. 245–251

Ders., »Portnoys Beschwerden«, Roman, übers. von Kai Molvig,

Rowohlt Verlag, Reinbek bei Hamburg 1970: S. 205–215, 217, 224–227, 231–234, 244

Ders., »Die Prager Orgie«, Epilog, übers. von Jörg Trobitius, Carl Hanser Verlag, München/Wien 1986: S. 235, 240 ff.

Ders., »Professor der Begierde«, Roman, übers. von Werner Peterich, Carl Hanser Verlag, München/Wien 1978: S. 216–223, 232, 238

Ders., »Das sterbende Tier«, Roman, übers. von Dirk van Gunsteren, Carl Hanser Verlag, München/Wien 2003: S. 258–264

Ders., »Täuschung«, Roman, übers. von Jörg Trobitius, Carl Hanser Verlag, München/Wien 1992: S. 252–258

Ders., »Zuckermans Befreiung«, Roman, übers. von Gertrud Baruch, Carl Hanser Verlag, München/Wien 1982: S. 226–232

John Updike, »Bessere Verhältnisse« < Rabbit is rich >, Roman, übers. von Barbara Henninges, Rowohlt Verlag, Reinbek bei Hamburg 1983: S. 170–180, 192

Ders., »Gesammelte Erzählungen«, Erzählungen, übers. von Maria Carlsson, Rowohlt Verlag, Reinbek bei Hamburg 1971: S. 154–160, 181

Ders., »Glücklicher war ich nie«, Erzählungen, übers. von Maria Carlsson, S. Fischer Verlag, Frankfurt a. M. 1966: S. 154–160, 180

Ders., »Rabbit in Ruhe«, Roman, übers. von Maria Carlsson, Rowohlt Verlag, Reinbek bei Hamburg 1992: S. 191–198

Ders., »Der verwaiste Swimmingpool«, Erzählungen, übers. von Uwe Friesel, Monica Michieli, Hans Wollschläger und Dieter E. Zimmer, Rowohlt Verlag, Reinbek bei Hamburg 1987: S. 181–191

Ders., »Der weite Weg zu zweit. Szenen einer Liebe«, Erzählungen, übers. von Maria Carlsson, Rowohlt Verlag, Reinbek bei Hamburg 1982: S. 161–169, 181

# Personenregister

Achmatowa, Anna 62
Adorno, Theodor 234
Agnon, Samuel Joseph 259
Albee, Edward 107
Alejchem, Scholem 65, 72, 95
Andersch, Alfred 207

Babel, Isaak 70
Bachmann, Ingeborg 55, 115
Baker, Carlos 30
Balzac, Honoré de 81, 182, 226
Beckett, Samuel 43
Beilis, Mendel 93
Bellow, Saul 37, 87f., 100–136,
　188f., 206f., 216, 229, 240,
　259, 275, 291
Bergner, Elisabeth 282
Bernhard, Thomas 89, 158, 182
Bierbaum, Otto Julius 54
Binding, Rudolf G. 21
Bogart, Humphrey 23
Böll, Heinrich 89, 180, 207, 253,
　288, 300
Brecht, Bertold 44, 69f., 137,
　243, 281f., 292
Broch, Hermann 254
Busch, Wilhelm 54f.
Byron, Lord George Gordon 23

Camus, Albert 69
Capote, Truman 37
Carlsson, Maria 154
Celan, Paul 43

Cervantes, Miguel de 56, 155
Cowley, Malcolm 34, 36

Dickens, Charles 81
Dietrich, Marlene 23, 151
Döblin, Alfred 10
Doderer, Heimito von 274
Dos Passos, John 35, 37, 71, 96,
　107
Dostojewski, Fjodor 33, 61,
　68f., 99
Dürrenmatt, Friedrich 65, 137

Eckhart, Meister 103
Einstein, Albert 69
Eliot, Thomas Stearns 281, 283

Fallada, Hans 98, 191
Faulkner, William 21, 36f., 56,
　96, 107, 121, 274, 280, 293
Fichte, Hubert 89, 207
Fitzgerald, Francis Scott 30, 37
Flaubert, Gustave 18, 68, 99, 155
Fontane, Theodor 55, 121
Ford, Richard 290–299
Freud, Sigmund 69, 219, 259
Friesel, Uwe 189

Garbo, Greta 148
Garcia Marquez, Gabriel 291
Goethe, Johann Wolfgang von
　43, 56, 63, 69, 106, 186, 281
Gogol, Nikolai 56, 137, 175

Goldoni, Carlo 137
Gorki, Maxim 69
Grass, Günter 89, 193
Greene, Graham 188
Greiner, Ulrich 292

Handke, Peter 55, 113, 137
Hašek, Jaroslav 65
Hasenclever, Walter 127f.
Hauptmann, Gerhart 146
Heine, Heinrich 55, 85, 144
Hemingway, Ernest 9–40, 56, 86, 98, 107, 121, 180, 288, 293
Herburger, Günter 207
Hesse, Hermann 262
Hitler, Adolf 18
Hofmannsthal, Hugo von 56, 193
Hölderlin, Friedrich 54
Homer 14, 53

James, Henry 32, 219, 229
Jandl, Ernst 56
Johnson, Uwe 55, 89, 207
Joyce, James 21, 41, 43, 114, 229, 289
Jünger, Ernst 55

Kafka, Franz 21, 43, 70, 200, 219, 221, 223, 259, 289
Kaschkin, Iwan 39f.
Kaschnitz, Marie Luise 120
Kazan, Elia 147f.
Kazin, Alfred 108
Kinsey, Alfred Charles 179
Kleist, Heinrich von 24, 272
Koeppen, Wolfgang 24
Kosinski, Jerzy 199–203
Kraus, Karl 55
Kroetz, Franz Xaver 137, 146

Lenin, Wladimir Iljitsch 112

Lenz, Siegfried 21, 180, 300
Lermontow, Michail J. 62
Lewis, Sinclair 36, 107, 176f.
London, Jack 292
Lowry, Robert 37
Lüdke, Martin 233

Mailer, Norman 109, 206f., 216, 229, 259, 275
Malamud, Bernard 74, 85, 91–95, 97ff., 114, 142, 206, 216, 229
Mann, Heinrich 65
Mann, Thomas 21f., 55f., 65, 68ff., 86, 155, 160, 193, 206, 221, 238f., 281, 289
Marx, Karl 112
Maupassant, Guy de 32, 81, 288
May, Karl 18
McCarthy, Joseph 146
McCarthy, Mary 77–84, 88
Melville, Herman 33
Meyer-Clason, Curt 76
Michieli, Monica 189
Miller, Arthur 87, 107, 137–152, 216, 259
Miller, Henry 178
Molière, Jean-Baptiste Poquelin 55, 137
Monroe, Marilyn 148–152
Morgenstern, Christian 55
Musil, Robert 21, 70, 86, 262

Nabokov, Vladimir 41, 44–70, 88, 201, 284
Nestroy, Johann Nepomuk 56, 137
Novalis (Georg Friedrich Philipp Freiherr von Hardenberg) 24

Oates, Joyce Carol 229, 265–280, 285–289
O'Neill, Eugene 107

Pasternak, Boris 69
Paul, Jean 55
Perkins, Maxwell 32
Peterich, Werner 222
Phillips, Jayne Anne 300–307
Podhoretz, Norman 108, 153f.
Poe, Edgar Allen 56, 107, 204, 305f.
Pound, Ezra 36
Proust, Marcel 21, 68, 70, 285, 289, 298
Pynchon, Thomas 290

Racine, Jean 82
Raimund, Ferdinand 56, 137
Roth, Eugen 71
Roth, Henry 71–75
Roth, Joseph 10, 71, 170
Roth, Philip 71, 142, 205–264, 275

Salinger, Jerome David 88, 206f., 216, 259
Sartre, Jean-Paul 69, 142
Schiller, Friedrich 19f., 54, 92
Schlegel, August Wilhelm 42
Schlegel, Friedrich 42, 130, 179
Schmidt, Arno 43, 89
Schnack, Elisabeth 280
Schnurre, Wolfdietrich 200, 207
Schopenhauer, Arthur 168
Scribner, Charles 27, 32
Seghers, Anna 55
Shakespeare, William 55, 62, 137, 183
Singer, Isaac Bashevis 216
Slezak, Leo 234
Sophokles 113
Stafford, Jean 37

Stein, Gertrude 23, 37
Steinbeck, John 88
Strachey, Giles Lytton 103
Strauss, Richard 193

Thomas, Dylan 10
Tolstoi, Leo N. 57, 68f., 191, 257
Trilling, Lionel 37, 49
Tschechow, Anton 81, 248, 288
Tucholsky, Kurt 41f., 55
Turgenjew, Iwan 32
Twain, Mark 56

Updike, John 107, 153–162, 165–198, 229, 275, 291, 295, 301

Valéry, Paul 130
Vidal, Gore 229

Wagner, Richard 69
Walser, Robert 10
Walther von der Vogelweide 195
Wedekind, Frank 137
Wells, Herbert G. 102f.
Wiechert, Ernst 21, 211
Wilder, Thornton 107
Williams, Tennessee 107, 139
Wilson, Edmund 38f.
Wohmann, Gabriele 158, 184, 186
Wolf, Christa 55
Wolfe, Thomas 10, 37
Wollschläger, Hans 189
Wright, Frank Lloyd 187

Zimmer, Dieter E. 59, 63, 189
Zwerenz, Gerhard 200